Kritische Arbeitssoziologie

W0393119

Alexander Neumann

Kritische Arbeitssoziologie

Ein Abriss

Reihe
theorie.org

Schmetterling Verlag

Bibliografische Informationen der Deutschen Nationalbibliothek
Die Deutsche Nationalbibliothek verzeichnet diese Publikation in der Deutschen Nationalbibliografie; detaillierte bibliografische Daten sind im Internet über
http://dnb.d-nb.de abrufbar.

Schmetterling Verlag GmbH
Lindenspürstr. 38b
70176 Stuttgart
www.schmetterling-verlag.de
Der Schmetterling Verlag ist Mitglied von aLiVe,
der assoziation Linker Verlage.

ISBN 3-89657-658-5
1. Auflage 2010
Printed in Germany
Alle Rechte vorbehalten
Satz und Reproduktionen: Schmetterling Verlag
Druck: GuS-Druck GmbH, Stuttgart
Binden: IDUPA, Owen

Inhalt

«Wir sind die Krise des Kapitals
und wir sind froh darüber»
John Holloway, 2010.

«Ausgangspunkt ist für uns die Suche nach Orientierung.
Keine der herrschenden Mächte (Geld, Moral, Staat,
Realitätsprinzip) gibt Orientierungen, nach denen einer sein
Leben einrichten könnte»
Negt/Kluge, 1993.

«Heute stellen wir fest,
dass Montevideo der Mittelpunkt der Welt ist»
Lucia Sagradini, 2007.

Einleitung

Die Frage zu stellen, was uns eine kritische Arbeitssoziologie heute an praktischer Orientierung bringt, zieht eine grundsätzliche Frage nach sich. In welcher Epoche leben wir?

In einer *postindustriellen* Gesellschaft? Paradoxerweise setzen die Politiker oder staatlichen Akteure, denen diese Formel bislang gefiel, alles daran, die traditionellen Schlüsselindustrien zu retten, also Metall, Chemie und Pharmaindustrie, weil ihr Zusammenbruch das gesamte System gefährden würde. So stellt sich heraus, dass etwa 20% der europäischen Ökonomie von der Automobilindustrie abhängt. Damit wird auch der postfordistische Diskurs brüchig, denn der amerikanische Autohersteller Ford – auf den der Fordismus schließlich zurückgeht – zeigt der Weltöffentlichkeit in der Krise, wie wenig sein Management dazu bereit ist, sein traditionelles Produktionsmodell in Frage zu stellen (vgl. Ford, 1922/2008). Die bürokratisch organisierte, staatlich abgestützte Massenproduktion von energieaufwendigen PKWs, die den unökologischen Individualkonsum anreizen, hält sich bis heute. In den multinationalen Unternehmen halten sich die zentralisierten Entscheidungsstrukturen der Massenproduktion bis heute, von denen die flexiblen Formen der Arbeitsorganisation immer noch abhängig sind (Coutrot, 2003, S.48)[1]. Der Fall Opel hat dies veranschaulicht: Egal, wie in Europa produziert wird, das zentrale Management entscheidet in Detroit. Coutrot sieht eine Haupttendenz zur «neofordistischen» Anpassung der bürokratischen Unternehmensstrukturen an die Globalisierung; bei einer Befragung 2600 französischer Großunternehmen wurde deutlich, dass nur 10% eine durchgängig flexible Arbeitsorganisation eingeführt haben, die allerdings 20% aller französischen Arbeitnehmer beschäftigen (Coutrot, 2003, S.45). Nicht die hierarchischen Strukturen des Managements, sondern die Art der Mobilisierung der Arbeitskräfte hat sich in den letzten zwanzig Jahren stark verändert, am deutlichsten in Großunternehmen, wo die unmittelbare

1 Es handelt sich um empirische Studien, die den angeblichen Netzwerkcharakter der Unternehmen in Frage stellen, der in der neueren Managementliteratur unterstellt wird (siehe Kapitel 5).

Produktion dezentralisiert wurde. Ausgelagerte Bereiche, umfangreiche Dienstleistungsarbeiten, flexible Arbeitszeiten, prekäre Jobs und dauerhafte Erwerbslosigkeit haben das Bild der *fordistischen* Industrie teilweise übermalt. Diese *Entgrenzung* betrifft Leben und Arbeit (Boltanski/Chiapello, 1999; Hielscher, 2000; Moldaschl/Voß, 2003) und dehnt sich auf die Öffentlichkeit aus (Neumann, 2005).

In diesem Sinne nehme ich einen Denkanstoß Michael Schumanns auf, der angeregt hat, die inhaltliche Beschränkung der *Industrie*soziologie mit dem französischen Ausdruck der Arbeitssoziologie auf alle Bereiche der Verwertung zu erweitern, *la sociologie du travail* (Schumann, 2003, S. 157). Diese Wahl erscheint mir legitim, nachdem ich mich über zehn Jahre lang in Paris mit diesem Thema beschäftigt habe.

Wie steht es um die *Risikogesellschaft*? Ulrich Beck (1987/2008) hat diese vor zwanzig Jahren mit seinem gleichnamigen Buch aus der Taufe gehoben, um auf die Auflösung sicherer, kollektiver Muster in der Arbeitswelt, der Familie und bei politischen Vertretungen aufmerksam zu machen. Heute wird mit einem Blick in die Tagespresse klar, dass die Risiken und Lasten der kapitalistischen Wirtschaft weiterhin auf die abhängig Beschäftigten, auf Erwerbslose und auf andere dominierte Gruppen abgewälzt werden. Angesichts von Massenentlassungen in Großunternehmen, die Profite schreiben, und von bankrottgefährdeten Banken oder Versicherungsanstalten, die vom Staat gerettet werden, während die beteiligten Manager Sonderzahlungen erhalten, fällt auf, wie ungleich die Risiken verteilt sind. Beck selber echauffiert sich heute über die «sozialdarwinistischen» Aspekte des Verwertungsprozesses (Frankfurter Rundschau, 5.2.2010). Auch die ökologischen Folgekosten der kapitalistischen Wirtschaft werden hauptsächlich von den sozial Schwachen getragen, wie es der Notstand unter der afroamerikanischen Bevölkerung von New Orleans nach der Überflutung der Stadt im Jahr 2005 gezeigt hat oder in weniger direkter Form die Hungeraufstände in Ländern des Südens 2008 (Bertho, 2009: Anhang).

Die Schlagworte, die unsere europäischen Gesellschaften aufs Postindustrielle, aufs Risiko oder auf andere Teilaspekte reduzieren wollen (Wissen, Informatik etc.), versuchen allesamt einer globalen Gesellschaftskritik zu entgehen, obwohl doch gerade die Globalisierung zum Rahmen jeder wissenschaftlichen oder politischen Debatte geronnen ist. Der Versuch, die Gesellschaftsanalyse in Einzelteile zu zerlegen, gründet zum Einen auf der vorherrschenden soziologischen Fantasielosigkeit, zum Anderen auf der Absicht, eine prinzipielle Kritik an den Grundstrukturen der heutigen Gesellschaften zu vermeiden. Interessanterweise treten mit der aktuellen Weltwirtschaftskrise eine ganze Reihe von Erscheinungen hervor, die es schon nach dem großen Börsencrash von 1929 gab: Kapitalvernichtung, Industriekrise, Massenarbeitslosigkeit, Verarmungstendenzen, Proletarisierungsphänomene in der Mittelklasse, Suizid von Bankern, Protestmärsche und Generalstreiks wie 2009 in Frankreich, Guadeloupe, Griechenland, Island...

In Kalifornien, dem Land der postmodernen Lebensstile, der unbegrenzten Möglichkeiten, zwischen Hollywood und der kybernetischen Revolution im Silicon Valley, herrschen heute Zustände wie zu Zeiten der großen Depression der dreißiger Jahre. Obdachlose Angestellte, Akademiker und Advokaten hausen in Zeltdörfern, verkaufen ihre letzte Habe. Tausende lernen das Goldschürfen in Flüssen und melden dafür Lizenzen an. Erinnerungen an die alten Filme Charlie Chaplins werden wach: *Goldrausch, Moderne Zeiten*.

Ganz so neu sind die heutigen Gesellschaftsprinzipien also nicht, wie es manche Fernsehjournalisten, Experten oder Manager glauben. Dieses Buch wird aber auch nicht der Versuchung erliegen, mit Hilfe eines erneut salonfähig gewordenen Vulgärmarxismus[2] die radikalen Veränderungen zu übergehen, die am Ende des 20. Jahrhunderts eingetreten sind: Grenzenlose, kapitalistische Globalisierung; Mauerfall und Deutungskrise des westlichen Marxismus; ein Arbeitsmarkt, der sich von seinen nationalen Territorien löst; Feminisierung der Lohnarbeit; mas-

2 Der Vulgärmarxismus beruft sich in ideologischer Absicht auf Marx, ohne sein kritisches Erbe einzuholen und meint, die Lösung zeitgenössischer Probleme sei eine rein praktische Frage: «Dieser Vulgärmarxismus spukt jetzt bereits in einer Art von kleinbürgerlichem Kommunismus, weniger paradox gesprochen: in jener Trivialität, die mit dem elektrischen Eisschrank für jedermann oder auch der Kunst für alle die Welt am Ziel sieht.» (Bloch, 1972). Das jüngste Beispiel ist eine in Paris erschienene Verdammung der linken Kritiker des Parteimarxismus, Althusser, Castoriadis, Foucault, Morin, Sartre etc., die hier als neokonservative Vorreiter abgefertigt werden (Christofferson, 2009).

sive Migrationsströme in Richtung Norden; Flexibilisierung und Prekarisierung; Auflösung der traditionellen Arbeiterkultur; Erosion der kollektiven Bindungen an Familie, Kirche, Betrieb, Gewerkschaft und Partei; Kreolisierung und Globalisierung der Kulturen gegen die Beschwörung «nationaler Identität», emanzipatorische Suchbewegungen und neue autoritäre Versuchungen (Sekten, nationalistische, rassistische oder religiöse Reflexe).

Die Arbeitssoziologie soll also hier als eine kritische Theorie begriffen werden, welche die gesellschaftlichen Organisationsprinzipien des globalen Kapitalismus begreift, aber nicht begleitet. Gerhard Brandt, Alex Demiroviç, Horst Kern, Oskar Negt, oder Jean-Marie Vincent haben diese ursprüngliche Absicht der Frankfurter Schule ausdrücklich mit einer kritischen Industriesoziologie bzw. Arbeitssoziologie verbunden (vgl. Brandt, 1990; Schumann, 2003, S.136; Vincent, 1987; Negt, 2001). Auch Nancy Fraser oder John Holloway setzen ausdrücklich an dieser Lesart der Kritik der politischen Ökonomie an, im Sinne Adornos (Fraser, 2003; Holloway, 2010). Die lesenswerte Übersicht Christoph Deutschmanns, die den ironischen Titel *Postindustrielle Industriesoziologie* trägt, geht allerdings in wenigen Zeilen über dieses kritische Erbe hinweg (2002, S.108). Stefan Kühls Einführung zur Industriesoziologie, die noch griffiger ist, überspringt diese Strömung, indem sie die klassischen Autoren aus Sicht der neueren Systemtheorie von Habermas und Luhmann beleuchtet (Kühl 2004). Der vorliegende Band versucht hingegen eine Aktualisierung des *Wärmestroms*, der von der kritischen Arbeitssoziologie der Frankfurter Schule und ihren französischsprachigen Korrespondenzen ausgeht. Dieser Ansatz wird durch die weltweite Krise des Kapitalismus plausibel.

Kritische Arbeitssoziologie zu betreiben, bedeutet die heutigen Formen der Lohnarbeit in Frage zu stellen, die sich hinter schillernden Begriffen wie Prekariat, *workfare*, Flexibilität, globale Arbeitsteilung usw. verbergen. Diese Wahl beruht auf einer intellektuellen Grundentscheidung, alle Arbeitsformen, die von Kapital abhängig sind, als Lohnarbeit zu begreifen, also auch die so genannten «unabhängigen» Arbeitsverhältnisse, wie z.B. *freelance*, Ein-Mann-Unternehmen, Familienbetriebe, prekäre Jobverhältnisse usw. Auch die zahlreichen Erwerbslosen, von Marx als «Reservearmee» der Unternehmer bezeichnet, sind in diesem Sinn vom sozialen Verhältnis der Lohnabhängigkeit betroffen. Alles in allem erstreckt sich die Lohnarbeit also auf ungefähr 85% der europäischen Bevölkerung, wenn familiäre und andere Lebensgemeinschaften hinzugezogen werden.

Die strukturelle Erwerbslosigkeit, die sich im Laufe der achtziger Jahre in den westlichen Demokratien herausgebildet hat, wurde in den Neunzigern um eine diffusere Prekarisierung der Arbeitsverhältnisse erweitert, die das selbstverschuldete Scheitern der Arbeiterorganisationen vor rund 30 Jahren verstetigt hat, die nun kaum noch Zugang finden zu relativ breiten Schichten in Kleinbetrieben, Dienstleistungsberufen, zu prekarisierten Jugendlichen, Jungakademikern, Leiharbeitern etc. In der Bundesrepublik oder in Frankreich sind diese Phänomene noch nicht ganz so scharf ausgeprägt wie im südlichen oder östlichen Teil Europas und den USA, doch auch hier war bereits vor der jetzigen Weltwirtschaftskrise bereits weit über ein Drittel der Lohnarbeit von der Prekarisierung betroffen (Negt, 2001; Rigaudiat, 2005; Gaulejac, 2009).

Wie der Titel es ankündigt, sollen hier die aktuellen Arbeitsformen nicht nur begrifflich erfasst, sondern auch der Kritik unterzogen werden. Der Blick auf die Arbeit bedeutet auch Kritik an der Arbeit, am Arbeitsbegriff an sich, und er beinhaltet eine Perspektive zur Beendung der Zwänge, die in den Arbeitsverhältnissen stecken (Naville, 1958; Vincent, 1987; Despentes, 2009; Holloway, 2010). Nicht die bloße Beschreibung dessen, was im Betrieb und in der Wirtschaft funktioniert, sondern auf welchen subjektiven Anstrengungen, Frustrationen und enttäuschten Hoffnungen der Arbeitenden diese Funktionsweise beruht, steht hier im Mittelpunkt. Nicht die funktionalistische Organisationssoziologie, die dem Management erklärt, wie der Betrieb läuft, wie der Arbeitsmarkt ausgenutzt werden kann, welche Kompetenzen gebraucht und verbraucht werden, sondern vielmehr: Warum es Widerstände gibt, warum Menschen in Arbeit krank werden, nicht zur Arbeit erscheinen oder sich kaputt arbeiten, Dienst nach Vorschrift machen, Informationen zurückhalten oder nur an befreundete Kollegen weitergeben, streiken oder sogar Barrikaden bauen. 2009 rätselte das Management von France Télécom über die Ursachen einer beispiellosen Selbstmordreihe von 32 Mitarbeitern, die sich entweder am Arbeitsplatz das Leben nahmen oder in Abschiedsbriefen die Arbeitsorganisation für ihre Entscheidung verantwortlich machten. Erste Untersuchungen und Berichte von Angestellten deuten klar darauf hin, dass seit der Privatisierung des Unternehmens vor zehn Jahren ein Leistungsmanagement betrieben wird, das die betroffenen Menschen an den Rand ihrer psychischen Belastung treibt oder darüber hinaus.

Nicht das positivistische Expertentum, das Zustände lediglich beschreibt und somit für normal erklärt, soll hier im Vordergrund stehen. Sondern der Eigensinn der betroffenen Menschen, die nicht unbedingt der Arbeit zuliebe agieren, die dabei oft ganz andere Lebensziele anstreben, wobei die Lohnarbeit nur als nötiges Übel mitgeschleppt wird. Es gilt, die existenziellen Beweggründe der Arbeitenden zu begreifen, die weit über die Arbeit hinaus schiessen. An dieser Stelle wird die Befreiung von der Lohnarbeit wieder denkbar, also die Utopie der gesellschaftlichen Emanzipation.

Die europäische Arbeitssoziologie steht vor der Herausforderung, die heutige Krisenlage sowohl empirisch als auch theoretisch einzufangen, wird aber bei dieser Herkulesaufgabe von anti-kritischen Tendenzen in Wissenschaft und Öffentlichkeit gebremst, die sich in der Zeit zwischen dem Ende der siebziger Jahre und dem Beginn des 21. Jahrhunderts etabliert haben, also während des gesamten Zeitraumes, in dem die traditionelle Arbeiterbewegung zerfallen ist. Diese Periode wurde 1978 eingeleitet mit Wahlniederlagen linker oder demokratischer Parteien, die historisch gesehen aus der industriellen Arbeiterklasse hervorgegangen waren (dementsprechend kamen neokonservative Regierungen unter Margret Thatcher, Raymond Barre, Ronald Reagan, Helmut Kohl etc. an die Macht). Sie fand ihren spektakulärsten Ausdruck im Scheitern großer Streiks der französischen Stahlarbeiter, der britischen Minenarbeiter, der nordamerikanischen Autogewerkschaften usw. In Westdeutschland erlahmte die offensive Gewerkschaftsbewegung 1984 mit einem «faulen Kompromiss» zur Umsetzung der 35-Stunden-Woche, nach einem bedeutenden Streik in der Metall- und Druckindustrie (Bartelheimer/Moneta, 1984).

Ein Teil der derzeitigen Schwierigkeiten rührt daher, dass es die neokonservativen Strömungen vermocht haben, einen theoretischen Diskurs zur Rechtfertigung ihrer Projekte mehrheitsfähig zu machen, der Fragen wie die des politischen Potenzials der Lohnarbeit, der Aufteilung gesellschaftlicher Reichtümer, sozialer und gendermäßiger Ungleichheiten, die Frage der Konflikte, Widerstände und Herrschaftsverhältnisse an den Rand gedrängt hat. Es ist zwar richtig, dass die privaten Massenmedien diesen Zustand fördern, doch diese Beschreibung greift etwas zu kurz, indem sie das Problem auf ein Informationsdefizit der Bürger reduziert. Im Grunde sind es die faktischen, bestehenden Verhältnisse selbst, die konservative Diskurse befördern, wie dies Marx, Weber oder Adorno herausgearbeitet haben. Die Unternehmerkonzepte orientieren sich an der faktischen Lage und streben pragmatische Lösungen an, was Ihnen einen Realitätsvorteil verschafft, wobei sie die Vorbedingungen ihres Handelns unterschlagen (Herkunft des Kapitals, Lohnabhängigkeit, indirekte oder direkte staatliche Unterstützung, kulturelle Vorbedingungen, Entstehungsgeschichte der Betriebe, Vererbung, geschichtliche Trennungsprozesse etc.). Marx hat dieses Problem mit dem Begriff des Fetischismus eingeholt, wonach die Menschen nur noch die vermarkteten Objekte betrachten, weil die Tauschbeziehungen, durch die alle Waren hindurchlaufen, nicht mehr sinnhaft nachvollziehbar sind. Am Ende stehen die Fetische, also herumgeisternde Börsenpakete, abstrakte Gehaltsabrechnungen oder Modeartikel im Kaufhaus. Es geht also über Medienmanipulationen oder Bildzeitungstitel hinaus, um die subjektive Wahrnehmung kapitalistischer Tauschprozesse, an der wir alle in der einen oder anderen Form teilnehmen.

In diesem Sinne hat der Mitbegründer der europäischen Soziologie, Max Weber, verstanden, wie kapitalistische Arbeitsverhältnisse dadurch ermöglicht wurden, dass die Arbeitenden von sich aus, also im subjektiven Eigenantrieb, Anstrengungen auf sich nehmen, die an religiöse Askese und Selbstkasteiung anknüpfen (die protestantische Ethik und Arbeitsmoral). Müsste jeder einzelne Arbeitnehmer jeden Morgen aufs Neue zur Arbeit angehalten werden, würde die Wirtschaft bald zusammenbrechen. Allerdings hat Weber nur die bereits unterworfene Subjektivität betrachtet, also diejenige, die dem Kapitalismus freiwillig zuarbeitet. Er hat dabei völlig ausser Acht gelassen, dass gleichzeitig ein anderer Anteil an eigensinniger oder rebellischer Subjektivität durch die Arbeit hindurchrauscht. Ein Streik wurzelt oft in persönlichen Vorstellungen von Gerechtigkeit, menschlicher Würde oder in Lebensentwürfen, die von bestehenden Arbeitsverhältnissen behindert werden. Nur selten beschränken sich die Streikgründe auf pure Kostenrechnungen der Arbeitnehmer, die sich z.B. Lohnerhöhungen versprechen. Selbst wenn ein Streik bare Lohnerhöhungen in den Vordergrund stellt, setzen sich die Streikenden meistens aus ganz anderen Gründen in Bewegung, die aber in dem Fall nicht zur Sprache gebracht werden können.

Die Lohnarbeit mobilisiert also gleichzeitig zwei verschiedene, aber miteinander verknüpfte Aspekte: Einerseits motiviert sie die beteiligten Menschen dazu, ihre Fähigkeiten einzubringen und damit dem Kapitalzusammenhang zur Verfügung zu stellen. Andererseits heizt sie subjektive Motive und Vorstellungen der Arbeitenden an, die weder von der Lohnarbeit noch von Hartz IV befriedigt werden können. Das Kapitalverhältnis, in dem die lohnarbeitenden Menschen stecken, sagt nämlich nichts darüber aus, wie sich diese Menschen ihr eigenes Leben ausmalen. Dieser subjektive «Überschuss» mündet am Ende in persönliche oder kollektive Handlungsformen, die über das hinausschießen, was Manager, Banker oder Politexperten erwarten. Diese subjektiv motivierten Aktionen können in Streik, Boykott oder öffentlichen Protestformen zum Ausdruck kommen, die eventuell das Gesamtsystem in Frage stellen. Das Ende des bürokratischen Staatssozialismus im 20. Jahrhundert hat daran im Prinzip gar nichts geändert.

In Europa ist die Industriesoziologie als eigenständige Wissenschaft und Theorie in der Zeit der Befreiung von Naziherrschaft und Faschismus entstanden, zu einem Zeitpunkt als die Kritik der kapitalistischen Gesellschaftsstrukturen bis weit in die gesellschaftliche Mitte hereinreichte. Damals, kurz nach dem Krieg, sahen sogar die rechten Parteien in Deutschland, in Frankreich und anderswo eine Verbindung zwischen unbegrenztem Kapitalismus, Weltkrieg und Faschismus (z.B. im *Ahlener Programm* der CDU von 1945 und im Widerstandsprogramm des *Conseil National de la Résistance*, das die französischen Gaullisten mitgetragen haben).

In Deutschland hat die Frankfurter Schule bereits Ende der 20er Jahre Grundsteine für eine kritische Industriesoziologie und Arbeitssoziologie gelegt, die ich zunächst in Erinnerung rufen werde, da diese sich in der Nachkriegszeit nicht so deutlich entwickelt hat wie in Frankreich. Dort, auf der anderen

Rheinseite, entsteht nach der Befreiung von der Nazibesatzung ab1944 mit der *sociologie du travail* eine breite Strömung, die Fragen der Arbeiterbewegung in die staatlichen Forschungsinstitutionen hinein trägt. Die technische Automatisierung, die Entfremdungserscheinungen im Produktionsprozess, die Kritik an Fachidiotentum, an betrieblicher oder staatlicher Bevormundung und die neuen Perspektiven der Freizeit oder der Nicht-Arbeit wurden so von Menschen wie Georges Friedmann und Pierre Naville in offizielle Forschungsprogramme umgemünzt. Es ist heute kaum vorstellbar, in welchen immensen Ausmaßen diese, sozialistisch motivierte Forschung, vom republikanischem Staat direkt subventioniert wurde.

Nach dem Pariser Mai 68 erhält diese Strömung in ganz Europa neuen Auftrieb und Impulse mit der Kritik an bürokratischen Massenorganisationen, an der Konsumgesellschaft und an patriarchalischen Strukturen im Betrieb oder auch innerhalb der Arbeiterklasse, die sich ihrerseits rasch verändert. Serge Mallet spricht beispielsweise im Zusammenhang mit der technischen Intelligenz und gebildeter Angestelltengruppen, deren politische Renitenz im Mai 68 auflodert, von einer «neuen Arbeiterklasse». Die theoretische Auseinandersetzung mit dem Parteimarxismus verbindet sich hier mit libertären Einflüssen in der Infragestellung der Arbeitsnormen, z.B. bei Cornelius Castoriadis. Nun treten die Analyse informeller Widerstandsformen in den Vordergrund im Zeichen wilder Streiks und passiver Widerstände, sozialer Bewegungen außerhalb der Industriebetriebe, vermittelt mit Bildungsfragen (Schulen, Universitäten, Berufsausbildung, Gewerkschaftsbildung) und ökologischen Themen.

André Gorz hat bis ins neue Jahrhundert hinein diese Sensibilität in der einen oder anderen Form weiterentwickelt. In der Bildungsfrage hat sich ein Autor aus Hannover hervorgetan, der Mitte der Sechziger aus der SPD ausgeschlossen wurde, Oskar Negt. Während Gorz die entfremdeten, apolitischen Seiten der Industriearbeiterschaft kritisiert hat, in ökologischer, feministischer und radikaldemokratischer Hinsicht, geht Negt bis heute von der praktisch erfahrenen Arbeitswelt aus, die er behutsam versucht an eine emanzipatorische Utopie heranzuführen. Gorz hat sich provokativ vom Industrieproletariat verabschiedet in seinem *Adieu au Prolétariat* (1981), um die Kritik an der Lohnarbeit zu beleben; Negt (2001) verteidigt bis heute das überlebende proletarische Erbe, um das darin steckende Überwindungspotenzial zu animieren. Beide Ansätze sind freilich an die eigenen Grenzen gelangt, die auch die praktischen Limits einer desolaten Linken beschreiben. Diese Spannung wollte der deutsch-französische Theoretiker Jean-Marie Vincent aushalten. Er ist dabei an den Rand der Zerreißprobe geraten, als Herausgeber der Zeitschrift *Futur antérieur*, die 1999 an inneren Querelen mit Toni Negri zugrunde ging. Cornelius Castoriadis seinerseits hatte bereits zuvor den Schluss gezogen, er müsse dem Marxismus entgehen, um revolutionär zu bleiben (Castoriadis, 1975, S.17).

Dass die kritische Strömung der Arbeitssoziologie im Laufe der achtziger Jahre in eine quasi hoffnungslose, randständige Position gerutscht ist, liegt allerdings nicht nur an theoretischen Spannungen und wirtschaftlichen Umwandlungen, sondern auch an der konservativen bis feindlichen Haltung von linken Massenorganisationen, Gewerkschaften und Parteien. Die kritische Arbeitssoziologie, die auch subjektive Widerstände gegen die Arbeit begreifen wollte, ausgehend von jungen Arbeitern und Frauen, Migranten, Technikern und anderen Gruppen, hat sich auf Akteure berufen, die den etablierten Organisationen in die Quere kamen. Sie entsprachen kaum dem hergebrachten Bild der Arbeiterklasse, das auf qualifizierten, männlichen, heterosexuellen und sozial integrierten Facharbeitern der Großindustrie basierte. Die Gruppen außerhalb dieses Rahmens sind auch als Neoproletariat betitelt worden (Gorz, 1981; Negri, 1979).

Während in Westdeutschland oder Italien eine ansatzweise, wenn auch konfliktbeladene Aufnahme kritischer Themen des Mai 68 in der etablierten Linken möglich war, wurden diese intellektuellen Einflüsse in Frankreich regelrecht bekämpft. So hat der PCF (*Parti communiste français, dts KPF*) alle Vorschläge der kritischen Arbeitssoziologie von Pierre Naville in der Nachkriegszeit und sogar nach 1968 systematisch sabotiert, darunter die Forderung nach der 35-Stunden Woche, einer Humanisierung der Arbeitsbedingungen, die Ausweitung der autonomen Lebensbereiche und die Ansätze zur demokratischen Selbstverwaltung (Naville, 1962). Stattdessen forderten die französischen «Stalinisten» reine Lohnerhöhungen ohne Begrenzung der Arbeitszeit, angelehnt an die stachanovistischen Methoden der Sowjetwirtschaft und verkündeten in Sonntagsreden ihre rhetorische Absicht der revolutionären Machtübernahme (Spurk, 1987). Die KPF hatte in den fünfziger Jahren knapp eine Million Mitglieder, kontrollierte die zentrale Gewerkschaft CGT und erhielt bei Wahlen 25% bis in die Siebziger hinein (Mouriaux, 1981). 2007 waren es noch 1,9%, bevor 2008 ganze 20.000 Mitglieder die Führung auf dem Parteikongress 2008 bestätigt haben.

Die verheerenden Ergebnisse dieser Konzeption sind nach 1968 von allen Seiten der kritischen, marxistischen oder postmarxistischen Linken einwandfrei dokumentiert worden. Neben den bereits erwähnten großen Namen Naville, Castoriadis und Gorz möchte ich hier zwei wichtige Soziologen erwähnen. Zum Einen Edgar Morin, Mitglied der KPF im Widerstand, der das stalinistische Erbe eindrucksvoll dekonstruiert hat, und zum Anderen Henri Lefebvre, ein ehemaliger Vorzeigeintellektueller der Partei, der später das sozialwissenschaftliche Institut der Universität Nanterre bei Paris gegründet hat. Weitaus polemischer, aber im Kern richtig, hat damals auch Daniel Cohn-Bendit (1971, S.167–223) diese bürokratische Praxis identifiziert, die es vermocht hat, den größten Generalstreik der europäischen Nachkriegsgeschichte auszusitzen. Zu der politisch explosiven Streikbewegung, an der sich von Mai bis Juni 68 zehn Millionen Menschen aktiv beteiligt haben, hat die KPF nie aufgerufen. Insgesamt hat diese politisch dominierende Linke eine kritische Antwort auf die Transformationen der Arbeitswelt und der proletarischen Kulturen behindert, somit also einer unternehmerfreundlichen Sozialdemokratie und den neoliberalen Parteien den Weg erleichtert, der zu den Rückschlägen ab 1978 geführt hat.

Michael Schumann hat darauf hingewiesen, wie sehr die politische Enttäuschung über die fehlenden Alternativen in der europäischen Arbeiterbewegung zur Preisgabe der Kritik an der Lohnarbeit beigetragen hat, insbesondere bei Habermas, der die Arbeitswelt bei seiner Bestimmung der Lebenswelt schlicht wegläßt (Schumann, 2003, S.159). Eine ganz ähnliche Position hat André Gorz bezogen mit seinem Abschied vom Proletariat (1981), in dem er seine eigene Traurigkeit und Trauer über die politische Handlungsunfähigkeit der Industriearbeiterschaft zum Ausdruck gebracht hat (siehe Negt, 1984, S.217).

Nach der neoliberalen Hegemonie der 80er, die Kritik an der Lohnarbeit prinzipiell verdrängt hat, bricht mit der französischen Streikwelle von 1995 eine neue Forschergeneration auf, die sich u.a. mit Prekarität, Flexibilisierung, Workfare und Globalisierung auseinandersetzt und sich dabei an Autoren wie André Gorz, Pierre Bourdieu, Toni Negri und Luc Boltanski abarbeitet. Allerdings stößt dieser Ansatz auf den Widerstand der Institutionen und scheut seinerseits die begriffliche Grundsatzdebatte. Dieser Band, die *Kritische Arbeitssoziologie*, will die theoretischen Zusammenhänge und internationalen Verknüpfungen wieder herstellen. Er platziert die wichtigsten Begriffe in ihren soziologischen und historischen Rahmen, ohne dabei die Einflüsse der außeruniversitären Bewegungen zu vergessen.

Die ersten Ansätze der Frankfurter Schule und ihre Weiterentwicklungen stehen in diesem Buch an erster Stelle, weil ihre Wirkung auf die bekanntesten internationalen Autoren meist unterschätzt wird. Pierre Bourdieu, Toni Negri, André Gorz und andere haben sich von Konzepten und Interpretationen der Kritischen Theorie beeinflussen lassen, ohne dies immer entsprechend zu betonen[3]. Ich beabsichtige mit diesem Buch auch, den «Frankfurter» Ansatz einer kritischen Theorie der Lohnarbeit in Erinnerung zu rufen, der ursprünglich von der historischen Erfahrung der Rätebewegung von 1918–1923 und der globalen Krise von 1929 geprägt ist. Im zweiten Schritt werde ich die Gründungskonzepte der französischen Arbeitssoziologie nach dem Zweiten Weltkrieg untersuchen und dann, im nächsten Schritt, ihre Weiterentwicklungen nach 1968 beleuchten. Später werden die neueren Ansätze seit 1995 im Mittelpunkt stehen, die zu aktuellen Fragen einladen. Die globale Krise des Kapitalismus, die seit 2008 selbst in der internationalen Wirtschaftspresse ausdrücklich als solche benannt wird, fordert kritische Geister zu einer theoretisch fundierten Arbeitssoziologie heraus.

3 Bourdieu, der bekanntlich ohne Mühe deutsch las, bezieht sich ausdrücklich auf den theoretischen Hintergrund der Frankfurter Schule im weitesten Sinne (der für ihn zentrale Begriff des Habitus stammt von Norbert Elias); Negri wendet sich im Pariser Exil vom traditionellen Marxismus ab, unter dem Einfluss des Leiters seiner Fachschaft an der Universität Paris 8, Jean-Marie Vincent, einem Verfechter der Kritischen Theorie, der mit ihm von 1990 bis 1999 die Zeitschrift *Futur antérieur* herausgibt; André Gorz arbeitet sich ausdrücklich an Marcuse und Habermas ab; Mike Davis bezieht sich auf das kalifornische Erbe der Frankfurter Schule (Kritik an der Kulturindustrie Hollywoods etc.).

Dieses Buch ist eine Art Seilakt, der sich in einer prekären Balance übt auf der Grenze zwischen Frankreich und Deutschland, ohne andere Erfahrungen aus dem Auge zu verlieren. Ein Seiltanz zwischen der geschichtlichen Entwicklung und der begrifflichen Debatte, die nur sehr selten zeitlich zusammenfallen.

Herausgekommen sind fünf sprunghafte Schritte, die fünf Hauptteile abstecken.

- Zunächst fange ich die kritischen Klassiker ein – Marx, Weber und Freud – die in die ursprüngliche Frankfurter Schule eingehen und hier viel versprechende Ansätze für die internationale Arbeitssoziologie eröffnen.
- Im zweiten Teil gehe ich besonders auf das französische Erbe der Arbeitssoziologie ein, das von diesen Ansätzen teilweise beeinflusst ist. Hier geht die Argumentation vom krisengeschüttelten Kapitalismus der Kriegszeit zur industriellen Expansion der Nachkriegszeit über, die in der Arbeitskritik vom Mai 68 ihren widersprüchlichen Höhepunkt findet.
- In einem dritten Anlauf versuche ich, die intellektuelle Auflösung der ursprünglichen Arbeitssoziologie zu verstehen vor dem Hintergrund des Abschieds vom Industrieproletariat seit Anfang der achtziger Jahre des letzten Jahrhunderts. Da sich seitdem die Frage stellt, was überhaupt das empirische Objekt der Arbeitssoziologie sein kann, will sie nicht in isolierenden Beobachtungen von Einzelbetrieben verharren, werden an dieser Stelle Anstöße der radikalen, politischen Philosophie aufgenommen, von Castoriadis über Gorz und Vincent zu Negri.
- Ein fünfter Teil geht auf die Soziologie der Arbeitswelt von Pierre Bourdieu und seinen Nachfahren ein. Diese Strömung steht meist im Schatten seiner Bildungssoziologie oder seiner politischen Manifeste, obwohl sie wichtige Anstöße geliefert hat und seine Habitustheorie problematisiert. Die vor gut zehn Jahren erschienenen Veröffntlichungen zur neuen Arbeiterlage von Beaud und Pialoux sowie der neue Geist des Kapitalismus von Boltanski und Chiapello erscheinen in diesem Zusammenhang in einem neuen Licht.
- Im Fazit reiße ich einige neue Hauptprobleme an, die eine andere Zukunft denkbar erscheinen lassen als die sanfte Barbarei, auf die wir *scheinbar* unaufhaltsam zutreiben wie der Eisbär auf seiner einsamen Scholle. Hier sei an den Leitartikel

der Zeitung *Le Monde* vom 15. März 1968 erinnert, der zwei Monate vor dem größten Generalstreik der europäischen Geschichte mit den Worten aufseufzte: *La France s'ennuie* («Frankreich langweilt sich»).

1. Arbeitssoziologie unter dem Einfluss der Frankfurter Schule

Die Kritische Theorie hat sich nicht nur intensiv mit dem Begriff der Arbeit auseinandergesetzt, sondern eine Sozialforschung der Arbeitswelt entwickelt, die auch in Frankreich Anklang gefunden hat. Das Gründungsprogramm des Frankfurter Instituts für Sozialforschung, 1922 von Professor Gerlach erstellt, fasst folgende Phänomene ins Auge, die sehr aktuell klingen: «Massenstreik, Sabotage, internationale Gewerkschaftsbewegung, soziologische Analyse des Antisemitismus (...) Lebensweise unterschiedlicher Gesellschaftsschichten» (vgl. Siegfried, 2004).

Dieses Gründererbe der Zwischenkriegszeit ist auch von Gerhard Brandt betont worden, der den Bogen zu Forschungsthemen der Kritischen Theorie der Siebziger gespannt hat: «institutionelle Regelungen des Klassenkonflikts, Reorganisation von Produktionsprozessen, Frauenarbeit als Lohn- und Hausarbeit, Mechanisierung und Automatisierung der Angestelltenarbeit» (Brandt, 1990, S.114).

Seit den achtziger Jahren steht jene kritische Tradition der Sozialforschung nicht mehr im Mittelpunkt des Frankfurter Instituts, aufgrund von theoretischen und programmatischen Grundsatzentscheidungen. Detlev Claussen hat das Problem mit den Worten auf den Punkt gebracht: «Habermas hat dieses Erbe ausgeschlagen» (Claussen, 2004, S.276). Das Hauptargument für diese Evakuierung der kapitalismuskritischen Soziologie wurde von Habermas 1981 aufgestellt, mit der Behauptung, Marx sei einem ökonomischen «Produktionsmodell» aufgesessen, dessen angebliche Widersprüche längst in einer «systemischen» Vergesellschaftung aufgelöst gewesen seien, vermittelt über den freien Markt und die bürokratischen Verwaltungsapparate. Außerdem gebe es keinerlei theoretische Verbindungen zwischen der Kapitalanalyse und der historischen Dynamik der Klassenkämpfe bei Marx (Habermas, 1981). Seit Anfang der achtziger Jahre marginalisieren Habermas und Honneth gemeinsam den soziologischen Bezug auf die Kritik der Lohnarbeit, der in der ursprünglichen Frankfurter Schule deutlich verankert ist (vgl. Habermas/Honneth, 1981), was von international anerkannten Autoren unterstrichen wurde: z.B. von Oskar Negt, Alexander Kluge, Gerhard Brandt, Nancy Fraser, John Holloway, Jean-Marie Vincent, Alex Demiroviç, Detlev Claussen (Neumann, 2009).

Die von Habermas und Honneth unternommenen Anstrengungen, sich der schweren und lästigen Frage zu entledigen, wie die sozialen Erfahrungen der Arbeitswelt öffentlich zur Sprache gebracht werden können, sind nun offenbar von der kapitalistischen Krise überrollt worden. Die bürgerliche Öffentlichkeit ist schließlich längst auf politische Antworten auf die Bankenkrise, die Arbeitslosigkeit (Kurzarbeit, Beschaffungsmaßnahmen), auf gesetzliche Mindestlöhne oder die staatliche Beteiligung an Unternehmen fokussiert.

Etwas unbeholfen wirkt deshalb der Versuch Honneths, seine theoretische Ausgrenzung der Arbeitswelt bzw. der Lohnarbeit in journalistischer Hinsicht zu verwischen, indem er sein moralisches Leitmotiv des «Kampfes um Anerkennung» (1997) seit kurzem auch auf die Lohnarbeit anwendet, obwohl seine philosophische Argumentation dem ausdrücklich widerspricht. So bezeichnete er vor einiger Zeit die Streikwelle in Frankreich von 2006, gegen staatlich vorgegebene prekäre Arbeitsverträge ohne Kündigungsschutz (*Contrat Première Embauche, CPE*) in einem Interview als einen «Kampf der Arbeiter um Anerkennung» (Le Monde, 2.4.2006). Also besteht offenbar ein Zusammenhang zwischen den Konflikten, die von der Lohnarbeit ausgehen und den moralischen bis politischen Auseinandersetzungen, die sich in der Öffentlichkeit abspielen? Die gesamte Theorie Honneths will jedoch belegen, dass seit dem praktischen Scheitern der traditionellen Arbeiterbewegung keine politischen und kulturellen Widerstände gegen die kapitalistische Vergesellschaftungslogik von Konflikten in der Arbeitswelt ausgehen können, wie er dies noch vor einigen Jahren explizit betont hat (Honneth, 2003, S. 276–283). Obwohl der ehemalige Frankfurter Institutsleiter, Gerhard Brandt, deutlich das ökonomistische «Produktionsmodell» von einem bei Marx angelegten «Subsumtionsmodell» unterschieden hat (Brandt, 1990, S.273), welches die gesellschaftliche Gesamtdynamik in den Mittelpunkt stellt, nimmt Honneth das «Veralten des Produktionsmodells» zum Anlass, die gesamte Kritik der Lohnarbeit der kritischen Theorie auszublenden (Honneth, op.cit., S.277).

Die Auseinandersetzung mit dem Subsumtionsmodell – das in diesem Kapitel vorgestellt wird – wäre schließlich eine Rückkehr zu einer These von Karl Marx, an der sich *Adorno and sons* unabhängig vom offiziellen Diskurs der heutigen Institutsleitung orientieren. Es handelt sich um eine kritische Grundströmung, die von einer Weltwirtschaftskrise zur anderen reicht, von 1929 bis 2009, von Adorno über Negt, Kluge und Gorz, bis hin zu Demirovic, Holloway oder Nancy Fraser. Als die feministische Philosophin aus New York Axel Honneth in einer weltbekannten Polemik auf diese Verbindung hingewiesen hat blendete der Frankfurter Institutsleiter diesen Zusammenhang zwischen Arbeit, Moral und Politik einfach aus (Fraser/Honneth, 2003). Fraser wirft ihm vor, die *Kritik der Politischen Ökonomie* von Marx, also die Kritik an kapitalistischen Gesellschaftszusammenhängen, einfach zu ignorieren. Die Feministin stellt insgesamt ein theoretisches Umfeld in Frage, in dem «man sich darauf eingeschworen hat, jegliche Kritik der politischen Ökonomie zu unterdrücken» (op.cit., S.227).

Tatsächlich hat es der heutige Leiter des Frankfurter Instituts für Sozialforschung zustande gebracht, die Kapitalismuskritik bei Theodor W. Adorno so darzustellen, als ob beim Mitbegründer der Frankfurter Schule das *Kapital* von Marx keine Rolle gespielt hätte (Honneth, 2003). In seinem zwanzigseitigen Lobartikel auf Adorno erwähnt er Karl Marx mit keinem einzigen Wort, obwohl die gesamte Sozialkritik der Frankfurter Gründer auf einer eigenen Aneignung marxscher Begriffe basiert (vgl. Brandt, 1990; Adorno, 1997; Claussen, 2003; Negt, 2001).

1.1. Die Rezeption von Marx, Weber, Freud

Die frühere Frankfurter Schule hat eine kritische Arbeitssoziologie entwickelt, indem sie drei klassische Autoren aus den ideologischen Traditionen herausgelöst hat, in denen sie der akademische Zeitgeist gefangen halten wollte: Marx, Weber, Freud.

Diesen Forschungsprozess werde ich hier mit einigen Begriffen anreißen, die dann in einem zweiten Schritt geklärt werden.

Karl Marx wird von den «Frankfurtern» seit den 20er Jahren kritisch rezipiert, gegen die doktrinäre Auslegung der Arbeiterparteien, gegen den so genannten «Kathedersozialismus» marxistischer Universitätsprofessoren. Entgegen der ökonomistischen Sichtweise solcher Marxisten arbeitet die Kritische Theorie insbesondere die prinzipielle Tragweite des «Warenfetischismus» heraus, auf den wir noch eingehen werden.

Max Weber wird hier ähnlich gegen den Strich gelesen. Die Rationalisierungsmechanismen und das soziologische Verständnis der Bürokratisierung im Kapitalismus, die Weber erarbeitet hat, erfährt so eine gewisse Radikalisierung im Rahmen einer generellen Gesellschaftskritik. Webers Begriff der protestantischen Ethik und Arbeitsmoral wird in eine Kritik an der Verdinglichung menschlicher Beziehungen eingebettet.

Sigmund Freud wird ebenfalls aktiviert, indem die «Frankfurter» seine Begriffe im Sinne einer umfassenden Sozialkritik anwenden, anstatt sich auf eine individuelle Psychologie zu beschränken. Freuds Theorie der Massenpsychologie ermöglicht die Kritik an sozialen «Charakterstrukturen» und somit an den autoritären Grundstrukturen der Gesellschaft. Das freudianische Verständnis der Arbeit als eine Form ständiger, interpersoneller Wechselbeziehungen, kann hier integriert werden. Eine vergleichbare Erweiterung betrifft die freudschen Begriffe der «Hemmung» und der «Angstabwehr», nämlich wenn die erstaunliche Passivität von Erwerbslosen oder von Umstrukturierungen betroffener Arbeitnehmer als logische, sozio-psychologische Reaktion auf eine überwältigende Umbruchsituation begriffen wird.

Wenden wir uns zunächst einigen zentralen Argumenten der Frankfurter Schule zu, die den Schriften von Marx, Weber und Freud entspringen und die direkt für eine kritische Arbeitssoziologie nutzbar sind.

Karl Marx

Die Kreativität, die Marx im theoretischen Raum entwickelt hat, muss hier nicht mehr betont werden (vgl. Backhaus, 1997; Heinrich, 2009).

Da es selbst kritischen Soziologen oft schwer fällt, in diesem begrifflichen Geflecht den Überblick zu behalten, möchte ich allerdings vier unterschiedliche Definitionen der Arbeit im Werk von Marx festhalten, die sich im Laufe seines Lebens teilweise kreuzen und manchmal Funken schlagen.

Arbeitsbegriff Nummer eins ist im Sinne der politischen Philosophie als *Praxis* gedacht, also die bewusste Umwandlung der menschlichen Existenzbedingungen, wie sie in den Thesen zu Feuerbach beschrieben wird.

Komplementär dazu begreift Marx die *Arbeit* als Produktionsmittel, durch das sich die Menschheit erzeugt und realisiert, z.B. in den Manuskripten von 1844. Dieser zweite Begriff ist also eher anthropologisch bestimmt.

Ein dritter Arbeitsbegriff tritt etwas später auf den Plan, nämlich die ökonomische Berechnung der so genannten *notwendigen Arbeit*, die für die Produktion einer gewissen Menge von Waren benötigt wird, etwa nach der Formel «1 Stunde Arbeitszeit für soundsoviel Schuhe». Diese Vorstellung findet sich bereits in der Broschüre *Lohn, Preis, Profit*, aber auch im *Kapital* (Marx, 1979, S.244).

Diese drei Begriffsvorstellungen entsprechen unterschiedlichen Gesichtspunkten, je nachdem ob nun die Arbeit aus dem philosophischen, anthropologischen oder ökonomischen Blickwinkel betrachtet wird. Die französische Schule um den kommunistischen Philosophen Louis Althusser wollte hier einen theoretischen Sprung bei Marx erkennen, von einer idealistischen zu einer materiellen Interpretation, was aber einer sehr schematischen Sichtweise entspricht. Althusser hat in seiner Autobiographie später selber eingestanden, sein Verständnis des *Kapitals* habe sich auf den ersten der drei Bände beschränkt, also die theoretische Gesamtentwicklung vernachlässigt (Althusser, 1995).

Genau an dieser Stelle wird die Weiterentwicklung des marxschen Arbeitsbegriffs brisant für eine kritische Arbeitssoziologie, denn der vierte Begriff, den ich unter die Lupe nehmen möchte, betrifft die Vergesellschaftung der Lohnarbeit, die sogenannte *abstrakte Arbeit*.

Sie wird deshalb «abstrakt» genannt, weil Marx an dieser Stelle versucht nachzuzeichnen, wie der kapitalistische Markt die Arbeitsprodukte verwertet und vermarktet, indem er von deren praktischen Eigenschaften oder Gebrauchsmöglichkeiten abstrahiert, also alle Objekte rein abstrakt über den Tauschwert definiert. Der Markt verwandelt also alle Arbeitsprodukte in austauchbare, abstrakte Waren. Diese Transformation birgt eine enorme, theoretische, soziologische und politische Bedeutung, der sich vermutlich Marx selbst nicht ganz bewusst geworden ist, die aber von Autoren aus dem Umkreis der Frankfurter Schule herausgearbeitet worden ist, in loser Folge: Sohn-Rethel (1971), Vincent (1987), Brandt (1990), Backhaus (1997), Demirovic (1999), Negt (2001), Holloway (2010).

Um die Argumentation zu vereinfachen, gehe ich aus vom Kapitel über den Warenfetischismus im *Kapital*, Band eins (Marx, 1979). Hier erklärt Marx, wie der Kapitalismus seine eigene soziale Vorstellungswelt erzeugt, indem er die Menschen in seinen Kreislauf einschließt. Ähnlich den frühen Kulturen, die Gottesfiguren und Fetische gebaut haben, denen sie sich selber unterworfen haben, produzieren die modernen Menschen die kapitalistische Warenzirkulation, der sie selber gehorchen. Dieser Prozess kann folgendermaßen skizziert werden: Die Arbeiter stellen konkrete Produkte her, z.B. Schuhe, deren Nutzen den betroffenen Kapitalisten nur insofern interessiert, als er diese Schuhe verkaufen will. Die Schuhe werden also vermarktet und zu einem gewissen Preis auf dem allgemeinen Markt angeboten, der regional begrenzt sein kann, aber im Grunde in Verbindung steht mit dem Weltmarkt. An dieser Stelle wird der Schuh zu einer anonymen Ware, die nichts mehr von seinem praktischen Herstellungsprozess verrät, wobei die Rolle der Arbeiter also von niemandem mehr direkt nachvollzogen werden kann und somit verschwindet. Am Ende kauft ein Konsument den Schuh gegen Geld, wobei er den Artikel nicht mehr als ein bestimmtes Produkt eines sozialen Herstellungsprozesses betrachtet, sondern als eine Ware, die über ihren Preis definiert wird. Die soziale Fähigkeit der Arbeiter etwas herzustellen hat sich also in die soziale Macht des Geldes verwandelt. Die versachlichte Arbeit baut sich vor dem Arbeiter wie ein fremdes Element auf (Marx, 1971). Die Produktion ist zum Geldfluss geworden und damit zu einem Bestandteil der Kapitalzirkulation, welche die gesamte Gesellschaft durchläuft. Jedoch beurteilen die arbeitenden (oder arbeitslosen) und konsumierenden Menschen ihre Lage im Kapitalismus danach, was sie sich kaufen können, womit sie im Alltagsleben den Warenfetischismus nachvollziehen. Wenn wir uns im Supermarkt oder im Kaufhaus einen neuen Computer kaufen, können wir uns der bezaubernden Macht des Warenfetischismus kaum entziehen, auch wenn wir uns vielleicht die praktischen und penibIen Arbeitsabläufe vorstellen, die zu dieser Ware geführt haben. Spätestens bei dem Versuch, sich die Börsenanteile des Computerunternehmens vorzustellen, über die seine Finanzierung läuft, bricht unsere Fantasie ab.

Der Warenfetischismus ist von einem Zeitgenossen von Marx sehr gut veranschaulicht worden, dem Schriftsteller Collodi. Ich denke hier an die Geschichte von Pinocchio, der von Menschenhand hergestellt wird, von einem Schreiner, aber als vollendete Marionette plötzlich ein Eigenleben entwickelt. Der Warenfetischismus ist gewissermaßen der Pinocchio des Kapitalismus, nur kann er nicht durch seine lange Nase entdeckt werden, weil die Waren nicht lügen, sondern ihre eigene Wirklichkeit erzeugen.

Diese erste Skizze kann wie folgt verallgemeinert werden. Ein einzelner Arbeiter hat den Eindruck, dass er für seinen persönlichen Beitrag bei der Herstellung von einer gewissen Anzahl von Schuhen, Autos oder Laptops pro Monat bezahlt wird (oder deren Verkauf, wenn es ein Verkäufer ist; oder deren Design, wenn es ein Ingenieur bzw. Grafiker ist usw.).

Karl Marx zeigt aber, dass der Monatslohn der Arbeitenden mit dem Verkaufspreis der hergestellten Waren nicht in einem unmittelbaren Verhältnis steht, aus welchem Grund er sich über die simplen Sozialdemokraten seiner Zeit lustig macht, die plumpe Losungen ausgeben wie zum Beispiel «Ein gerechter Lohn für eine gerechte Arbeit» (Marx, 1986). Im Grunde bezahlen die Kapitalisten nicht die geleistete Arbeit, so Marx, sondern nur die zeitliche Verfügbarkeit über die Arbeiter. Denn die Kapitalisten berechnen die Arbeitskraft nach allgemeinen Rentabilitätskriterien, neben den Materialkosten, den Investitionen in Maschinen und anderen Hilfsmitteln. Neben den Festkosten, dem sog. «fixen Kapital», werden die Arbeiter als «variables» Kapital verbucht, dass mehr oder weniger ausgenutzt werden kann. Wenn also ein Arbeiter versucht, seinen eigenen Wert über seinen Lohn zu definieren, so bestimmt er sich selber als einen Bestandteil des Kapitals, nämlich als variables Kapital. In diesem engen Rahmen ist die menschliche Emanzipation von den sozialen Zwängen der Lohnarbeit freilich überhaupt nicht denkbar. Insgesamt entsteht durch die Vermarktung der Arbeit eine Situation, in der die lebendige Tätigkeit der Menschen von vergangener, toter Arbeit beherrscht wird, also vom Kapital.

Auf der anderen Seite kann der einzelne Lohn auch nicht am Verkaufspreis der Waren festgemacht werden. Der Verkaufspreis kann nämlich nicht vorgegeben werden, sondern hängt von den Vermarktungsbedingungen ab, darunter z.B. ein gelungenes oder gescheitertes Marketing und vor allem Preisschwankungen, das Risiko auf der Ware sitzen zu bleiben oder dass die Ware verfällt oder abgestoßen werden muss sowie Wirtschaftskrisen bei denen der Marktwert völlig verfällt.

Der entwickelte Kapitalismus ist eben ein viel komplexerer Kreislauf als es die ersten Sozialisten wahrhaben wollten. Er erschafft seine eigenen marktförmigen Sozialbeziehungen und gesellschaftlichen Verhältnisse, die auch die Arbeit, die Technik und die Wissenschaft einbeziehen (Brandt, 1990).

In diesem Sinne sind Phänomene wie das Fachidiotentum, die Fabriktyrannei usw., nur empirische Teilerfahrungen einer marktförmigen Sozialisierung. Nicht nur die direkte Erfahrung der Arbeit in Betrieben, Büros oder anderen Situationen, sondern die allgemeine Abhängigkeit von der Lohnarbeit bedingen die soziale Lage der Menschen.

Marx entwickelt diese kritische Einsicht in einem Text, der fürs *Kapital* gedacht war, aber in seiner ursprünglichen Fassung in drei Bänden keinen Platz gefunden hat. Ein möglicher Grund dafür ist, dass eine solch radikale Ausformulierung seiner Gedanken eine weitgehende, weltweite Durchsetzung der kapitalistischen Gesellschaftsorganisation beschreibt, die Marx und Engels so vielleicht gar nicht für möglich gehalten haben, da sie ohnehin vom Sieg des Sozialismus ausgegangen sind. Heute reicht diese theoretische Skizze aber sehr nah an die real existierende kapitalistische Globalisierung heran. Das betreffende, unveröffentlichte Kapitel, das erst nach 1968 richtig bekannt geworden ist, trägt den zunächst etwas schwer durchschaubaren Titel «Resultate des unmittelbaren Produktionsprozesses» (Marx, 1971).

Hier arbeitet Marx heraus, wie der Kapitalismus die traditionellen Ausbeutungsverhältnisse umwandelt in eine gesamtgesellschaftliche Vermarktung der menschlichen Arbeit. Ein traditionelles Ausbeutungsverhältnis ist z.B. das zwischen einem Bauern und dem Feldbesitzer oder das zwischen einem unabhängigen Handwerker und seinem Auftragsgeber. In diesem Fall versuchen der Feldbesitzer oder der Auftragsgeber möglichst viel von der Arbeitsleistung der Produzenten zu profitieren, diese also direkt auszubeuten. Jenes direkte Abhängigkeitsverhältnis bezeichnete Marx als «formelle» Unterwerfung, die übrigens auch vertraglich geregelt sein kann. Im Unterschied dazu hat der voll entwickelte Industriekapitalismus eine umgreifendere soziale Unterwerfung der Lohnarbeit unter die Gesellschaftsform des Kapitalismus hervorgebracht, die Marx als «reelle» Unterwerfung (oder *reelle Subsumtion*) definiert hat. Der Lohnarbeiter hat keinen direkten Ausbeuter vor sich, sondern steht bereits in einer sozialen Ausbeutungskette mit vielen anderen Arbeitern im Rahmen der kollektiven Fabrikarbeit. Hier ist er Bestandteil eines Produktionsprozesses, in dem Maschinen eingesetzt werden und innerhalb dessen viele Lohnarbeiter miteinander kooperieren. Um die Fabrikmaschinen herzustellen und anzutreiben, müssen weitere Industrien entwickelt werden, es werden Techniker, Ingenieure und Wissenschaftler eingespannt, ein systematisches Transportwesen kommt zum Einsatz, eine entsprechende Energiewirtschaft und Kommunikationsmittel usw. Diese gesamte Logik erfasst am Ende alle gesellschaftlichen Bereiche, wie es heute von der Informatikindustrie veranschaulicht wird, von der hochwissenschaftlichen Computerentwicklung über alle Arten Software bis zum weltumspannenden Internet. Über die unmittelbare Industrieproduktion hinaus betont Marx, dass die kapitalistische Planung und Organisation auch die Entwicklung der Börse, des Finanzkapitals und des Welthandels mit sich bringt, Phänomene, die heutzutage mit dem Schlagwort Globalisierung benannt werden.

Wie oben gezeigt, ist der moderne Lohnarbeiter ein Stück variables Kapital, somit Bestandteil des globalen Gesamtprozesses, der weit über die einzelnen Arbeitsstätten hinausgeht. Da innerhalb der modernen Industrie das investierte, so genannte fixe Kapital zudem einen wesentlich größeren Teil einnimmt als die Lohnarbeit (das variable Kapital), sind die einzelnen Arbeiter dem kapitalistischen Gesamtzusammenhang unterworfen. Das ist die relle Subsumtion, von der Marx spricht, die aber zu seiner Zeit noch nicht voll zur Geltung gekommen war. Heute dagegen trifft diese Beschreibung alles in allem recht gut zu, im Zeichen von automatisierten Industrieproduktionen, von computergesteuerten Abläufen oder Börsentransaktionen und von nahezu grenzenlosen Handelsbeziehungen rund um den Globus.

Darauf werde ich noch zurückkommen. Zunächst geht es weiter im Text mit dem Autor des *Kapitals*. Wichtig ist an dieser Stelle festzuhalten, dass die vollständig vermarktete, also im kapitalistischen Sinn vergesellschaftete Lohnarbeit von Marx als «abstrakte Arbeit» bezeichnet wird. Das soll nicht heißen, dass die gegen Lohn arbeitenden Menschen gegenstandslose Arbeit verrichten. Die Lohnarbeit ist deswegen abstrakt, weil sie der kapitalistische Markt ihrer besonderen Eigenschaften entblößt und den Arbeitsbeitrag der Menschen nur noch in abstrakten Größen beziffert, also von der körperlichen und geistigen Arbeit der Menschen abstrahiert. Der Markt kennt eben keine Namen, sondern nur Preise.

Dieses Verständnis des Warenfetischismus und der «abstrakten» Arbeit bei Marx ist später ausgeweitet worden, unter anderen von Alfred Sohn-Rethel (1971). Im Schatten der Frankfurter Schule, die ihn nicht gebührend gewürdigt hat, schlug Rethel nach dem Zweiten Weltkrieg vor, den Fetischismusbegriff auf die gesamte soziale Vorstellungswelt auszuweiten, da es sich hierbei um «objektive Gedankenformen» handele. Objektiv deshalb, weil sie von der real existierenden Warenzirkulation innerhalb der Gesellschaft vorgegeben werden, die sich aber eben nur in abstrakten Formen zeigt: Löhne, Preise, Waren usw. In diesem Rahmen redet Backhaus in verwandter Weise auch von «Realabstraktionen». Die fetischistischen Vorstellungen sind zwar von der direkt erfahrbaren Wirklichkeit und Lebenswelt der Menschen entkoppelt, aber dennoch basieren sie auf reellen Tauschbeziehungen im Kapitalismus, also sind es Realabstraktionen. In Frankreich hat Jean-Marie Vincent, im Windschatten des Arbeitssoziologen Pierre Naville, diese Konzepte auf ideologische Diskurse und Weltanschauungen sowie auf staatliche Vorstellungen übertragen (Vincent, 1973), auf die wir noch näher eingehen werden. Allerdings kann schon gesagt werden, dass diese Konzeption des abstrakten Arbeitsbegriffs und des Warenfetischismus starke Auswirkungen hat auf die Einschätzung des Arbeiterbewusstseins bzw. des Klassenbewusstseins. Die klassische Frankfurter Schule reibt sich in diesem Punkt stark am westlichen Marxismus von Lukaçs und anderen, wie wir sehen werden. Wenn die Arbeiter in fetischistischen Gedankenformen gefangen sind, muss das *Arbeiterbewusstsein* problematisch eingeschätzt werden.

Hier sollte auch in Erinnerung gerufen werden, dass Adorno und Horkheimer ihren berühmten Begriff der Kulturindustrie vom Fetischismusbegriff ableiten, den Marx im Kapital angeregt hat. In der ersten Fassung ihres Buches *Die Dialektik der Aufklärung* wird dieser Zusammenhang noch direkt betont, aber in der Endfassung von 1944 ist er nur noch versteckt vorhanden. Mit dem Begriff der Kulturindustrie stellen die beiden Autoren fest, dass Kunst und Kultur zu reinen Waren werden, die über die neuen Massenmedien Radio und Fernsehen vermittelt, als Artikel gehandelt und standardisiert werden. Die industrielle Warenproduktion greift somit auf die Kultursphäre über, wobei eine eigenständige Kulturindustrie entsteht, die starken Einfluss auf das gesellschaftliche Bewusstsein ausübt. Das Paradebeispiel dafür ist die Kinoproduktion in Hollywood (Adorno/Horkheimer, 1944/1990, S.129). Die produziert natürlich ihre Ware auch und gerade für die populären Milieus, darunter auch die Arbeiter und Angestellten.

Die sehr komplexen und neuen Begriffe, die vom Konzept des Warenfetischismus ausgegangen sind – reelle Subsumtion, Kulturindustrie, Realabstraktionen usw. – deuten darauf hin, dass an dieser Stelle die alte philosophische Debatte verlassen wird, die dem Europa des 18. und 19. Jahrhunderts entsprungen ist, nämlich der viel leichter überschaubare Gegensatz zwischen der Welt der Gedanken und der Welt der Dinge: Idealismus gegen Materialismus. Marx selber hat seine ursprüngliche Konzeption der Ausbeutung gewissermaßen überholt, als er mit dem Begriff der vergesellschafteten, abstrakten Arbeit die anfänglichen Trennungen aufgehoben hat, die verbunden waren mit den Gegensatzpaaren der einfachen und der komplexen Arbeit bzw. der produktiven und der unproduktiven Arbeit. Da die Verwaltung oder die wissenschaftliche Entwicklung in die moderne Industrie völlig einbezogen werden im Rahmen der reellen Subsumtion, wie Marx das betont, verliert die Definition der «unproduktiven» Arbeit an Bedeutung. Auch der Begriff der konkreten Arbeit in der Produktion wird von der abstrakten Arbeit weitgehend überholt, da der Wert der produzierten Waren durch den globalen Markt bestimmt wird. Hier liegt die praktische Unmöglichkeit begründet, konkrete Arbeitstätigkeiten einzelner Lohnarbeiter direkt zu berechnen, also konkrete in abstrakte Arbeit mathematisch umzuwandeln, was nur der gesamtgesellschaftliche Markt leisten kann (vgl. Tran Hai Hac, 1995).

Der Parteimarxismus hat es im 20. Jhdt. nicht vermocht, sich diese komplexe Debatte anzueignen. Die These der reellen Subsumtion der Lohnarbeit geht von Marx aus, aber sie kam im traditionellen Marxismus nie zum Zuge. Gerhard Brandt hat diesen Ansatz im Sinne einer kritischen Soziologie der Tauschbeziehungen verteidigt, ohne ihn systematisch aufzubauen. Er unterscheidet das marxistische Produktionsmodell, das der konkreten Arbeit verhaftet bleibt, von einem Subsumtionsmodell, das er wie folgt definiert: «Kapitalistische Vergesellschaftung stellt sich damit, anders als im Produktionsmodell vorausgesetzt, nicht als Erzeugung gesellschaftlicher Wirklichkeit durch Arbeit dar, sondern als Subsumtion aller Lebensbedingungen (darunter auch die gesellschaftliche Arbeit) unter die im Wertverhältnis zusammengezogenen Erfordernisse kapitalistischer Gesellschaftsorganisation» (Brandt, 1990, S.273).

Max Weber

Die protestantische Ethik und der Geist des Kapitalismus von Weber erscheint auf den ersten Blick als ein alter Hut, der in Schulen und Universitäten zum Pflichtprogramm gehört. Seitdem Luc Boltanski und Eve Chiapello (1999) vor zehn Jahren den Neuen Geist des Kapitalismus kritisiert haben, zeitgleich mit der Entstehung der alternativen Globalisierungsbewegung in den Straßendemos von Seattle, steht der Begriff der protestantischen Ethik jedoch wieder in der kritischen Debatte. Auf Boltanski komme ich später zurück; zunächst soll hier die ursprüngliche These in Erinnerung gerufen werden, verbunden mit der Feststellung, dass die Kritische Theorie bereits vor 1968 eine sehr raffinierte Kritik an der klassischen Theorie Webers hervorgebracht hat.

Weber beschreibt die Disziplinierung der frühen Arbeiter, Handwerker und anderer Arbeitskräfte, die sich im Kapitalismus mit Hilfe der protestantischen Heilslehre als Selbstdisziplinierung durchsetzt, wobei diese Produzenten aus eigenem Antrieb Anstrengungen unternehmen, ihre Pflicht zu tun. Das ist keinesfalls selbstverständlich, wie der englische Historiker E.P. Thompson (1988) es anhand der Widerstände gegen die Fabrikarbeit und der damit verbundenen «blauen Montage» (unangekündigte Abwesenheit) gezeigt hat. Bis in die Anfänge des Industriekapitalismus wurde das Profitstreben und darauf ausgerichtetes individualistisches Verhalten allenfalls toleriert, wodurch passiver Widerstand gegen kapitalistische Organisationsformen indirekt gestützt wurde: «*Eben dieses Verhalten war eines der stärksten innerlichen Hemmnisse, auf welche die Anpassung der Menschen auf die Voraussetzungen geordneter, bürgerlich-kapitalistischer Wirtschaft überall stieß.*» (Weber, 1988, S.43).

Die protestantisch motivierte Selbstdisziplinierung liefert also den psychologischen Antrieb, der es den Menschen ermöglicht, sich aktiv an der kapitalistischen Profitbewegung zu beteiligen. Sie findet ihren Hebel an der Stelle, wo die Loyalität zur katholischen Kirche durch die religiöse Aufwertung der Arbeit ersetzt wird. Im Gegensatz zu der katholischen Doktrin sollen die Menschen nicht nach dem Tode im Paradies erlöst werden, sondern ihr Heil im Diesseits suchen, indem sie sich als moralisch einwandfreie, also fleißige und sparsame Personen zeigen. Die

Arbeit, der Beruf wird als Berufung zu höheren Werten verstanden, während die Freizeit allenfalls als Erholung geduldet wird und keinesfalls als Muße. Die Katholiken durften in früheren Zeiten ihre moralischen Entgleisungen und Sünden durch Ablasssteuern begleichen, in der protestantischen Ethik aber ist dieser Ausweg verbaut.

Fleiß, Sparsamkeit und Selbstdisziplin hören sich heute nach alten, konservativen Werten an, die aber gerade im modernen Management und im Globalisierungsdiskurs *up to date* sind, sowohl in den Vereinigten Staaten mit ihrem kaum versteckten Puritanismus als auch in Europa. Wenn der «Leistungsgedanke» beschworen wird, die Erwerbslosen und Hartz-IV-Empfänger öffentlich als «Faulenzer» bezeichnet werden, Flexibilität angemahnt wird, oder eine Power Point Präsentation zum Maßstab einer guten Arbeit erhoben wird, dann greift das Grundprinzip der protestantischen Ethik. Wie oben erwähnt, dürfen in diesem Rahmen nur fleißige Personen, die ihre Anstrengungen öffentlich zur Schau stellen, auf Anerkennung und Erlösung hoffen. Dabei steht heute nicht das Sparen im Mittelpunkt, das bei den klassischen Protestanten wie dem amerikanischen Präsidenten Lincoln oder dem Philosophen Calvin sehr betont wird, obwohl das deutsche Werbemotto *Geiz ist geil* vor einigen Jahren doch an dieses protestantische Motiv erinnert hat.

Vielmehr rückt heute das öffentliche Auftreten in den Vordergrund, das den Kern der protestantischen Ethik ausmacht, in der ein guter Mensch seine gute Moral durch seine Arbeit bezeugt. Deswegen sind Power Point Darstellungen die hypermoderne Ausdrucksform der protestantischen Ethik in ihrer konservativen Wendung seit Martin Luther (vgl. Neumann, 2003). Zu Calvins Zeiten zeichnete sich die puritanische Architektur, die noch in Teilen Hollands, Englands und Deutschlands zu besichtigen ist, dadurch aus, dass ein vorbeigehender Mensch von der Strasse aus alle Zimmer im Erdgeschoss erspähen konnte vom aufgeräumten Wohnzimmer bis ins Schlafzimmer. Diese Transparenz wird auch in den zeitgenössischen Großraumbüros als *Open space* organisiert.

In diesem Sinne sollte die protestantische Rechtfertigung des Kapitalismus nicht einfach als ein geschichtliches Überbleibsel oder gar als eine Art spießige Kulturform abgewehrt, sondern mit Weber als die Überlebensgrundlage dieses Systems begriffen werden. Max Weber sah zwar selber keinen Ausweg aus der bürgerlichen Gesellschaft, verspottete aber den protestantisch gefärbten Kapitalismus mit den Worten: «*Fachmenschen ohne Geist, Genußmenschen ohne Herz: dies Nichts bildet sich ein, eine nie vorher erreichte Stufe des Menschentums erstiegen zu haben*» (Weber, 1988, S. 204).

Die Fachmenschen, das sind die Techniker, Ingenieure, Manager, Wissenschaftler, welche die Welt vom Standpunkt einer instrumentellen Vernunft aus betrachten, die Weber allgemein als Zweckrationalität bezeichnet hat. Die Genussmenschen sind, ergänzend dazu und nicht im Widerspruch, die konsumorientierten Individuen, die das aufnehmen, was die Fachmenschen produzieren. Beide gesellschaftliche Rollen sind weitgehend sinnentleert, ohne Geist und ohne Herz. Hier gibt es den subjektiven Antrieb allenfalls als Arbeitsmotivation oder in Form von Konsumreizen.

Max Weber, der diese Argumente am Anfang des 20. Jahrhunderts aufschrieb, hat angenommen, dass die protestantisch beeinflusste Weltsicht im Laufe der kapitalistischen Rationalisierung überflüssig werde, also praktisch ersetzt werde durch Fabrikorganisation, Banken, Verwaltungen und eine entsprechende gesellschaftliche Arbeitsteilung. So dass der religiöse Antrieb durch eine Art soziale «Mechanik» ersetzt werde, die er in den posthum erschienenen Fragmenten zu *Wirtschaft und Gesellschaft* eindrucksvoll beschreibt (Weber, 2001). Ausgehend vom Glauben an den Kapitalismus gelangen wir so zu einer gesellschaftlichen Verhaltensweise, also zum zweckbestimmten Handeln, dass den «Geist des Kapitalismus» scheinbar überflüssig macht. In diesem Sinne ist es auch nicht erstaunlich, dass die modernen Unternehmer oder Angestellten nicht mehr in die (evangelische) Kirche gehen, aber dennoch die Werte nachleben, die dem asketischen Protestantismus entsprungen sind. Übrigens hat Pierre Naville nachgewiesen, dass der französische Katholizismus in ganz ähnlicher Form wie der Protestantismus die neuzeitlichen, kapitalistischen Anforderungen unterstützt hat, indem er den Beruf als Berufung bestimmt hat, nämlich als *vocation* (Naville, 1972, S.16).

Jürgen Habermas (1981) hat aus der Umwandlung der protestantischen Berufsmoral in eine soziale Mechanik der Marktbeziehungen und Verwaltungsakte (Geld und Macht) den Schluss gezogen, dass die Menschen diese sozialen Grundlagen nicht mehr prinzipiell in Frage stellen, sondern durch instrumentelles Handeln mittragen. Der Frankfurter Philosoph übernimmt im Grunde anstandslos die These Webers.

Die frühe Frankfurter Schule hat mit Adorno allerdings darauf hingewiesen, dass Weber etwas zu früh den geschichtlichen Sieg der protestantischen Ethik durch den Kapitalismus verkündet, der sich offenbar sämtliche Gesellschaftsbeziehungen gefügt hätten. Um es verkürzt zu sagen, betrachtet Weber nämlich nur die subjektiven Motivationen, die der Kapitalismus verwerten kann, da er davon ausgeht, dass alle anderen Verhaltensweisen seitens der arbeitenden Menschen eine geringfügige Rolle spielen, weil sie zum Scheitern verurteilt sind. Diese Annahme hat Habermas (1981) Anfang der 80er Jahre nur wiederholt, zu einer Zeit als die europäische Arbeiterbewegung eine historische Niederlage erlitten hatte, die zum Neoliberalismus geführt hat.

Wolfgang Lefèvre hat allerdings nachgewiesen, dass dieser Ansatz die geschichtliche Unterwerfung der Lohnarbeiter unter den Kapitalismus unterschlägt, der im 18. und 19. Jahrhundert besonders gewalttätig mit Hilfe der europäischen Nationalstaaten verwirklicht worden ist. Der Rahmen, den Weber objektiv voraussetzt, ist also in Wirklichkeit ein historisch, gesellschaftlich und politisch umkämpfter Rahmen. Negt und Kluge, auf die wir später noch zurückkommen, haben aufgezeigt, dass die Menschen trotz dieser geschichtlichen Unterwerfung immer noch eigensinnig handeln und sich keinesfalls einfach auf die Ansprüche der protestantischen Arbeitsmoral und ihre Zweckrationalität reduzieren lassen (Negt/Kluge, 1981). Die aktuelle Krise des globalen Kapitalismus veranschaulicht dies in vielfältiger Weise.

In rein theoretischer Hinsicht hat Adorno dieses Verhältnis analysiert, indem er zeigt, wie eine geschichtliche Teilwirklichkeit als allgemeine Tatsache dargestellt wird. In einer Gesamteinschätzung der Soziologie Webers streicht er heraus, dass die kapitalistische Rationalisierung, die in der Zweckrationalität angelegt ist, eine persönliche Interpretation Webers ist, der nicht zwangsläufig alle Gesellschaftsbeziehungen entsprechen. Adorno sagte über Weber: «*Die zentrale Stellung der Kategorie der Rationalität bei ihm hat systematisch, dass die subjektive Blickrichtung seiner Soziologie – die durchschnittliche Erfolgschance sozialen Handelns von der er ausgeht, ist eine subjektive Kategorie – durch den Begriff der ratio quasi objektiviert wird.»* (Adorno, 1997 b, S. 258).

Anders gesagt ist der Vernunftbegriff – die ratio – an sich schon ein geschichtliches Produkt der kapitalistischen Entwicklung des Abendlandes, seit der Renaissance (16. Jhdt.), obwohl Weber unterstellt, es handele sich um einen objektiven, universellen Begriff. Dieser Begriff der Rationalität wird von Weber als eine Art Messlatte herangezogen, um die Erfolgsaussichten sozialen Handelns zu beurteilen, obwohl hierbei nur der durchschnittliche Erfolg innerhalb der kapitalistischen Verwertungslogik eingeschätzt werden kann. In diesem Sinne spricht Adorno von einer persönlichen, subjektiven Sichtweise Webers, der andere Handlungsansätze erst gar nicht berücksichtigt. Denkbar wären ja scheinbar «unvernünftige», gefühlsbestimmte, utopische oder solidarische Handlungsperspektiven, wie sie in indianischen Kulturen Südamerikas, der sozialistischen Arbeiterbewegung oder den Jugendbewegungen – von Hippies bis zu den heutigen Globalisierungskritikern – manifestiert werden.

Im Werk Webers wird diese Dimension der nicht direkt zweckbestimmten Werte als Wertrationalität bezeichnet, die aber eher eine individuelle und private Rolle im Reich der unterschiedlichen Weltanschauungen spielt und es nicht mit der wirtschaftlichen Zweckrationalität aufnehmen kann. Die Wertrationalität hat nur einen sehr begrenzten Einfluss auf die gesellschaftliche Gesamtdynamik. Anders als die von Adorno kritisierte Idee der Zweckrationalität kann diese zweite Form der Rationalität auch nur schwer statistisch gemessen werden. An dieser Stelle merkt Jean-Marie Vincent an, dass bei Weber nur die gesellschaftlichen Werte berücksichtigt werden, die der kapitalistischen Verwertung zuarbeiten, während die eigensinnigen, widerständigen oder subversiven Werte der Entwertung preisgegeben werden: «*Obwohl die Analysen Webers eine große Kraft besitzen, bleiben sie doch auf halbem Weg stehen, indem sie verschweigen, dass die Vielfalt der Werte und Meinungen weitgehend von der Vorherrschaft des Wertes aller Werte gekontert wird, nämlich vom Marktwert und der damit verbundenen Warenförmigkeit aller menschlichen Aktivitäten.*» (Vincent, 1998, S.140).

Weber findet die bürgerlich-kapitalistische Gesellschaft paradoxerweise so unbehaglich, dass er sie bekanntermaßen mit einem eisernen Käfig vergleicht und darauf spekuliert, dass diese sich vielleicht eines Tages auf «alte Werte» zurückbesinnen wird (Weber, op.cit.). Nur die Herausbildung neuer Werte, die sich aus der Tradition herauslösen und die Perspektive einer Überwindung der bürgerlichen Gesellschaft eröffnen, vermag Weber nicht in seine Theorie einzubeziehen. Bekannterweise hat er darauf Wert gelegt, während der Räterevolution von 1918–1919 in Deutschland soziologische Vorträge über Wissenschaft und Politik an der Universität München selber abzuhalten, damit der Rätesozialist Kurt Eisner diese Gelegenheit nicht nutzen kann (Dahrendorf, 1992, S.86).

Allerdings war Weber keineswegs ein bornierter Akademiker, sondern stand noch vor dem Ersten Weltkrieg in lebhaften Diskussionen mit den militanten Marxisten György Lukaçs und Leo Trotzki (Löwy, 1987). Besonders aufschlussreich ist in diesem Zusammenhang sein Austausch mit dem damals libertären Soziologen Roberto Michels, der durch seine radikale Kritik an der Bürokratisierung der sozialdemokratischen Arbeiterbewegung bekannt geworden ist (Michels, 1911/1957). Michels stützt sich auf eine äußerst reichhaltige Dokumentation, die seine Lebensnähe zur Arbeiterbewegung bezeugt, so etwa wenn er anhand einschlägiger Beispiele zeigt, wie die ursprünglich selbst organisierten Kooperativen und Kulturvereine sich allmählich in der banalen Alltagsroutine verlaufen, wo aus militanten Parteigängern Kneipenwirte und Verwalter werden. Seine Hauptthese ist, dass die Proletarier die politische Entscheidungsfindung gerne an die Parteichefs delegieren, weil sie sich dazu selbst nicht kompetent erachten und ihnen die Zeit oder Mittel fehlen, sich eingängig mit den programmatischen Orientierungen auseinanderzusetzen. Die Delegierung der eigenen politischen Anliegen an hauptamtliche Chefs in Parteien und Gewerkschaften basiert also, nach Michels, auf der gesellschaftlichen Arbeitsteilung, in der Arbeiter und Angestellte sich außer Stande sehen, solch komplexe Aufgaben selber zu meistern. Diese Verantwortlichen, die Massenorganisationen mit entsprechendem Verwaltungsaufwand vorstehen, müssen in der praktischen Verhandlungsarbeit ständig Kompromisse eingehen, die sie fast zwangsläufig zu konservativen Bürokraten macht. Die Herausbildung einer neuen Führungsschicht, einer Parteioligarchie, hat also offenbar soziologische Gründe, die Michels aber nur zögerlich systematisiert. Lange Zeit wettert er leidenschaftlich über den Opportunismus der sozialdemokratischen Parteichefs, den er moralisch und ideologisch verurteilt, während Max Weber ihn dazu anhält, die Analyse zu vertiefen. In einem Brief aus dem Jahr 1906 schlägt er Michels einen Arbeitsplan vor, in dem wichtige Aspekte der Parteienforschung auftauchen, darunter die Analyse der Statuten und Richtlinien, die innere Machtaufteilung, die Rolle der Parteipresse, sowie die Beobachtung des Gewichtes der Parteiflügel, der Anhängerschaft usw. (Weber, 1990, S.56). Im Werk Webers finden sich Spuren dieses Dialogs vor allen Dingen in der Vorstellung, dass die kapitalistische Rationalisierung der Betriebe, der Buchführung und der Verwaltungen zu einer organisatorischen Bürokratisierung führt, welche auch die Politik und die gesamte Gesellschaft durchzieht (Weber, 1992). In diesem Sinne fragt sich Weber auch, wo die sozio-psychologischen Wurzeln der Abhängigkeit der einfachen Leute von ihren Parteiführern liegen (Weber, 1990).

Sigmund Freud

Der Begründer der Psychoanalyse hat sowohl einen Arbeitsbegriff entwickelt, als auch eine grundlegende Gesellschaftskritik, die immer wieder auf die Probleme der Arbeitswelt angewendet wurde. Weitab des Vorurteils, es handele sich bei seiner Theorie um die Bewältigung individueller oder sogar kleinbürgerlicher Fragen, führt seine Massenpsychologie zur Soziologie der Frankfurter Schule und hiermit zur Erklärung der konservativen Blockaden des sozialen Emanzipationsprozesses (Brumlik, 2006).

Auf den ersten Blick erinnert die freudsche Arbeitskonzeption, die Anfang des zwanzigsten Jahrhunderts entstanden ist, an den protestantischen Berufsbegriff bei Weber: «Keine Technik der Lebensführung bindet den Einzelnen so fest an die Realität als die Betonung der Arbeit» (Freud, 1994, S.78, Fussnote). Hier wirkt die Arbeit als Mittel zur sozialen Selbstbeherrschung und gesellschaftlichen Eingliederung, indem sie an der Bezwingung der menschlichen Triebe teilnimmt, die im Grunde asozial sind. Die Arbeit steht auf der Seite des Realitätsprinzips und nimmt Teil an der Kanalisierung des Lustprinzips. Insofern hat Erich Fromm Recht, dass sowohl die protestantische Theologie Luthers als auch die auf Selbstbeherrschung gründende Zivilisationstheorie Freuds der Arbeit einen sehr positiven Stellenwert einräumen, während die Muße, die Lust oder das Recht auf Faulheit gesellschaftlich abgewertet werden (Fromm, 1969). Die Vermutung liegt nahe, dass die bürgerliche Moral seiner Zeit einen gewissen Druck auf diese Konzeption Freuds ausgeübt hat. Konstruktiv betrachtet, führt der Arbeitsbegriff bei Freud zur Selbstverwirklichung (die wiederum an den ersten Arbeitsbegriff bei Marx erinnert), indem er zur Herausbildung der Persönlichkeit beiträgt, die allerdings nicht ohne Liebe und Gegenliebe auskommt. Die Arbeit ist Bestandteil der Umwandlung der menschlichen Triebe in gesellschaftliche, kreative oder produktive Fähigkeiten jedes Einzelnen, also Teil der *Sublimierung* im Vokabular Freuds.

Diesen sozialen Arbeitsbegriff wendet der Wiener Denker auch in abgewandelter Form auf die psychoanalytische Arbeit an. Der Patient arbeitet sich an Hinweisen und Symptomen seiner eigenen, weitgehend unbewussten psychischen Persönlichkeitsstruktur ab, die er versucht aufzuarbeiten. Auf einer breiteren Ebene erkennt Freud auch eine psychische Arbeit in der Traumtätigkeit, die persönliche Erfahrungen, Wünsche und Verlangen verarbeitet. An dieser Stelle entfernen wir uns allerdings vom «protestantisch» beeinflussten Arbeitsbegriff der Realitätsbewältigung.

Freuds Theorie ist eben doch komplexer als sein eigener vordergründiger Gesellschaftsdiskurs über den Zivilisationsprozess es erscheinen lässt. Das würdigt auch Fromm (1932/1970), wenn er sich mit seiner Massenpsychologie beschäftigt. In dem Buch *Massenpsychologie und Ich-Analyse* verdeutlicht Freud (1972) zum ersten Mal, dass er in seiner Theorie durchaus die Wechselbeziehungen zwischen Individuen und Gesellschaft begreift.

Die Herausbildung der Persönlichkeit, also des Ichs in der Theorie Freuds, vollzieht sich nämlich nur durch den Bezug zu anderen Personen, zum Anderen überhaupt. Freud führt eine Reihe von Beispielen dieser sozialen Beziehungen an, die auf Autoritätsfiguren fokussiert, wie Lehrer, Ärzte, Vorgesetzte in der Arbeit, aber auch Familienmitglieder oder geliebte Menschen. Über solche Beziehungen läuft nach Freud die soziale Konstituierung der Persönlichkeit jedes Menschen ab. Darüber hinaus beschreibt er, wie sich gesellschaftliche Gruppen auf Grundlage von wechselseitiger Erkennung quasi als Wahlverwandtschaften bilden, wenn mehrere Menschen sich mit demselben Objekt der Begierde identifizieren, weil sie ähnliche psychologische Einstellungen haben (Freud, 1972, S.128). Hierbei handelt es sich im Grunde um verschiedene Variationen, sich zur Autorität zu verhalten. In weiteren Werken komplettiert der Begründer der Psychoanalyse diese soziologischen oder sozialpsychologischen Überlegungen, z.B. in *Angst, Symptom und Hemmung*, in dem er den Zusammenhang zwischen der Existenzangst und der Handlungsunfähigkeit herausarbeitet, die z.B. im Fall der Erwerbslosigkeit oft auftritt (Zoll, 1981).

Erich Fromm hat diesen Ansatz konsequent weiterentwickelt im Sinne einer Gesellschaftstheorie der Frankfurter Schule. In einem bereits 1932 erschienenen Artikel zur Charakteranalyse und der Sozialpsychologie (Fromm, 1932/1970) geht er von einer Analyse der individuellen Krankheitsbilder zur Erforschung der sozialen Einstellungen über, die mit den persönlichen Charakterstrukturen verbunden sind. Dabei verlässt er die Analyse der Symptome, die noch stark von den anfänglichen Erfahrungen des Mediziners Freud geprägt waren, um sich einer gesellschaftlich begründeten Analyse der Sozialcharaktere zuzuwenden. An dieser Stelle betont Fromm, dass Menschen mit ähnlichen Charakterstrukturen, die in der Kindheit und der familiären Erziehung verortet sind, auch ähnliche Einstellungen gegenüber der Gesellschaft einnehmen (Fromm, 1970, S. 238). Dabei können die politischen oder religiösen Meinungen innerhalb der entsprechenden sozialen Grundströmungen durchaus voneinander abweichen, das heißt die individuelle Meinung und der Sozialcharakter ein und derselben Person können sehr unterschiedlich ausfallen. Ein sozialistisches Parteimitglied kann z.B. autoritäre Charakterzüge besitzen, die sich in Schwulenfeindlichkeit oder Antisemitismus manifestieren. Diese Konzeption begründet die kritische Sozialforschung der Frankfurter Schule von den ersten Untersuchungen zu *Familie und Autorität* (Horkheimer/Fromm/Marcuse, 2006) bis hin zu den *Studien zum autoritären Charakter* (Adorno, 1995). Weiter unten gehe ich auf diese Entwicklung näher ein.

1.2. Kritik am Konzept des Klassenbewusstseins

Die Arbeitssoziologie in Frankreich und Deutschland hat seit den fünfziger Jahren bis heute immer wieder Studien zum Arbeiterbewusstsein veröffentlicht, die auf empirischen Erhebungen beruhen. Das heißt, die Meinungen und Einstellungen der ArbeitnehmerInnen werden durch persönliche Interviews oder über Fragebogen eingefangen. Dieses konkret nachvollziehbare Bewusstsein der arbeitenden Menschen wurde und wird noch oft mit dem proletarischen Klassenbewusstsein gleichgesetzt oder vermischt. Wenn wir den Begriffen auf den Grund gehen, wird die Sache aber sehr viel schwerer als es den Anschein hat. Die beiden Konzepte, das Arbeiterbewusstsein auf der einen Seite, das Klassenbewusstsein auf der anderen, stehen dann im Gegensatz zueinander. Das Klassenbewusstsein ist nämlich ein philosophischer, utopischer Begriff, der in der sozialen Wirklichkeit nicht unmittelbar greift. Zumindest ist das eine Idee, die vom ungarischen Philosophen und Kommunisten Lukaçs in seinem weltbekannten Werk «Geschichte und Klassenbewusstsein» von 1923 dargelegt wird. Er hat versucht, die unterschiedlichen Ansätze, die in den Schriften von Marx vorhanden sind, in einer zusammenhängenden Weise zu interpretieren. Zunächst unterstreicht Lukaçs, dass es im Alltag der arbeitenden Menschen kein Klassenbewusstsein gibt, sondern dies erst entworfen und herangetragen werden muss. Für Lukaçs besteht also keine unmittelbare empirische Grundlage für das Klassenbewusstsein, wie er dies betont (Lukaçs, 1971).

Damit widerspricht Lukaçs im Grunde dem politischen Schema, das viele marxistische Strömungen mehr oder weniger ausdrücklich verteidigt haben, wonach die Erfahrung der Ausbeutung und der Unterdrückung zu Gegenwehr und Klassenkämpfen führt, die eine allgemeine Politisierung bewirken und am Ende die Perspektive einer sozialistischen Umgestaltung eröffnen oder sogar die Vorstellung der Diktatur des Proletariats befördern. Entsprechend dieser Lesart müsste auch die Proletarisierung von gesellschaftlichen Gruppen, die vormals unabhängig waren (freie Bauern, Handwerker, unabhängige Arbeiter, Kleinunternehmer, Akademiker usw.) zu einer Beschleunigung der revolutionären Bewegung gegen den Industriekapitalismus und zu einer breiten Politisierung führen. Es wäre zu umständlich, auf alle Ansätze bei Marx einzugehen, die so eine Schematisierung befördert haben, zumal Marx selber einige Gegenargumente anführt (Vincent, 2001). Der absoluten Verarmungstendenz und der notwendigen sozialistischen Revolution stellt Marx selber die Reaktionen des Kapitals gegen seine Krisenanfälligkeit und die gegen den Fall der Profitrate gegenüber (Kapital, Band 3) sowie das Problem des entpolitisierten, verarmten Lumpenproletariats und die verheerenden Auswirkungen der Massenarbeitslosigkeit, der sogenannten *Reservearmee*. Offen bleibt bei Marx auch die Frage, ob kritisches Bewusstsein durch den kapitalistischen Prozess erzeugt wird oder nur im aktiven Widerstand *dagegen*, so z.B. geschildert in den historischen Beschreibungen im *Kapital* (Demirovic, 1999).

Außerdem existiert ein noch grundlegenderes theoretisches Problem, das in diesem Buch bereits in Verbindung mit den Arbeitsbegriffen von Marx angesprochen worden ist, insbesondere die Definition der Lohnarbeiter als «variables Kapital». Wenn die Arbeiter und Arbeitenden nur ein Bestandteil des Kapitals sind, also den fetischistischen Gedankenformen zum Opfer fallen, die dieses Abhängigkeitsverhältnis erzeugt, wie soll dann von dieser Lage ein revolutionäres Klassenbewusstsein ausgehen? Georgy Lukaçs hat auf diese Frage auch keine Antwort, bzw. versucht er sie zu umgehen, indem er der kommunistischen Partei die Aufgabe zuschreibt, diesen Graben zu überspringen. Dabei erscheint die Parteiführung als ein neuer Prometheus, welcher der Menschheit das Feuer bringt bzw. das Bewusstsein ihrer wahren Möglichkeiten vermittelt (Vincent, 1998, S.91).

Der kritische Gegenpol zu dieser im Grunde leninistischen Konzeption ist von Adorno und später von Negt /Kluge herausgearbeitet worden.

In einem ersten Schritt arbeitet sich Adorno philosophisch an der Geschichtsphilosophie Hegels ab. Hier fällt Adorno auf, wie sehr die praktische Arbeit der Menschen der begrifflichen Entwicklung unterworfen wird, also dem philosophischen Konzept (Adorno, 1971). Diese Unterschlagung der Arbeit in der gesellschaftlichen Entwicklung bedingt eine Philosophie, in der die Entfaltung der gesellschaftlichen Begriffe (Familie, Staat usw.) die Geschichte zu bestimmen scheint. Im Grunde entwickeln sich diese Begriffe nur soweit, wie sich auch die entsprechenden gesellschaftlichen Beziehungen und Akteure entwickeln, was immer mit Arbeit verbunden ist. Die Arbeit und der Begriff sind quasi zwei Seiten derselben Medaille. Am Ende suggeriert diese Geschichtsphilosophie jedoch die totale Entfaltung eines philosophischen Konzepts, das in das *Ende der Geschichte* einmündet. Diese These Hegels wurde nach dem Zusammenbruch der Sowjetunion auch von neokonservativen Denkern wie Fukuyama aktiviert (1991).

Adorno hält dieser Weltsicht entgegen, dass sie die unterschlagene menschliche Arbeit zwar von ihrer Begriffskonstruktion abkoppeln kann, diese Arbeit aber dann außerhalb der philosophischen Begriffe und Kategorien weiterwirkt und sich in Form von Eigenheiten, Widerständen und unreduzierbaren Elementen der geschichtlichen Totalität widersetzt. In diesem Sinne ist ein Ende der Geschichte zwar denkbar, aber nicht machbar. Es handelt sich bei der hegelschen Geschichtsphilosophie um eine fetischistische Anschauung, die dem Warenfetischismus ähnelt, den Marx beschrieben hat (siehe oben, 1.1.). Die fertigen Waren scheinen ihre eigene Ausstrahlung, Werte und Macht zu besitzen, obwohl sie nur die gesellschaftlichen Tauschverhältnisse vermitteln. Ebenso erscheinen die gesellschaftlichen Begriffe wie die des Kapitalismus, der Menschenrechte oder der Demokratie als feststehende, gesellschaftliche Produkte, obwohl sie der geschichtlichen Dynamik unterliegen und jeder Art von Widerständen und Besonderheiten ausgesetzt sind. Walter Benjamin hat diese Kritik an der liberalen Geschichtsphilosophie und Weltsicht in seinen Thesen zur Geschichte auch auf den Historischen Materialismus der Parteimarxisten übertragen, die an die historische Mission des Proletariats glauben und darauf warten, dass die Partei diese geschichtliche Aufgabe meistert (Benjamin, 2000, S.174).

Später erweitert Adorno seine Kritik an der Geschichtsphilosophie, indem er der positiven Dialektik Hegels, die zu feststehenden Tatsachen und Begriffen führt, die *Negative Dialektik* entgegenstellt (Adorno, 1997). Nicht die scheinbar vollendeten historischen Entwicklungen stehen hier im Vordergrund, sondern alles, was sich dieser Geschichte entzieht. Also individuelle Besonderheiten, Vorstellungen und Wünsche sowie gesellschaftliche Besonderheiten und Abnormitäten, die nicht der vorherrschenden Entwicklung entsprechen.

Negt und Kluge lehnen sich in *Geschichte und Eigensinn* an diese Konzepte an. Im Mittelpunkt steht, was der geschichtlichen Entwicklung, der sozialen Integration und dem «Mainstream» widersteht oder entgeht. Dieses Widerstandspotential ist das subjektive Rohmaterial für die Entstehung von Gegenöffentlichkeit und nicht etwa die ideologische Zustimmung zu einer Arbeiterpartei. Der widersprüchliche Prozess der Vermarktung und der Selbstbehauptung der Arbeitskraft als lebendige Menschen führt zu gebrochenen Identitäten und verschobenen Bewusstseinsformen, z.B. in der Idee der Nation, die gleichzeitig eine proletarische und eine bürgerliche Seite herausbilden kann (1981, S.465).

So wie Adorno oder Benjamin die Geschichtsphilosophie und den Historischen Materialismus gegen den Strich bürsten, gehen Negt und Kluge mit der Kritik der Politischen Ökonomie des Kapitalismus vor. Die genaue Nachzeichnung der kapitalistischen Akkumulationsgeschichte sagt nämlich noch nichts darüber aus, nach welchen Beweggründen sich die Menschen dieser Logik zu entziehen versuchen oder sich ihr widersetzen: «Das Kapital sagt uns nicht, wie jeder Einzelne seine eigene Lebhaftigkeit verwirklicht» (Negt/Kluge,1981: Klappentext).

Wie schon im Zusammenhang mit den Arbeitsbegriffen bei Marx erwähnt (siehe oben Kap.1.1.), kauft das Kapital nicht etwa eine bestimmte Arbeit ein, sondern die Verfügung über die Arbeitskraft der Menschen, die es mobilisieren muss. Die Motivation der Lohnarbeiter bzw. ihr Widerstand ist letztlich bedingt durch ihre subjektiven Antriebe und Motive, die jedoch potenziell über die wirtschaftlichen Anforderungen hinausschiessen, da hier auch persönliche Wünsche, Utopien und die Vorstellung von einem besseren Leben einfliessen. Die Fähigkeit zur Arbeit muss jeder Einzelne selber mitbringen, sie wird vorausgesetzt. Die Art und Weise, wie die lohnarbeitenden Menschen die Fähigkeit erlangen, sich in die Arbeit einzubringen, liegt also außerhalb des direkten Einflussbereichs der Unternehmen, in der Lebenswelt der LohnarbeiterInnen. Der Kapitalismus provoziert geradezu einen subjektiven Überschuss in der Mobilisierung der Arbeitskraft, die nicht in der Sollerfüllung, der Betriebskultur und der Marktverwertung aufgeht. Wie schon gesagt, berücksichtigt Max Weber dieses Potenzial kaum, weder in praktischer noch in theoretischer Hinsicht (siehe 1.2.), während Marx vor allem die Kapitalbewegung analysiert, auch wenn er die Widerstände dagegen im *Kapital* laufend erwähnt.

Während Lukaçs ein empirisch unbegreifliches Klassenbewusstsein postuliert hat, interessieren sich Negt und Kluge für den subjektiven Eigensinn, der im Leben jedes Einzelnen steckt, bevor er sich in politischen Handlungsformen ausdückt, die Streik, Protest, passiven Widerstand und Dienst nach Vorschrift ebenso umfassen wie autoritäre Mobilisierungen oder solidarische Aktionen. Nun erscheint der Titel *Geschichte und Eigensinn* als eine begriffliche Antwort auf das Lukaçssche *Geschichte und Klassenbewusstsein.*

1.3. Arbeiter und Angestellte (Kracauer, Reich, Fromm)

Die Grundsteine für eine kritische Soziologie der Arbeit – nach Marx, Weber und Freud – finden sich in den wenig formellen Studien von Siegfried Kracauer oder Erich Fromm. Beide hielten kaum etwas von positivistischen Erhebungsmethoden, die versuchen, die Genauigkeit der Naturwissenschaften nachzuahmen. Später hat Adorno diese Vorgabe übrigens im sog. Positivismusstreit theoretisch aufgearbeitet.

Dr. Kracauer, ein voll ausgebildeter sozialwissenschaftlicher Akademiker, hat seine Beobachtungen ganz auf der Einsicht aufgebaut, dass Menschen sich im Betrieb oder anderen formellen Zusammenhängen nicht frei äußern können. In seinem 1929 erschienenen Buch über die Angestellten in der Zwischenkriegszeit pirscht er sich daher geradezu an die arbeitende Bevölkerung heran, die aus den Büros strömt. Eine besonders aufschlussreiche Konversation hat er mit einer leicht «beschwipsten» Frau in einem Vorstadtzug, die er dort zufällig an einem Sonntag kennenlernt (Kracauer, 1971, S.404). Obwohl diese Begegnung nicht als wissenschaftliche Methode angelegt ist, handelt es sich im Grunde um eine perfekte Interviewsituation, denn die Frau ist durch die anonyme Umgebung des Zuges geschützt, kann spontan reden und die sozialen Hemmungen der Arbeitswelt fallen ohnehin komplett von ihr ab, durch den kleinen Schwips und die Sonntagsstimmung. In diesem Zusammenhang erfährt der Soziologe etwas vom Doppelleben dieser Angestellten, die einerseits ein Musterleben in ihrer eigenen Kleinfamilie führt, andererseits eine Liebesaffaire mit ihrem Chef hat. Kracauer gewinnt dadurch wichtige Einsichten in die Welt des sozialen Scheins, in der die deutschen Angestellten leben. Auch häuft er, wie ein guter Reporter, allerlei Zeitungsartikel, Flugblätter und Broschüren an, um sich mit dem Angestelltenmilieu vertraut zu machen. So genau wie möglich beschreibt er die gewerkschaftlichen Organisationen und Vereine, die Angestellte damals in vielfältiger Form repräsentieren.

Während Kracauer keine Interviewfrage zweimal stellt, und sich hier und da umhört, wählt Fromm einen systematischeren Ansatz für seine etwa im selben Zeitraum angelegte Untersuchung zu der politischen Einstellung von Arbeitern und Angestellten im Deutschland vor der Nazizeit, deren erste Resultate 1931 vorgestellt wurden (Fromm, 1980). Vermittels eines großangelegten Fragebogens wollte Fromm über 3000 Angestellte und Arbeiter befragen lassen, wobei jedes Mal 271 Fragen und Aspekte berücksichtigt werden sollten. Insgesamt konnten die Antworten von mehr als 1000 Lohnarbeitern eingesammelt werden, mit der weiteren Einschränkung, dass etwa ein Drittel der Fragen unbeantwortet blieb. Die Erstellung einer kompletten Studie wurde erschwert durch die zeitaufwendige Auswertung, den Verlust eines Teils der Bögen bei der Flucht vor der Naziherrschaft und schließlich durch persönliche Querelen mit Adorno während des Exils. Obwohl die Erhebungsgrundlage in diesem Rahmen relativ schmal erscheint, zeigt die Studie wichtige Tendenzen auf, die später dazu beigetragen haben zu erklären, wie sich der Faschismus durchsetzen konnte.

Zur Zeit der Weltwirtschaftskrise von 1929 wählten annähernd 80% der Arbeiter linke Parteien wie KPD, SPD usw., was auch ungefähr der Aufteilung der politischen Sympathien unter den Befragten entspricht (Fromm, 1980, S.70). Die statistische Verteilung entspricht also in etwa den wirklichen Verhältnissen, trotz aller Schwierigkeiten bei der Umsetzung der Forschungsstudie. Diese relativ genaue Abbildung der Meinungsmuster der arbeitenden Menschen, die noch feiner aufgeschlüsselt wurde, hat es ermöglicht, eine ursprüngliche Annahme Fromms zu widerlegen. Er ging nämlich davon aus, dass eine politisch linke Orientierung unter Proletariern auf einer demokratischen und antiautoritären Grundeinstellung basieren müsse, während eine konservative politische Tendenz von autoritären Meinungen begleitet werde. Es spricht für die Aufrichtigkeit Fromms, dass er es akzeptiert hat, diese Annahme angesichts der empirischen Forschungsergebnisse zurückzunehmen. In Wirklichkeit entsprachen sich die beiden Aspekte – politische Wahl und persönliche Toleranz – keinesfalls, sondern fächerten sich je nach Person in unterschiedlichster Weise auf. Neben dem erwartungsgemäß «autoritär-konservativen Typus» tritt hier ein widersprüchlicher «rebellisch-autoritärer» Typ auf.

Nachdem er die gesellschaftlichen Grundeinstellungen der Befragten zusammengefasst hatte, die sich nicht in der politischen Verortung erschöpfen, kam Fromm zum Schluss, dass schätzungsweise 28% der überzeugten Kommunisten und 7% der Sozialdemokraten zusammenhängende Persönlichkeitsbilder aufweisen, bei denen die ideologische Meinung mit den persönlichen Einstellungen zur Frage der Autorität übereinstimmen, z.B. die Skepsis gegenüber der Kirche oder die Ablehnung, Frauen und Kinder zu schlagen. In diesem Sinne sind 20% der Sympathisanten der linken Arbeiterparteien als autoritär einzustufen, aber nur ungefähr 15% der befragten Arbeiter und Angestellten als «Linke» einzuschätzen, die zu oppositionellem Handeln bereit sind (op. cit., S.250). Weitere 25% erklären sich links, wobei ihre sonstigen Meinungen und Empfindungen dem zumindest nicht ausdrücklich widersprechen.

Insgesamt ergibt sich ein kontrastreiches Bild, das der scheinbaren Stärke der Arbeiterorganisationen widerspricht, die noch Anfang der dreißiger Jahre bei den Reichstagswahlen zum Ausdruck kommt.

Seit der Machtübernahme der Nazis von 1933 stellt sich die Frage, wie sich das Proletariat dem Faschismus unterwerfen konnte, obwohl Marx und die Linke ihm die historische Rolle der Befreiung der Menschheit zugesprochen hatte? Wilhelm Reich (1932/2003) hat aufgezeichnet, dass zu diesem Zeitpunkt unter den stimmberechtigten Bürgern etwa 22 Millionen Menschen zur arbeitenden Bevölkerung gerechnet werden konnten. Bei den letzten freien Parlamentswahlen vor der Nazi-Herrschaft haben aber nur 12 Millionen Bürger für die linken Parteien (Sozialdemokraten, Sozialisten, Kommunisten) gestimmt. Insgesamt 20 Millionen entfallen auf die anti-demokratischen, rechtsnationalen und rechtsradikalen Parteien, was nur durch einen relativ starken Zulauf aus dem Lager der lohnabhängigen Angestellten, kleinen Beamten, Erwerbslosen und einfachen Arbeiter möglich war.

Offenbar haben sozio-psychologische Motive eine wesentlich stärkere Rolle gespielt als die wirtschaftliche Bedingung der lohnabhängigen Gesellschaftsgruppen, die nach dem marxistischen Schema dieser Zeit sich angesichts der kapitalistischen Krise der Linken hätten zuwenden müssen.

Die stark vom kritischen Marxismus der europäischen Zwischenkriegszeit beeinflussten Intellektuellen der Frankfurter Schule sind angesichts dieser historischen Tatsachen und Erfahrungen gewissermaßen gezwungen, gegen sich selber zu denken, wollen sie es nicht bei oberflächlichen Definitionen der faschistischen Massenbewegung als «kleinbürgerlicher» Gruppe belassen. Unter den noch am ehesten plausiblen marxistischen Analysen finden sich solche wie die von Leo Trotzki (die aber die von Reich angeführten offiziellen Statistiken auch nicht erklären kann): «*Das Nachkriegschaos traf die Handwerker, Krämer und Angestellten nicht weniger heftig als die Arbeiter. Die Landwirtschaftskrise richtete die Bauern zugrunde. Der Verfall der Mittelschichten konnte nicht ihre Proletarisierung bedeuten, da ja im Proletariat selbst ein riesiges Heer chronisch Arbeitsloser entstand.*» Diese Skizze stellt vor allem die ungelöste Frage, warum die prekarisierten Arbeiter und Angestellten, die Marx zum Proletariat zählt, sich nicht von den linken Parteiorganisationen für den Sozialismus mobilisieren liessen (Trotzki, 1999, S.300).

Im Exil geht die Frankfurter Schule gerade dieser Frage in einer großangelegten Untersuchung nach, die nach dem Zweiten Weltkrieg den Titel *Studien zum autoritären Charakter* tragen wird.

1.4. Autoritärer Charakter in der Arbeitswelt

Die erste englischsprachige Fassung der Studien zum autoritären Charakter erscheint 1951 (Adorno, 1995). Bevor ich näher auf die wegweisende Konzeption eingehe, stelle ich hier ein Beispiel vor, das die gesamten Forschungsergebnisse auf den Punkt bringt. Die autoritären Neigungen unter den nordamerikanischen Arbeitern, die befragt wurden, sind je nach Ort und Kontext sehr unterschiedlich verteilt. Unter den lokalen Gruppen, die sehr stark voneinander abweichen, fallen zwei besonders auf, und zwar die jeweiligen Arbeitermilieus im Umkreis von Los Angeles und in Saint Quentin (Adorno, 1995, 339–352). Die besonders progressiv eingestellten Arbeiter von LA sind offensichtlich stark von den Abendkursen der Gewerkschaft beeinflusst, die auch die Angestellten und Schreiber der Filmindustrie Hollywoods organisiert, und die in diesem Fall eine kritische Interpretationsvorlage der gesellschaftlichen Fragen liefert. Antikommunistische, schwulenfeindliche und rassistische Vorurteile haben in diesem demokratischen Milieu wenig Auftrieb. Dagegen sind die aus Arbeiterverhältnissen stammenden Personen von Saint Quentin überdurchschnittlich autoritär eingestellt, wobei es sich um inhaftierte Sträflinge des Staatsgefängnisses handelt.

Diese Kontraste verdeutlichen, dass nicht nur die soziale und ökonomische Lage über die gesellschaftlichen Deutungsmuster bestimmen, sondern auch der kulturelle Hintergrund und die Sozialisierung der entsprechenden Menschen. Das, so Adorno (op. cit., S.98), dürfe nur solche Forscher überraschen, die sich auf einen bornierten Positivismus beschränken oder davon ausgehen, dass alle menschlichen Regungen von allgemeinen Faktoren determiniert werden.

Es springt ins Auge, dass die statistischen Mittelwerte der Zustimmung zu autoritären Ideen, z.B. der Unterstützung der Todesstrafe, in allen gesellschaftlichen Gruppen sehr ähnlich ausfallen, also Studenten nicht weniger autoritär sind als Arbeiter oder die bürgerliche Mittelschicht der USA.

Die «Studien» von 1951, die also Ende der vierziger Jahre in den USA durchgeführt wurden, haben unterschiedlichste soziale Schichten und Milieus anvisiert und analysiert (Arbeiter,

Studenten, Hausfrauen usw. in verschiedenen Regionen). Die «Studien» basieren auf einer breiten quanitativen Erhebung zu autoritären Einstellungen (rassistische, antisemitische, paranoide, aggressive und sonstige Reaktionsmuster) mit Hilfe sehr ausgefeilter Fragebögen, die zur Erstellung der berühmten Skalen gedient haben (bspw. A-Skala für Autoritarismus, E-Skala für Ethnozentrismus, F-Skala für Faschismus).

Die mehrmals überprüften und revidierten Fragebögen erscheinen auf den ersten Blick als bunt zusammengewürfelte Fragereihen, sind aber äußerst durchdacht. Sie enthalten indirekte Fragen zu den sozialpsychologischen Einstellungen der Befragten, die in Wirklichkeit kohärenten Fragegruppen entsprechen, welche schließlich zusammenhängend ausgewertet werden konnten. Ein Beispiel hierfür ist der Vorschlag Nummer 24, auf den die befragten Personen eingehen sollen und der die Behauptung enthält, die heutige Zeit sei durch zunehmende Unsicherheit gekennzeichnet, wodurch wir uns auf schwere Konflikte und permanente Umstürze gefasst machen müssten. Die Bejahung dieser Behauptung wird von den Forschern eingereiht in eine Problemgruppe, die um das Zerstörungspotenzial und den Zynismus kreist (Adorno, *op.cit.* S. 24). So haben die Forscher vielfältige Zugänge zu insgesamt neun Themengruppen im Fragebogen versteckt, die sich auf folgende Problemkreise beziehen: Konventionalismus, autoritäre Unterwürfigkeit, autoritäre Aggression, Anti-Intrazeption, Aberglaube und Stereotypie, Machtdenken und Kraftmeierei, Destruktivität und Zynismus, Projektivität (der Hang, eigene Wünsche auf Jemanden zu übertragen) sowie Sexualität.

Die Interpretation der subjektiven Reaktionen und Einstellungen der Befragten durch das Forscherteam wurden anschliessend durch stichprobeartige Einzelgespräche sowie in Gruppengesprächen präzisiert und nachgeprüft. Je nachdem wie stark die Zustimmung der Befragten zu den jeweiligen Problemgruppen ausfallen, werden sie schließlich mehr oder weniger hoch auf der Autoritarismus-Skala (bzw. F-Skala) eingestuft.

Der autoritäre Charakter wird also nicht durch ausdrückliche *Meinungen* definiert, sondern durch eine Analyse der verfestigten Einstellungen, die in der Persönlichkeitsstruktur des jeweils Befragten wurzeln. Hierzu Adorno: «*Die Entfremdung zwischen politischer Sphäre und lebendiger Erfahrung* (...) *führt in manchen Fällen zu einem Bruch zwischen angeblichem und wirklichem Denken der Versuchsperson über Politik und Wirtschaft.»* (Adorno, 1995, S.199). Beispielsweise lassen sich auch autoritäre Charaktere unter «sozialistischen» Wählern ausmachen (op. cit., S.204), was ja Fromm bereits erkannt hatte.

Diese Analyse der persönlichen Meinungsmuster der Befragten, die es nicht bei ideologischen Einordnungen von links und rechts belässt, basiert auf der Kritik des schematischen und konformistischen, sogenannten «Ticket-Denkens», in dessen Hintergrund ganz offensichtlich die Kritik der «Bewusstseinsindustrie» durch die Frankfurter Schule steht.

Diese Argumentation findet eine Resonanz in den «Studien», in einem Kapital über das «Ticket-Denken» von befragten Personen, also ihre Zustimmung zu vorgefertigten, stereotypischen Meinungsmustern, die von den Massenmedien verbreitet werden (Adorno, 1995, S.188). Dieser Hang zur oberflächlichen Vereinfachung, die an die Bild-Zeitung erinnert, wird hier sozialpsychologisch als Angstabwehr gewertet, die auf eine unzureichende Autonomie der betreffenden Person hinweisen und somit auf Anfälligkeit gegenüber autoritären Positionen. Später wird dieser Zusammenahang in einem Beitrag zum Thema «Vorurteil und Charakter» soziologisch begründet (Horkheimer/Adorno, 1952/1997).

Sowohl bei dem Entwurf des Forschungsdesigns als auch bei der Auswertung und Interpretation durch die Forscher spielen Begriffe aus der Theorie Sigmund Freuds eine große Rolle, die in dem Fall soziologisch abgeleitet werden. Die Vorarbeiten wurden vor allem von Erich Fromm geliefert, der sich vor Abfassung der Studie mit Adorno überworfen hat und deswegen nicht im Forschungsbereicht angeführt wird (Fahrenberg/Steiner, 2004: S.131; Le Rider, 2007, S.94). Ein besonders innovativer Aspekt der «Studien» ist der Übergang von einer «symptomalen» Analyse der individuell ausgeprägten Psychopathologien hin zu einer soziologischen «Charakteranalyse», die gesellschaftliche Gruppen erfasst und in idealtypischer Manier einordnet (Fromm, 1932). Theodor W. Adorno stellt in seiner damaligen Einleitung ausdrücklich fest, dass dem Forschungsdesign Begriffe der psychoanalytischen Theorie Freuds zugrunde liegen, die soziologisch verarbeitet werden: «Unsere Theorie der Charakterstruktur lehnt sich eng an Freud an» (Adorno et al., 1995, S.7).

Wie oben beschrieben hat Fromm für diese Art der Studien eine Typologisierung der unterschiedlichen Sozialcharakter entworfen, die auf die Massenpsychologie Freuds aufbaut (siehe Kap.1.1.).

Im ursprünglichen Forschungsbericht der *Studien zum autoritären Charakter* findet sich allerdings keinerlei Hinweis auf die Verallgemeinerbarkeit der in den USA entstandenen Untersuchungen, z.B. auf die deutsche oder die französische Situation. Der internationale Vergleich ist also eine Art kongeniales, wissenschaftliches Problem der gesamten Forschungstradition, die sich an die von Adorno vorgestellten Studien anschließt. Gerda Lederer (1995; S.31) stellt sogar die Frage, inwieweit das in Deutschland enstandene Forschungsdesign auf die amerikanischen Verhältnisse übertragbar war bzw. ob durch die unterschiedlichen kulturellen Umfelder nicht Verwerfungen in der Interpretation entstanden sind. In den 40er Jahren war eine empirische Überprüfung selbstverständlich wegen der faschistischen Herrschaft in Europa unmöglich.

Das Frankfurter Institut für Sozialforschung aktualisierte allerdings seine Methode in einer «Gruppenstudie» zur deutschen Nachkriegsmentalität, die 1955 in Frankfurt veröffentlicht wurde (Demiroviç, 1999; S.353–364). In von Soziologen geleiteten Gruppendiskussionen mit 10 bis 15 Teilnehmern an unterschiedlichen Orten Westdeutschlands sollen die sozialpsychologischen Strukturen anhand der stereotypischen Meinungen und Einstellungen herausgearbeitet werden. Eines der Ergebnisse ist, dass nur etwa 10% der Befragten die parlamentarische Demokratie unterstützen (op. cit., S..362).

Obwohl hier die Einstellungen und nationalen Vorurteile gegenüber den USA oder Frankreich untersucht werden, fehlt erneut der systematische internationale Vergleich mit anderen Studien.

1.5. Aktualisierungen

In den vergangenen Jahren ist die empirische, methodologische und theoretische Debatte um das originale Forschungsdesign der von Theodor W. Adorno 1950 vorgestellten «Studien zum autoritären Charakter» neu belebt worden (Adorno, 1995, 2007).

Der Hintergrund dieser erneuten Rezeption und Überprüfung kann mit drei Hauptaspekten zusammengefasst werden:

- *Erstens* unerwartete Forschungsergebnisse in Deutschland, z.B. die Tatsache, dass die mittlere Funktionärsschicht der deutschen Gewerkschaften überdurchschnittlich anfällig für autoritäre Themen ist (Zeuner, 2007); Studien zu Gewaltbereitschaft unter Jugendlichen (Lederer/Schmidt, 1995) oder die feststellbare Rezeptivität der Mittelklasse für ethnozentrische Vorurteile (FES, 2008) .
- *Zweitens* eine wissenschaftliche Debatte zur Aktualisierung der ursprünglichen Forschungsmethode (Altemeyer, 1998; Oesterreich, 2005; Norris, 2005). In diesem Rahmen sind zahlreiche neue Veröffentlichungen herausgegeben worden, zu denen auch die französischsprachige Ausgabe der «Studien» gehört, die nun erstmals 2007 in Paris erschienen ist (Adorno, 2007; dazu: Spurk, 2007; Le Rider, 2007).
- *Drittens* ein politischer Hintergrund, der von Wahlforschern und Soziologen bearbeitet wird (Cautres/Mayer, 2004). Forschungsobjekte sind der Aufschwung rechtsradikaler oder nationalistischer Bewegungen in Europa oder die Sicherheitsdiskurse im Zeichen von antiterroristischen Gesetzgebungen. Dabei fällt auf, dass die Fokussierung auf rechtsradikale oder sonstige politische Phänomene eine Reduzierung des Begriffs des «autoritären Charakters» impliziert, der ursprünglich sozialpsychologisch gefasst ist (Brumlik, 1992).

Die Tatsache, dass die existierenden Ansätze bislang noch nicht systematisch verglichen wurden, erklärt sich wahrscheinlich aus der hohen Komplexität des ursprünglichen Forschungsmodells der «Studien», das sowohl empirische Methoden der amerikanischen Soziologie als auch sozio-psychologische Konzepte der freudschen Theorie sowie kritische Begriffe aus dem philosophischen Bereich miteinander verbindet (Adorno et alii, 1995: S.1–34; Fahrenberg/Steiner, 2004, S.127–152).

Die zeitgenössischen Forschungen beziehen sich meist auf einen *Teilaspekt* dieses Forschungszusammenhangs. Hier stehen, neben rein statistischen Beobachtungen, psychoanalytische oder soziologische Erkenntnisse, während die theoretische Auseinandersetzung meist unvermittelt und parallel dazu verläuft.

Einige ambitionierte Forschungsprojekte verarbeiten oder korrigieren auch die eigentliche Forschungsmethode der «Studien», ohne dabei den theoretischen Hintergrund völlig aufzuarbeiten.

Ein Beispiel für eine ambitionierte methodologische Auseinandersetzung mit dem Aufbau der «Studien zum autoritären Charakter» gibt Bob Altemeyer (1988;1996). Der Autor übt Kritik am Entwurf, an der Auswertung und an der Interpretation der Fragebogenuntersuchung, die der Konstruktion der Skalen als Basis gedient haben. Altemeyer unternimmt eine Vereinfachung der ursprünglichen, insgesamt neun sozio-psychologischen Kategorien, die er auf drei reduziert. Dort, wo die «Studien» neun Haupteinstellungen einschätzen, geht Altemeyer ausschließlich von den drei erstgenannten Aspekten aus: *Konventionalismus, Autoritäre Unterwürfigkeit, Autoritäre Aggression* (Altemeyer, 1988).

Die empirische Aktualisierung der «Studien» wird heute zumindest teilweise durch das Forschungsprojekt «Gewerkschaften und Rechtsextremismus» illustriert, das allerdings sehr unterschiedliche wissenschaftliche Ansätze zitiert und heranzieht (Zeuner, 2007). Das kritische, soziopsychologische Design der «Studien» von 1950 tritt hier eher in den Hintergrund, taucht jedoch bei der praktischen Interpretation der Fragebogenergebnisse wieder auf. Ganz wie bei den «Studien» von 1950 geht dieses Projekt von einer breiten quantitativen Befragung aus (4000 Fragebogen-Antworten), um dann vermittelt über Einzel- oder Gruppengespräche zu einer verstehenden Interpretation zu gelangen.

Eine Haupterkenntnis der Berliner Studie ist die besondere Anfälligkeit der mittleren Funktionärsschicht der deutschen Gewerkschaften für autoritäre, rassistische oder nationalistische Ideen. Diese ist nur in rein ideologischer Hinsicht überraschend, im Hinblick auf die antifaschistische Ausrichtung des DGB seit dem Zweiten Weltkrieg, da die Studien zum autoritären Charakter zeigen, dass oft ein Unterschied besteht zwischen den oberflächlichen Meinungen und den psycho-soziologischen Motiven der Menschen.

Die Erkenntnis der Anfälligkeit der mittleren Funktionärsschicht von Betriebsräten und Gewerkschaftsfunktionären wird keineswegs deterministisch gedeutet (etwa auf Grundlage des Einkommens), sondern im Rahmen der doppelten Bedrohung des sozialen Status und der politischen Vertreterrolle erklärt, der sich diese Gewerkschafter besonders ausgesetzt sehen (Zeuner, 2007, S.100). Hierbei spielt also die Angst, die subjektive Reaktion und das persönliche Deutungsmuster der betroffenen Personen eine zentrale Rolle.

1.6. Arbeiterbewusstsein in der Krise

Der Ansatz einer kritischen Soziologie der Arbeitswelt, der von der Frankfurter Schule ausgeht, ist gerade wegen ihrer kritischen Absicht immer wieder in randständige Positionen abgerutscht und konnte sich nur schwer verstetigen. In einer jüngst erschienenen, akademisch formulierten Übersicht zu den «Theorien, Methoden und Instrumenten zur Erfassung von Arbeit und Subjektivität» wird diese Strömung übrigens nicht als solche erkannt (Langfeldt, 2009, S.61ff).

Ohne eine entsprechende historische und kritische Perspektive, die einen Bogen spannen müsste von der Weltwirtschaftskrise von 1929 zu der heutigen globalen Krise mit ihren Effekten, stehen nur lose Einzelversuche nebeneinander. Mein Abriss wird die Geschichte dieser Ansätze nicht systematisch rekonstruieren können, aber es ist immerhin möglich, auf die Ähnlichkeiten der Forschungen hinzuweisen, die sich allesamt auf die Kritische Theorie beziehen.

So führt eine, gewissermaßen von Wildgras bewachsene, Fährte von den ersten Studien zur Lage der Arbeiter und Angestellten bei Kracauer oder Fromm zu den Studien zum autoritären Charakter, mit einem Umweg über die Beobachtungen Langzeitarbeitsloser in Marienthal (Jahoda/Lazarsfeld, 2009). Eine Spur, die weiterführt zu den Gruppenstudien der Nachkriegszeit und zu den Betriebsstudien Friedeburgs (1963) der sechziger Jahre, zu den von Rainer Zoll (1981) in den achtziger

Jahren verfassten Bänden zum *Arbeiterbewusstsein in der Krise*, zu den theoretischen und empirischen Ausführungen Oskar Negts (1971, 2001), die teilweise zeitgleich liefen zu den Untersuchungen von Gerhard Brandt (1990) und Jean-Marie Vincent (1987), bis zu neueren Ausführungen von Michael Schumann (2003) und den Anklängen bei Gerda Lederer (1995), Alex Demiroviç (1999), Bodo Zeuner (2007) und noch deutlicher bei John Holloway (2010).

Im englischsprachigen Raum sind die Referenzen und Überschneidungen noch komplexer und unübersichtlicher (s.o.), während sich die französischsprachige Soziologie in vielfältiger Weise auf die Studien der Frankfurter Schule bezogen hat, vor allem auf die Untersuchungen der Zwischenkriegszeit. Im Gegenzug hat Schumann (2003) einige Konzepte von Alain Touraine (1963) in seine Forschung zum *Arbeiterbewusstsein* eingeflochten. Allerdings sind diese konzeptionellen Verquickungen selbst innerhalb der kritischen Öffentlichkeit kaum bekannt, was noch dadurch erschwert wird, dass sich die beteiligten Autoren auch im internationalen Diskurs selten aufeinander beziehen. Dazu gesellt sich das Problem der Übersetzungen und Veröffentlichungen, die oft nur noch in Bibliotheken verfügbar sind.

Hinzu kommt, dass es nicht nur finanziell, sondern auch theoretisch und methodisch sehr aufwendig ist, die empirische Forschungskonzeption der Kritischen Theorie zu aktualisieren, die ohnehin im akademischen Raum wegen ihrer emanzipatorischen Absichten unbeliebt ist. Ein Beispiel wie aus dem Bilderbuch ist die Studie zu autoritären und ethnozentrischen Einstellungen, die französische Politikwissenschaftler unternommen haben (Cautres/Mayer, 2004), nachdem der rechtsradikale Kandidat Le Pen 2002 im zweiten Wahlgang gegen den Präsidenten Chirac stand. Hier werden die quantitativen Ergebnisse einer bereits bestehenden Telefonumfrage gekreuzt und kommentiert, wobei die Autoren die ausdrückliche Meinung der Befragten mit deren latenter Gesellschaftseinstellung zusammenwerfen. So können die beiden Politologen sich nicht erklären, warum sich nur 24% als Rassisten outen, aber 60% die Einwanderer aus Frankreich vertreiben wollen. Ihre Forschungsergebnisse fallen dementsprechend nüchtern aus. Die Autoren stellen etwa fest, dass über drei Viertel aller als rechtsextrem eingestuften Wähler rassistische Einstellungen teilen, darunter viele Arbeiter. Die französischen Autoren, die *Meinung* und *Sozialcharakter* verwechseln, und in ihrer Methode auf einfache Telefonauskünfte bauen, bezeichnen den Ansatz der Frankfurter Schule logischerweise als historisches Abfallprodukt (op. cit., S.104).

Die meisten Versuche, das Arbeiterbewusstsein zu beschreiben, stützen sich wie schon bei Touraine (siehe Kap. 3) auf relativ einfach zugängliche industrielle Großunternehmen, so auch eine neuere Befragung von Betriebsräten, die interessante Informationen enthält, aber die Antworten recht lose typologisiert (Bergmann/Dabrowski, 2002). Zu den kleinen Betrieben liegt der Klassiker *Die kleine Welt sozialer Betriebe* (Kotthoff/Reindl, 1990) vor, der auch das ambivalente Lohnarbeiterbewusstsein in Familienunternehmen und bei Mittelständlern thematisiert.

Im Zusammenhang mit der Erforschung subjektiver Einstellungen von Lohnarbeitern und Lohnarbeiterinnen ist vor etwa zehn Jahren die These des Arbeitskraftunternehmers aufgekommen (Voss/Pongartz, 1998), die von einer Ausweitung der Selbstkontrolle unter den Beschäftigten ausgeht. Ähnlich wie bei Boltanski und Chiapello (siehe unten, Kap.4) ähnelt dieser Ansatz der klassischen Konzeption Max Webers, der einseitig die subjektive Akzeptanz der kapitalistischen Anforderungen betont hat. Die Arbeitskraft wird hier weitgehend mit der unternehmerischen protestantischen Moral gleichgesetzt. Ohne ihn abzustreiten, hat Michael Schumann diesen Aspekt der freiwilligen Unterwerfung, der seit Weber immer wieder beschrieben wird, durch Hinweise auf gegenläufige empirische Befunde seiner eigenen Studien der neunziger Jahre ergänzt, in denen eine starke Flexibilisierung der Arbeitsverhältnisse stattgefunden hat: «Es ist erstaunlich, wie sehr sich trotz dieser Veränderungen ein Lohnarbeiterbewusstsein erhält, dessen Konturen nach wie vor ganz traditionell durch die Interessenwidersprüche von Arbeit und Kapital geprägt sind» (Schumann, 2003, S.102).

Auch fällt auf, dass Boltanski und Chiapello zum gleichen Zeitpunkt keinerlei empirische Indizien für die Akzeptanz neuerer Managementpraktiken anführen, die außerhalb der von ihnen vorgenommenen Auswertung von Managementbüchern liegen.

Die Diskussion zu diesem Thema bleibt jedenfalls offen, während der Ansatz der Kritischen Theorie, der von einer Pluralisierung und Polarisierung der sozialen Einstellung ausgeht, durch die aktuellen Kriseneffekte durchaus bestärkt wird.

Einen empirisch orientierten, subjektiven Ansatz verfolgt Dejours (1998), indem er in Tiefeninterviews die subjektiven «Abwehrstrategien» (Freud) der Beschäftigten gegen Arbeitsdruck, Mobbing und Stress analysiert. Hier stellt sich für ihn die Frage, nach welchen Prinzipien sich die informelle Kommunikation unter Lohnarbeitern gestaltet, also welche Form der Öffentlichkeit im Spiel ist. Da der Autor die Kritische Theorie nur in Form der Schriften Habermas` wahrgenommen hat, versucht er verzweifelt, das *kommunikative Handeln* (Habermas, 1981) auf die Arbeitswelt und die Betriebe zu übertragen, obwohl Habermas dies gerade für die Produktion und die Arbeit *ausschließt* (siehe oben, Einleitung Kap. 1). Die soziologischen Studien der Frankfurter Schule und der Begriff der Gegenöffentlichkeit haben in die Untersuchungen von Dejours in Paris noch keinen Eingang gefunden. Entweder weil sie erst seit kurzem in französischer Sprache vorliegen (Adorno, 2007; Negt, 2007) oder weil er sich prinzipiell auf den von Habermas und Honneth vorgegebenen Rahmen beschränkt. Hier zeigt sich der Mangel an einem zusammenhängenden internationalen Diskurs, der empirische und begriffliche Kritik zusammenführen könnte.

Im folgenden werde ich auf diese Anstöße in der französischen Arbeitssoziologie eingehen und im Fazit dieses Buches auf die mögliche Aktualisierung dieser Konzepte zurückkommen.

2. Die Gründer der französischen Arbeitssoziologie

Nach dem Zweiten Weltkrieg entstand in Frankreich eine beispiellose Forschungslandschaft im Bereich der Arbeitssoziologie, die in Deutschland eher als Industriesoziologie bezeichnet wurde. Das Standardwerk dieser neuen Disziplin ist von ihren beiden Hauptfiguren und Gründern herausgegeben worden, Georges Friedmann (1902–1977) und Pierre Naville (1904–1993). Die zwei imposanten Bände des *Traité de la sociologie du travail* sind Anfang der sechziger Jahre herausgegeben worden und umfassen fast alle Themen der neuen Industrialisierungswelle, die Frankreich in dieser Zeit erlebt, z.B. Fragen der betrieblichen Hierarchie, der Qualifizierung und Berufsausbildung, der Arbeitsbedingungen und der Automatisierung der Produktion (Friedmann/Naville, 1961).

Friedmann war im Grunde ein philosophisch interessierter Sozialtechniker, während Naville der kritischen, radikaleren Linken zuzurechnen ist, was auch in den Unterschieden der theoretischen Argumentation der beiden Soziologen nachvollzogen werden kann. Friedmanns politische Erfahrung stammt aus der stalinistisch strukturierten KPF der 40er und 50er Jahre, während Naville erst der surrealistischen Strömung anhing, dann der antibürokratischen Linken Frankreichs um Leo Trotzki, und schließlich ein herausragender Intellektueller der unabhängigen Sozialisten wurde. Nach dem Rückzug aus der stalinistischen Partei hat sich Friedmann auf die praktische Arbeitstätigkeit im Betrieb konzentriert, während Naville die kapitalistischen Gesellschaftsverhältnisse auch über den einzelnen Betrieb hinaus unter die Lupe genommen hat. In diesem Sinne ist die theoretische Aufarbeitung der soziologischen Fragen bei Naville weitaus umfangreicher und tiefgründiger.

2.1. Pierre Naville

Das bekannteste Beispiel für dien theoretischen Weitblick Navilles ist die soziologische Analyse der Automatisierung, also der Ersetzung menschlicher Arbeit durch Maschinen, die Naville vorgenommen hat.

Lange bevor Autoren wie André Gorz oder der journalistisch begabte Rifkin die etwas überspitzte Perspektive von einem *Ende der Arbeit* entworfen haben, also der völligen Ersetzung der gewerblichen Arbeit von Menschen durch robotisierte und informatisierte Produktionsabläufe, hat Naville schon in seinem Buch *Vers l'automatisme social?* (Naville, 1953) die Frage gestellt, ob die zunehmende Maschinisierung zu einer globalen Automatisierung der Gesellschaft führt.

2.1.1. Analyse der Automatisierung

Wie oben erwähnt, wurden damals sehr umfangreiche Forschungen finanziert, die in einem entsprechenden Forschungsbericht dokumentiert werden mussten, der Naville zur Grundlage dient. Insgesamt sind für die großangelegte Studie ungefähr 1000 Betriebe befragt worden (Naville, 1953). Die empirischen Beschreibungen am Anfang des Buches bezüglich der Entwicklung der Metallindustrie oder anderer Bereiche wirken heute angestaubt; dagegen erscheinen die allgemeinen Schlussfolgerungen immer noch sehr aktuell. Zu einem Zeitpunkt, als rechte und linke Massenparteien in Frankreich nichts als den Wiederaufbau der Wirtschaft und der staatlichen Infrastruktur im Kopf hatten, insbesondere die KPF (siehe Einleitung), da warnte Naville vor den negativen Auswirkungen des Wachstums und der technischen Automatisierung.

An erster Stelle stand für ihn die potentielle Massenarbeitslosigkeit, die mit der Ersetzung menschlicher Lohnarbeit durch Maschinen langfristig verbunden ist. In direkter Anlehnung an Marx erinnert Naville daran, dass die derart «überflüssig» gewordene Arbeitskraft zu einem Heer an Arbeitslosen heranwachsen muss, welches den Kapitalisten dann jederzeit als «Reservearmee» zur Verfügung steht. Sobald der Industrialisierungsschub des Wiederaufbaus abebbt, so Navilles Argumentation, würden die freigesetzten Arbeiter keine Stelle mehr finden und in die

Arbeitslosigkeit getrieben. Die Gesamtlogik hat sich vollständig bewahrheitet, und zwar schon ab 1967, ganz zu schweigen von den heutigen Verhältnissen. Deshalb forderte Naville seit Mitte der fünfziger Jahre auch auf der politischen Ebene, wo er mit unabhängigen sozialistischen Strömungen gearbeitet hat (die später die *Parti Socialiste Unifié* gebildet haben), die sofortige Umsetzung der 35-Stunden-Woche. Bekanntlich hat sich die europäische Gewerkschaftsbewegung erst ab 1983 mit der Umsetzung dieser Forderung beschäftigt, angesichts der anschwellenden Massenerwerbslosigkeit.

In theoretischer Hinsicht hat er auch als Erster begriffen, welch enorme soziale Auswirkungen die Automatisierung haben wird auf die Entkopplung von Produktionszeit und Arbeitszeiten. Durch die umfassende Maschinisierung konnte die Produktion nämlich praktisch rund um die Uhr laufen, auch nachts, was die zunehmende Einführung von Nachtschichten nach sich gezogen hat. Anstatt einer Schicht von 8 Stunden am Tag im traditionellen Tagesbetrieb konnte die maximale Maschinenlaufzeit von 24 Stunden nun durch drei aufeinanderfolgende Schichten von 8 Stunden (=24 Std.) ausgenutzt werden.

Damit wird die Produktionszeit also von der Arbeitszeit abgekoppelt, was später, seit den achtziger Jahren die kapitalistische Arbeitszeitflexibilisierung ermöglicht hat. Bei der Arbeitszeitflexibilisierung müssen sich die Arbeiter an die Produktionszyklen und Produktionsschwankungen mit ihren individuellen Arbeitszeiten anpassen, denen sie «hinterherhecheln», z.B. innerhalb der flexiblen 4-Tage-Woche bei VW. Hier kann die reale Arbeitszeit über Wochen auf 60 Stunden ansteigen, gefolgt von mehr oder weniger freiwillig eingesetzen Freitagen, das Ganze bei ständig wechselndem Dienstantritt, morgens, nachmittags oder nachts. Dadurch kommt der ganze Lebensrhythmus ins Ungleichgewicht.

Die Schichtarbeit hatte schon zu Navilles Zeiten negative Seiten, unter anderem Müdigkeit, erhöhte Arbeitsbelastung, ein erschwertes Sozialleben der betroffenen Arbeiter usw.

Naville hat sich also nicht auf wirtschaftliche Argumente beschränkt, sondern mit der radikalen Arbeitszeitverkürzung die Auflösung der sozialen Zwänge angestrebt, die in der Lohnarbeit stecken. Ganz im Gegensatz zur Arbeitszeitflexibilisierung, die den Zugriff der kapitalistischen Produktionsrhythmen auf das Sozialleben erhöht, hatte Naville die Absicht, die Autonomiebereiche der arbeitenden Menschen zu erhöhen. In diesem Rahmen hat er die Ausweitung der Freizeit keinesfalls nur als Zeit zum Konsumieren begriffen, sondern als Zeit zur Muße. Das Thema des «Rechts auf Faulheit», erstmals im 19. Jahrhundert von Lafargue angeführt, war natürlich der stachanowistisch beeinflussten KPF ein Dorn im Auge, die nichts gegen die gesetzliche Höchstarbeitszeit von 60 Stunden in der Woche unternommen hat und ausschließlich an Lohnerhöhungen interessiert war.

Diese Kultur der Arbeitstugend war so tief verankert, dass die Kommunistische Partei Frankreichs die 35-Stunden-Woche erst 1998 ins Programm geschrieben hat, etwa 45 Jahre nach Navilles Erstforderung.

2.1.2. Theorie der Berufsorientierung

Ganz ähnlich wie bei seinen Überlegungen zur Arbeitszeitverkürzung bringt Naville seine emanzipatorischen Ideen auch im Bereich der Berufsauswahl und der Qualifizierung ein.

In seinem Standardwerk *Théorie de l'orientation professionnelle* (Naville, 1972) übt er heftige Kritik an einer positivistischen Erfolgsdefinition, die das persönliche Glück jedes Einzelnen gewissermaßen statistisch bemessen will. Naville pflückt systematisch alle psychologischen oder soziologischen Studien auseinander, die in Europa seit den zwanziger Jahren über den sogenannten Berufserfolg veröffentlicht wurden. Keine einzige hält einer vertieften Kritik stand. Besonders symptomatisch erscheint sein Kommentar einer deutschen Studie von 1929 zum Berufserfolg von Lehrlingen in der Metallbranche, die kurz vor der Weltwirtschaftskrise erstellt wurde. Der Autor dieser statistischen Studie möchte nachweisen, dass die innerbetriebliche Berufseinstufung der Lehrlinge stark übereinstimmt mit deren Ergebnissen bei «psychotechnischen» Eignungstests, die eigens für die Studie durchgeführt wurden (Naville, 1972, S.113). Wer übernimmt aber in diesem Fall die Einstufung der Lehrlinge im Betrieb? Es sind die Vorgesetzten, also die Meister, die Ingenieure und die Kontrolleure. Die beruflichen Leistungen der Lehrlinge werden demnach von der Unternehmerseite evaluiert. Das Problem an dieser Methode ist, dass diese «persönliche oder auch subjektive Einschätzung auf einem objektiven Maßstab beruht: der Arbeiterleistung im Hinblick auf den Unternehmerprofit.» Die angebliche statistische Entsprechung wiederholt hier die kapitalistische Grundstruktur der Wirtschaft, so Naville. Auch auf der subjektiven Ebene treten die Unternehmerinteressen hervor, denn der «gute Arbeiter» verwandelt sich in den Augen der Meister oft sehr schnell in einen «schlechten», sobald er sich gewerkschaftlich engagiert, während wenig kompetente Arbeiter geduldet werden, solange sie sich willig zeigen.

Postindustrielle Soziologen könnten an dieser Stelle einwenden, dass diese Kritik an 80 Jahre alten Studien überholt ist, zumal heutzutage wissenschaftliche Evaluierungsmethoden herangezogen werden, die sich nicht auf das blanke Profitinteresse reduzieren lassen.

Der kritische Soziologe Robert Castel hat allerdings nachgezeichnet, wie deutlich sich die zeitgenössischen Methoden der Berufsorientierung der Arbeitsagenturen an diesen alten Mustern orientieren. Die französischen Agenturen werten heutzutage Fragebögen aus, die den Erwerbslosen vorgelegt werden, um ein eventuelles Risiko der Langzeitarbeitslosigkeit auszumachen und die betroffenen Menschen dann in spezielle Maßnahmen zu schieben. Das erinnert sehr an die «psychotechnischen» statistischen Eignungstests, die Naville kritisiert hat. Castel sieht in diesem Fall einen Zusammenhang zwischen der vorbeugenden Verwaltung sozialer Gruppen, die ihm übrigens aus der geschlossenen Psychiatrie bekannt ist, und den Methoden des neoliberalen Managements, das die einzelnen Individuen für alle sozialen Risiken verantwortlich macht (Castel, 2007).

Im Geiste Navilles möchte ich außerdem auf eine jüngere Studie eingehen, die davon ausgeht, dass persönliche Motivationen von Arbeitnehmern grundsätzlich quantifiziert werden können. Zwei in Frankreich gut etablierte Akademiker, Beaudelot und Gollac, haben versucht, die subjektive Wahrnehmung der Arbeit durch die Arbeitnehmer statistisch zu messen, darunter auch den Erfolg und sogar das Glücksgefühl. Obwohl der Zusammenhang zwischen Arbeit und Glück im Untertitel ihres Buches angekündigt wird, kommt in den Untersuchungskriterien nur die «Zufriedenheit» vor, die in ein messbares Bedürfnis umgewandelt wird. Hier produziert die Studie eine ganze Reihe von Binsenweisheiten, wie z.B. die Feststellung, dass 98% aller befragten Arbeitnehmer ein «positives» Verhältnis zu ihrer Arbeit angeben (op. cit., S.65), was ganz einfach die Abhängigkeit von der Erwerbsarbeit abbildet und mit Glück überhaupt nichts zu tun hat. Die materielle, «positive» Existenz der arbeitenden Menschen hängt nun mal von der Arbeit ab. Das soziale Abhängigkeitsverhältnis, das in der Lohnarbeit festgeschrieben ist, wird einfach ausgeblendet und am Ende die Parole ausgegeben, dass «Arbeit und Glück ganz gut zusammenpassen». Diese Sichtweise will aber partout nicht mit einem weiteren Ergebnis derselben statistischen Erhebung zusammenpassen, wonach drei Viertel der Befragten die Erwerbsarbeit als einen sozialen Zwang erleben (op. cit., S.168).

2.1.3. Dienstleistungen und «sozialistischer Lohn»

Naville orientiert sich bei all diesen soziologischen Betrachtungen an der komplexen Argumentation, die Marx im Kapital entwickelt und die der französische Arbeitssoziologe in seinem fünfbändigen Hauptwerk rekonstruiert unter dem Gesamttitel *Le nouveau Léviathan: Der neue Leviathan*. Der Name Leviathan ist durch das gleichnamige Werk des englischen Philosophen Hobbes bekannt geworden, in der er die Konstituierung der modernen Gesellschaft beschreibt, im Übergang vom Kampf Aller gegen Alle hin zur Zivilisation, die bei Hobbes allerdings von einem absoluten Herrscher zusammengehalten wird. Beim kritischen Sozialisten Naville ist der neue Leviathan das Kapital, das die Gesellschaft regiert, unterstützt durch die Staatsbürokratien bürgerlicher oder sowjetischer Natur. Anders als Hobbes benutzt Naville den Begriff des Leviathans also nicht positiv, sondern in einer sehr ironischen Art und Weise. In *Le nouveau Léviathan* geht Naville von einem Arbeitsbegriff aus, den Marx selber erst in den *Grundrissen* und in Zusatzkapiteln zum *Kapital* entwickelt, anhand von Begriffen wie abstrakte Arbeit, Warenfetischismus und reelle Subsumtion der Lohnarbeit (siehe oben, Kapitel 1.1.). Naville entwickelt gewissermaßen eine soziologische Aktualisierung und Erweiterung des Fetischismusbegriffs bei Marx, den er auch zur Kritik des Staatssozialismus einsetzt. Insgesamt legt der Mitbegründer der französischen

Arbeitssoziologie hier die Grundsteine einer allgemeinen Soziologie der Lohnarbeit. Diese bewegt sich auf einem kritischen begrifflichen Niveau, an das die heutige, akademische Industriesoziologie kaum heranreicht. Im ersten Band, der den Untertitel «Von der Entfremdung zur Emanzipation» trägt, rekonstruiert er die wichtigsten Begriffe von Marx auf Grundlage der Originaltexte, unbeirrt von den vulgärmarxistischen Vorstellungen französischer Politiker und Soziologen im Bannkreis der KPF. Insbesondere der Begriff der abstrakten Arbeit wird sehr präzise nachgezeichnet, als gänzlich vermarktete und vergesellschaftete Lohnarbeit unter den Bedingungen des entwickelten Industriekapitalismus.

Diese feste theoretische Basis erlaubt es Naville später, in den folgenden Bänden, komplexe Debatten mit seinem analytischen Blick zu durchdringen, beispielsweise die Einschätzung der modernen Dienstleistungsarbeit oder die Frage der sozialen Ausbeutung der Arbeiter im Staatssozialismus.

Zunächst einige Überlegungen zum Problem der Dienstleistungen und ihrer gesamtwirtschaftlichen Bedeutung, die heute in der Bundesrepublik öffentlich und fachlich diskutiert wird. Im damaligen Frankreich der sechziger Jahre waren die Parteimarxisten der Ansicht, Dienstleistungen und Angestelltentätigkeiten seien «unproduktive» Arbeiten, im Gegensatz zur «produktiven» Arbeit, die in der Industrie geleistet wird (heutzutage weiß jeder Mensch, dass kein Betrieb mehr ohne Informatiker laufen kann). Das Gegensatzpaar «produktiv» und «unproduktiv» kommt zwar bei Marx vor, tritt aber im Zusammenhang mit seiner These der marktförmigen Verwertung sämtlicher Formen abhängiger Arbeit (reelle Subsumtion) in den Hintergrund. Die über den Markt verwertete abstrakte Arbeit der Lohnarbeiter wird hier nicht mehr über die direkte Industrieproduktion definiert, sondern über die allgemeine, kapitalistische Verwertung von technischen, stofflichen, logistischen, wissenschaftlichen und anderen Leistungen innerhalb der Gesellschaft (Marx, 1971).

In diesem Sinne folgert Naville, im Geiste von Marx, dass die Unterscheidung in produktive und unproduktive Arbeit durch die historische Entwicklung des Kapitalismus überholt ist. Er stellt fest, dass die meisten Dienstleistungen direkt der Industrieproduktion zuarbeiten und somit auch praktisch der Mehrwertproduktion zugerechnet werden müssen. Zusätzlich zu dieser theoretischen Argumentation beschreibt er die wirtschaftliche Lage: «Die Großunternehmen, Trusts, privaten und staatlichen Monopole umfassen heutzutage solche Massen von Kapitalen und Menschen, dass sie das Ausmaß von Gesellschaften annehmen und nicht nur von Betrieben.» (Naville, 2, S.77). Das ist eine ziemlich genaue Beschreibung der reellen Subsumtion der Lohnarbeit unter das Kapital.

Diese kritische Orientierung ermöglicht logischerweise eine Annäherung der beiden Gruppen der Arbeiter und der Angestellten, die erst wesentlich später auf gewerkschaftlicher und politischer Ebene zum Tragen kam (Urban, 1987). Erst seit einigen Jahren bestehen in Deutschland ERA-Tarifverträge[4], die Arbeiter und Angestellte gleichmässig einstufen, wobei ich an dieser Stelle nicht auf die legitime Kritik an der Ausgestaltung dieser Tarifwerke eingehe.

Auf der soziologischen Ebene hat Pierre Naville der sogenannten «Theorie der drei Wirtschaftssektoren» widersprochen, die auf einer strikten Trennung der drei Bereiche Landwirtschaft, Industrie und Dienstleistungen basiert. In der Praxis sind die industriellen Arbeiten mit Dienstleistungen direkt und indirekt verwoben, wie schon gezeigt. Die rein statistische Einordnung unterschiedlicher Gruppen abhängiger Arbeit verhindert insofern das Verständnis der realen gesellschaftlichen Zusammenhänge und erschwert dementsprechend gemeinsame Handlungsansätze. Diese gemeinsamen Handlungsstränge sind in der sozialen Bewegung des Mai 68 hervorgetreten und haben eine subversive Auswirkung gehabt. Während die 3-Sektoren-Theorie die verwaltete Welt abbildet, lädt Navilles Begriffswelt zur Überwindung der bestehenden Verhältnisse ein, im Rahmen einer allgemeinen Kritik der Lohnarbeit.

Eine weitere Veranschaulichung seiner Argumentation entspringt der Kritik des Staatssozialismus in Form der Sowjetwirtschaft, die nach 1991 in einen westlich geprägten Kapitalismus übergegangen ist. Naville hätte auch das chinesische Beispiel wählen können, das die französische Öffentlichkeit aber bei weitem nicht so stark geprägt hat wie die Sowjetunion, vermittelt über die KPF.

Naville wies im zweiten Band des *Nouveau Léviathan* nach, dass die Sowjetwirtschaft das Prinzip der Lohnarbeit nicht abge-

4 ERA: Entgeltrahmenabkommen

schafft hat, da die Zuteilung von Gebrauchsgütern und Sozialleistungen nach individuellen Leistungen bemessen wurde (Naville, 1970). Die utopische Absicht von Marx wurde keinesfalls realisiert, die da lautet «Jeder nach seinen Fähigkeiten, jedem nach seinen Bedürfnissen» (Marx). Die Tatsache, dass in der Sowjetunion die Arbeit nicht mit einem monatlichen Nettolohn bemessen wurde, soll nach Naville nicht darüber hinwegtäuschen, dass auch hier Mehrwert produziert wird, der nicht unmittelbar verteilt wird oder wurde. So wie der westliche Kapitalismus einen mehr oder weniger großen Teil des Individuallohns über Sozialleistungen verteilt, verwaltete die Sowjetwirtschaft den Mehrwert quasi in einer Schiedsrichterfunktion über den Staatsapparat. Naville hat den indirekten Bestandteil des Lohns, der heute oft als «soziale Kosten» bezeichnet wird, als «indirekten Lohn» definiert, um zu betonen, dass es sich um einen festen Bestandteil der Lohnansprüche handelt (und nicht etwa um Zusatzkosten für die Unternehmer). So wie der bürgerliche Sozialstaat von unterschiedlichen Gruppen und Lobbies umkämpft wird, wurde auch die Mehrwertverteilung im Sowjetstaat umkämpft. Anstatt in der stalinistischen Bürokratie eine neue Klasse zu erkennen, hat der französische Arbeitssoziologe die komplexen Ausbeutungsverhältnisse verschiedener Gruppen herausgearbeitet, die alle am gesamtgesellschaftlichen Verwertungsprozess mitwirkten. Auch in Bezug auf die westlichen, kapitalistisch konstituierten Gesellschaften hat er auf die «differenzierte» Ausbeutung hingewiesen, die sich zwischen unterschiedlichen Arbeitnehmergruppen abspielt, z.B. zwischen leitenden Angestellten, Technikern und Arbeitern. Die gesamte Sowjetwirtschaft war darüber hinaus an den kapitalistischen Verwertungsprozessen über den Welthandel beteiligt.

Sowohl der westliche Kapitalismus als auch der Staatssozialismus beziehen sich bei der Mehrwertproduktion auf den sogenannten Arbeitswert, also auf eine Kategorie, die wie oben gesehen den Warenfetischismus befördert. Der Staatssozialismus hat mit der Aufhebung der freien Preise also nur eine oberflächliche Form der abstrakten vergesellschafteten Arbeit abgeschafft. Nach dem Fall der Sowjetunion konnte sich der Warenfetischismus auch in seiner rein kapitalistischen Form nach 1991 fortentwickeln, bekanntlich ohne massive Widerstände. Wie im Fall der Dienstleistungen und der Auswirkungen der Automatisierung lag Naville auch hier zumindest in der Endanalyse richtig.

Ein wegweisendes Buch zur französischen Industriesoziologie geht leider über die schon damals aktuellen Aspekte der Soziologie der Lohnarbeit Navilles hinweg, mit dem raschen Verweis auf den «utopischen» Charakter der emanzipatorischen Perspektiven des kritischen Forschers (Düll, 1971, S.252). Interessanterweise ist das entsprechende Buch zwischen dem explosiven Generalstreik von 1968 und der Implosion der Sowjetunion entstanden, zwei Ereignisse, die Navilles radikale Thesen sowohl in theoretischer als auch politischer Hinsicht bestätigt haben.

2.2. Georges Friedmann

Ausgang der soziologischen Forschungen Friedmanns ist der Taylorismus, genauer gesagt die Kritik an der wissenschaftlichen Betriebsführung, die der nordamerikanische Ingenieur Taylor mit seinem Buch *The Principles of scientific management* angestoßen hat (Taylor, 1911). Der Taylorismus basiert auf der Zerlegung der einzelnen Arbeitsschritte und Aufgaben in der Produktion, die anschließend innerhalb der Betriebsorganisation rationell zusammengesetzt werden sollen. Eins der ersten Beispiele war das Aufziehen von Mauern auf der Baustelle, das nun zergliedert wurde in Einzelaufgaben wie das Herantragen von Ziegeln, die Bereitstellung von Mörtel, das eigentliche Mauern usw. Dadurch konnte sehr viel Zeit eingespart werden, während die Handlungsspielräume der Arbeiter stark eingeschränkt wurden. Während die handwerklich arbeitenden Facharbeiter zuvor eine große informelle Freiheit hatten, weil sie die Arbeit in Eigenregie organisieren konnten, fällt die Arbeiterautonomie im Taylorismus weg. Innerhalb dieses Modells werden den Arbeitern stark vereinfachte Einzelaufgaben zugeschrieben, die sie in einem vorgegebenen Zeitrahmen erfüllen müssen. Diese Art der Arbeitsorganisation bringt eine direkte Zeiterfassung und Kontrolle mit sich, bürokratisch geregelte Verfahren, monotone, ständig wiederkehrende Arbeitsaufgaben sowie eine direkte, hierarchisch strukturierte Anweisung durch das Management. Dadurch entsteht auch ein Gegensatz zwischen

Kopfarbeit und Handarbeit, zwischen den wissenschaftlich definierten Anweisungen, die von Technikern kontrolliert werden, und harter Schweißarbeit in der Produktion. Tayloristische Betriebsmethoden sind zunächst Anfang des 20. Jahrhunderts in den USA zum Einsatz gekommen, nach dem Ersten Weltkrieg dann auch in Europa und der Sowjetunion. Bekanntlich war Lenin ein Verfechter der tayloristischen Rationalisierung, in der er eine Chance sah, die Vergeudung von Rohstoffen und Arbeit zu vermindern.

Es ist also kein Zufall, wenn Friedmann, aktives Mitglied der KPF und öffentlicher Fürsprecher der Sowjetunion (Friedmann, 1947), seine ersten Erfahrungen mit der tayloristischen Modernisierung der Betriebe im Russland Stalins gesammelt hat. Da, wo Naville die Kritik der Lohnarbeit, die Nicht-Arbeit und die mögliche Emanzipation in den Vordergrund gestellt hat, interessierte sich Friedmann für die kollektive Mobilisierung in der Arbeit.

Nach dem Zweiten Weltkrieg, in der Phase des Wiederaufbaus Frankreichs, hat Friedmann dann allerdings die massive Anwendung der tayloristischen Betriebsführung kritisiert, die zu einer völligen Zerstückelung der Arbeit führe. Sein bekanntestes Werk handelt von der «Zerkrümelung der Arbeit», *Le travail en miettes* (Friedmann, 1964). Einerseits beklagt er sich über die verheerenden Auswirkungen der bürokratischen Betriebsorganisation des Taylorismus, der die praktische Arbeit in kleinste Schritte zerlegt und die Arbeiter einspannt wie Hamster in Laufräder. Andererseits wird er in seinen Standardwerken nicht müde, die «persönliche Selbstentfaltung innerhalb der Arbeit, die Befriedigung und das Glück» in der Industriearbeit einzufordern, ja sogar die «Arbeitsfreude», die er allerdings von der nationalsozialistischen «Kraft durch Freude»-Bewegung abgrenzt (Friedmann, 1963, S. 320–321).

In diesem Zusammenhang diskutiert er die nordamerikanische *Human relations*-Schule, die darauf ausgerichtet ist, Entmenschlichungstendenzen dieser Form der Arbeit etwas abzumildern, beispielsweise durch Musik bei der Arbeit, durch das Wechseln der Arbeitsplätze oder der Aufgaben, durch Gruppenarbeit etc.

Der Hauptvorwurf, den er gegenüber dem amerikanischen Management erhebt, ist, dass es aufgegeben habe, die Selbstverwirklichung der Arbeiter zu befördern (Friedmann, 1963,

S.320). Insgesamt sieht Friedmann in den Entfremdungstendenzen, die er beschreibt, ein korrekturbedürftiges Phänomen, das aber ihm zufolge keinesfalls der Lohnarbeit *an sich* entspringt. Hier zeigt sich in aller Schärfe, wie weit der marxistisch geschulte Arbeitssoziologe Friedmann von der kritischen Argumentation von Marx entfernt ist: «In dieser Bedeutung von Entfremdung ist die Frage nach Entfaltung der Arbeit solange falsch gestellt, wie es sich um die kapitalistische Gesellschaft handelt. Entfremdete Arbeit gehört zum Wesen des Kapitalismus» (Schumann, 2003, S. 137).

Zwar ist es richtig, dass auch Marx in praktischer Hinsicht an der Humanisierung der Arbeitsbedingungen interessiert ist, wie dies Friedmann unterstreicht (Friedmann, 1963, S. 369), aber der theoretische Rahmen ist völlig verschieden.

Das zeigt sich auch im Vokabular, mit dem Friedmann sich von Naville absetzt. Für Naville und auch Adorno, die sich beide auf Marx beziehen, eröffnet die Kritik der Lohnarbeit die utopische Perspektive der *Nicht-Arbeit* (le non-travail), also ganz anderer gesellschaftlicher Verhältnisse, die nicht mehr von Zwängen gesteuert wären (Naville, 1970, S.492–493). Bei Friedmann hingegen ist nur von der außerbetrieblichen Aktivität die Rede (le hors-travail). So wie sich die Friedmann-Schule erhofft, die Industriearbeit anzureichern und bis zur Selbstentfaltung zu führen, wünscht sie sich auch eine Freizeitbetätigung, die der hohen Kultur zuneigt und nicht etwa dem Massenkonsum. Bei Naville und Adorno hingegen wird die Freizeit an sich als ein entfremdetes Anhängsel der Lohnarbeit und der reellen Subsumtion unter die Kapitalverhältnisse vestanden, solange diese nicht generell in Frage gestellt werden.

Friedmann banalisiert den Begriff der Lohnarbeit ohnehin, indem er ihn allgemein mit «menschlicher Arbeit» gleichsetzt, so auch in einem bekannten Buchtitel (Friedmann, 1963).

Insofern liegt Naville richtig, wenn er den Arbeitsbegriff Friedmanns eher bei Proudhon denn bei Marx verortet (Naville,1970, S.349–350). Der Autor der *Philosphie der Misere*, Proudhon, dem Marx polemisch in seiner *Misere der Philosophie* geantwortet hat, meint, die Entfremdung der Arbeiter sei aus der individuellen Enteignung entstanden, die mit der Entwicklung des Privateigentums einherging. Dagegen analysiert Marx wie bereits gesehen den gesamtgesellschaftlichen

Prozess der reellen Unterwerfung der Lohnarbeit unter das Kapital. Friedmann meint scheinbar, diese ursprüngliche Enteignung auf der individuellen Ebene wieder einholen zu können, durch Bereicherung der Arbeitsaufgaben der einzelnen Arbeiter. Auch in der Betrachtung der Freizeit bezieht sich Friedmann ganz ausdrücklich auf Proudhon, wenn er die Ausübung von Hobbies mit den *compositions libres* à la Proudhon vergleicht, sprich Wald- und Wiesenmalerei zur Perspektive der kulturellen Emanzipation erhebt (Friedmann, 1963, S.352).

Wo Adorno und Horkheimer die Kulturindustrie Hollywoods und TV als natürliches Produkt des Warenfetischismus und der abstrakten Arbeit analysieren, beobachten die Schüler der Friedmann-Schule das Arbeiterhobby der Taubenzüchterei (Frisch-Gauthier, 1961).

Georges Friedmann selber wendet die Freizeit nicht etwa als Emanzipationsversprechen gegen die Arbeit, sondern leitet sie von den Fortschritten der Technik und der Rationalisierung ab (Segré, 2003, S. 33). Bis zum Jahr 1968 entwickelt sich in der Friedmannströmung eine Debatte über die regressiven Seiten der Konsumkultur, die aber aus den genannten Gründen keinen Auftakt bildet zu einer zusammenhängenden Soziologie der Lohnarbeit (Le Goff, 2003, S.19).

Dieselbe theoretische Differenzierung wie beim Arbeitsbegriff tritt in der Frage des Verhältnisses von Arbeitswelt und Öffentlichkeit hervor. Einfach ausgedrückt orientiert sich Friedmann an der französischen Industriearbeiterschaft, Naville an den Emanzipationsversuchen des internationalen Proletariats. Friedmann begreift die Arbeiterklasse als eine Art gesellschaftliche Verlängerung der Industriearbeit, als «unmittelbar erfahrenen soziale Wirklichkeit» (Düll, 1975, S.109).

Naville hingegen lehnt diese positivistische Bestimmung der Arbeiterklasse ab und fragt später sogar, welchen «Realitätsgehalt» die sozialen Klassen überhaupt aufweisen, wenn sie nicht in Aktion treten (Naville, 1982). Hiermit knüpft er an die marxsche These an, wonach das Proletariat eigentlich nur ein negativer Zustand ist, der gerade zu nach seiner Aufhebung schreit.

Naville geht mit Marx von der Veräußerlichung der Arbeitskraft gegenüber den Maschinen und der Automatisierung aus, die ihn nach und nach zur Feststellung einer dreifachen Entfremdung der Lohnarbeit bringt durch «eine fremde Maschinerie, ein verselbständigtes Produkt und eine beherrschende soziale Klasse» (Naville, 1963, S.247). Anders ausgedrückt basiert die Entfremdung auf der sozialen Unterwerfung der Lohnarbeit, auf Warenfetischismus und der Dominanz der Bourgeoisie.

Obwohl Friedmann sich rein empirisch nach der Industriearbeiterschaft in den französischen Betrieben richtet, hindert ihn sein eingeengter Begriff der Arbeiterklasse offenbar daran, zu bemerken, dass die Mehrheit der Industriearbeiter seit 1950 *Frauen* sind (Kergoat, 1998, S.323). Die Industriearbeiterinnen sind zu diesem Zeitpunkt noch stärker als heute unterrepräsentiert in den Arbeiterparteien und Gewerkschaften. Naville ist dieser Zusammenhang aufgefallen (Naville, 1972, S.24).

Hier stellt sich die Frage des Erbes der empirischen Industriesoziologie der französischen Gründerväter. Friedmann hat im Sinne einer akademischen Tradition viele Nachfahren, die institutionell vor allem über das Forschungszentrum *Friedmann* (Universität Paris 1) abgesichert sind, welches aber keinerlei theoretische Weiterentwicklung aufweist. Der Grund hierfür liegt vermutlich in der sehr empirischen Ausrichtung an Feldstudien, die meist ohne theoretischen Anspruch angefertigt werden. In seinem berühmten Artikel aus dem Jahr 1937 «Traditionelle und kritische Theorie» nannte Horkheimer diese Art von Studien *isolierende Beobachtungen*. Friedmann selber hatte die politischen Dimensionen der Arbeitswelt weitgehend ausgeblendet, indem er die Analyse der Arbeitsverhältnisse auf einzelne Fabriken begrenzte, also die Probleme der Lohnarbeit auf innerbetriebliche Aspekte reduziert hat. Das führt in dieser Schule zu einer Spaltung des Arbeiterlebens in zwei gesonderte Aspekte, der eine «in der Arbeit» und im Betrieb, der andere «außerhalb der Arbeit», also in der Freizeit. Dies erzeugt den Eindruck, als könne die soziale Unterwerfung der Lohnarbeit im Rahmen einzelner Betriebe korrigiert werden, quasi unter Umgehung eines politischen Emanzipationsprojektes. Friedmann hat diese politische Frage einfach abgesetzt, nachdem er sich still von seinem stalinistischen Engagement in der KPF verabschiedet hatte. Jede ernsthafte Auseinandersetzung mit dem Zusammenhang zwischen Arbeitswelt und Politik, zwischen Lohnarbeit und Öffentlichkeit hätte ihn freilich zu einer persönlichen Aufarbeitung seiner stalinistischen Erfahrungen genötigt.

Die gesamtgesellschaftlichen Aspekte der Arbeitssoziologie sind auf diese Art verdrängt worden. Als Alain Touraine anfing, die betrieblichen Fragen auf die politische Ebene zu überführen, hat sich Friedmann dementsprechend scharf von ihm abgegrenzt. Eine weitere Illustration dieser politischen Verdrängung liefert Françoise Piotet, die bis 2009 das *Zentrum Friedmann* geleitet hat, in einer Lobschrift auf den Gründer ihrer Schule (Piotet, 2005). Hier wird Friedmann als Held des Widerstands und «großer Humanist» bezeichnet. Die problematischen Seiten seines öffentlichen Engagements für Stalin geraten in Vergessenheit, bis in die Bibliographie hinein, obwohl Friedmann das Moskauer Regime bis Mitte der Fünfziger in zwei Büchern gelobt hat.

Gerade weil sich die Friedmann-Schule seitdem unpolitisch und unideologisch präsentiert (indem sie sich auf das Gebot der Wertneutralität beruft), hat sie der neoliberalen Ideologie nichts entgegenzusetzen gehabt. Nach dem Tod des Gründers hat diese akademische Strömung die neoliberale Hegemonie der achtziger Jahre dadurch geduldet, dass sie die betriebliche Modernisierung von den Forderungen nach sozialen Reformen abgekoppelt hat, was selbstverständlich mit den Absichten des Managements von Großunternehmen verbunden werden konnte, sich der demokratischen Kontrolle zu entziehen. In der Folge haben die institutionellen Friedmann-Erben stets eng mit der Führung der CFDT-Gewerkschaft[5] zusammengearbeitet, die im Mai 68 zwar noch auf Seite der Streikenden stand, aber während der Streikwelle von 1995 ausdrücklich die Rechtsregierung von Alain Juppé und Jacques Chirac unterstützt hat, sogar in Form eines öffentlichen Aufrufs. Darin solidarisieren sich die angeblich unpolitischen Erben Friedmanns mit dem Regierungsvorhaben, die Sozialversicherung zu privatisieren, mit den Worten: «Diese Reform ist grundsätzlich begründet und liegt ganz im Sinn der sozialen Gerechtigkeit» (Le Monde, 4.12.1995). Diese Position ist von Schülern Pierre Bourdieus als strukturelles Problem analysiert worden, das sich insbesondere aus der Staatsnähe und Machtnähe dieser Strömung erklären ließe (Lebaron, 1996).

---

5 Confédération Française Démocratique du Travail – die zahlenmäßig größte Gewerkschaft Frankreichs ist aus der katholischen Arbeiterbewegung hervorgegangen und stand bis Ende der siebziger Jahre links von der kommunistischen CGT.

Teil des Reformplans war auch die Absicht, die staatliche Eisenbahngesellschaft SNCF zu privatisieren, was erst nach knapp zwei Monaten Streik Ende 1995 aufgegeben wurde.

Im Juni 2009 traf ich einen besonders jungen Vertreter der Friedmann-Erben auf einem Soziologentag in Nancy, wo er in einem Vortrag sein Unverständnis darüber bekundet hat, dass der Privatisierungsprozess in Frankreich «chaotisch» verlaufe, nach seiner Vermutung wegen innerbetrieblicher und organisatorischer Komplikationen[6]. Offensichtlich hat die Erfahrung der erfolgreichen Streikwelle von 1995 gegen die Privatisierung der Bahngesellschaft SNCF hier keine Spuren hinterlassen. Dass die generalstreikähnlichen Bewegungen in Frankreich von 1995, 2003 und 2006 diesen «chaotischen» Verlauf erklären könnten, kam ihm nicht in den Sinn. Streik, Gegenöffentlichkeit und Kritik sind Kategorien, die in dieser akademischen Strömung nicht mehr vorkommen. In diesem Sinne kann darauf verzichtet werden, die Weiterentwicklung der Friedmann-Schule und ihres Umfelds gesondert weiterzuverfolgen, da sie sich von der *kritischen* Arbeitssoziologie verabschiedet hat.

6 http://gree.univ-nancy2.fr/encours/digitalAssets/55204_2009_06_JIST_Nancy_DRESSEN_MIAS_telecom_ferroviaire.pdf

3. Nachfahren und Weiterentwicklungen der Arbeitssoziologie nach 1968

Der Pariser Mai 68 steht in einer Reihe mit sozialen, libertären und demokratischen Bewegungen in der ganzen Welt, die einer antiautoritären Grundströmung entsprechen, zwischen dem Prager Frühling gegen die stalinistische Staatsbürokratie, der Proteste gegen den Vietnamkrieg und gegen rassistische Diskriminierung in den USA, den Studentenbewegungen in Mexiko, Kalifornien, der Bundesrepublik und anderen Phänomenen.

In Frankreich löst die kritische Studentenbewegung nach offenen Konflikten mit der Polizei eine weitgehend unkontrollierte Streikbewegung aus, die bereits einige Vorläufer in Industriebetrieben der Normandie hatte, z.B. in Caen (Lefebvre, 1968/1998). Weder die Gewerkschaften noch die KPF haben jemals offiziell dazu aufgerufen. Den Höhepunkt erreicht der Generalstreik Mitte Mai, als sich annähernd zehn Millionen Menschen direkt daran beteiligen. Das kritische Potenzial der Bewegung ging über die von den Gewerkschaften verhandelten Zugeständnisse von Regierung und Unternehmerverbänden hinaus, die in den *accords de Grenelle*[7] immerhin die Gründung von Gewerkschaftssektionen in den Betrieben, die 40-Stunden Woche und Lohnerhöhungen von etwa 35% festschreiben. Trotz dieser Geste und dem Appell zur Wiederaufnahme der Arbeit seitens der kommunistisch beeinflussten Gewerkschaft CGT dauert die basisdemokratische Streikbewegung bis Juni an. Gründe für die Auflösung des Streiks sind zum einem die deutlichen Zugeständnisse der Unternehmer, die von den Gewerkschaftsführungen zum Anlass genommen werden, eine unkontrollierbare Entwicklung zu kanalisieren, und zum anderen die widersprüchliche Lage der Bewegung selber. Ihre auch in jungen Arbeitermilieus stark ausgeprägte, antiautoritären Impulse gegen das Fabrikregime und bürokratische Organisations-

7 Mitten im Generalstreik verhandeln die Unternehmerverbände mit den Gewerkschaften ein Abkommen, das nach dem Ort des Arbeitsministeriums in der *rue de Grenelle* benannt wurde.

formen macht die Vitalität der Protestformen aus, aber sie verhindert zugleich institutionelle Alternativen wie z.B. die Bildung einer Übergangsregierung unter Leitung von bürgerlichen Politikern des linken Lagers (Pierre Mendes-France oder François Mitterand). Schließlich gelingt es dem Staatspräsidenten De Gaulle, durch Ausrufung von Neuwahlen die außerparlamentarische Kritik zu neutralisieren, die linken Parteien einzubinden und das rechte Lager zu mobiliseren. Sein Wahlsieg beendet die politische Krise, aber nicht die sozialen Bewegungen, die sich ähnlich wie in Italien und teilweise auch in Westdeutschland zehn Jahre lang weiterentwickeln.

3.1. Proletarische Verwandlungen

Im Bereich der Arbeitssoziologie führen diese Krisenerfahrungen, Streik- und Protestformen zu intensiven Forschungsprojekten, theoretischen Debatten und Neuorientierungen, die sich hauptsächlich an Naville orientieren, sich aber auch teilweise an Friedmann abarbeiten, wie z.B. Touraine.

3.1.1. Die neue Arbeiterklasse (Serge Mallet)

Das auch in deutscher Sprache bekannte Buch von Serge Mallet (ein Arbeitssoziologe, der Naville näher als Friedmann stand und sich selber als kritischen Marxisten verstand), *Die neue Arbeiterklasse*, ist erstmals 1962 erschienen, aber seine Rezeption wurde stark von den Ereignissen des Mai 68 geprägt. In Deutschland erschien es erst Anfang der siebziger Jahre.

In dem stark empirisch ausgerichteten Buch beschreibt Mallet unterschiedliche Gruppen von qualifizierten Lohnarbeitern, nämlich Techniker, Ingenieure und leitende Angestellte in modernen Großunternehmen, die nicht dem traditionellen Gewerkschaftsklientel entsprechen. Die Gewerkschaften sind auf Facharbeiter in der verarbeitenden Industrie fokussiert, vor allem im Bereich der Kohleförderung, der Metall- und Stahlindustrie, was auf ideologischer Ebene zum *ouvriérisme* der damals dominanten Partei der Linken führt, der KPF. Der *ouvriérisme* ist eine arbeitertümlerische, also verkürzte und karikaturartige Verteidigung der unmittelbaren Interessen der Industriearbeiter, die auch von kommunistischen Parteiintellektuellen wie Georges Friedmann oder später Louis Althusser vorgetragen wurde. Der direkteste Ausdruck dieser Orientierung ist die einseitige Verengung der Arbeiterinteressen auf Lohnerhöhungen, die auch von der CGT[8] vor allen politischen, kulturellen oder qualitativen Forderungen bevorzugt werden (Spurk, 1987).

Mallet (1962) zeigt dagegen auf, dass sich die hoch qualifizierten Arbeitnehmergruppen in Bereichen wie beispielsweise der chemischen, der elektronischen oder der Transportindustrie gerade dadurch politisieren, dass sie einen großen Überblick über die globalen Produktions- und Organisationsprozesse sowie die entsprechenden Verwaltungsabläufe erhalten. Die Verweigerung des zentralen Managements, diesen Gruppen auch wesentliche größere Freiräume, Entscheidungsverantwortung und Autonomie im Arbeitsablauf zu gewähren, führt nach den Untersuchungen Mallets in den sechziger Jahren zu einer Politisierung der Techniker und leitenden Angestellten, die der bürokratischen Arbeitskontrolle der Firmenleitung Ansätze zur Selbstverwaltung entgegensetzen. Serge Mallet äußert an dieser Stelle die Hoffnung, dass diese Dynamik zum Projekt der sozialistischen Selbstverwaltung der Betriebe führen könne, die auch auf die staatlichen Institutionen übertragbar sei.

In der Tat haben sich die von Mallet analysierten Gruppen stark am Generalstreik von 1968 beteiligt, ohne jedoch im weiteren Verlauf eine ähnlich radikale Dynamik zu entwickeln, wie der Autor dies erhofft hat. Die Tatsache, dass diese Gruppen keine Revolution ausgelöst haben, sollte aber nicht von ihren kritischen Einstellungen ablenken, die auch im letzten Jahrzehnt wieder beobachtet wurden, beispielsweise bei IBM (Glissmann, 2001).

Zudem hat Mallet mit seiner Beobachtung der technischen Intelligenz einen Aspekt der kapitalistischen Modernisierung ins Zentrum gerückt, der die Studentenbewegung auch in soziologischer Hinsicht mit der veränderten Zusammensetzung der Arbeiterklasse verknüpft. Schließlich kommen diese hoch qualifizierten Arbeitnehmergruppen aus den Universitäten und

8 Confédération Genérale du Travail. Die 1905 gegründete Gewerkschaft war seit den zwanziger Jahren bis 1999 von der KPF dominiert.

Fachhochschulen. Auch heute wird dieser Zusammenhang zwischen Bildung, Arbeitsmarkt und betrieblicher Verwertung wieder thematisiert.

Darüberhinaus geht Mallets Konzeptualisierung über die ersten Studien Friedmanns und Touraines hinaus, die das Bewusstsein der Industriearbeiter von ihrem unmittelbaren Verhältnis zum Produktionsablauf ableiten wollten (s.o.). Bei Mallet steht die organisatorische Rolle im Mittelpunkt, beispielsweise die Koordinierung von Verwaltungsabläufen, der Aufbau von Kommunikation und Logistik. Was Verbindungen zum Staatsverständnis der Arbeitnehmer bzw. zu ihrer politischen Autonomie ermöglicht. Insofern greift die Kritik an den methodischen Beschränkungen Mallets zu kurz, die in jüngester Zeit vorgetragen wurde (Langfeldt, 2009, S.74).

Ein ganz anderer Ansatz der Kritik an Mallet wurde von den Arbeitssoziologen Michele Collin und Thierry Brun formuliert. Anstatt seine empirischen Methoden zu kommentieren, haben sie seine stark materialistisch geprägte These in Frage gestellt, wonach die Politisierung der Arbeitnehmer direkt in Verbindung stünde zu ihrer starken Qualifizierung und ihrer Stellung in der Produktionsstruktur. Sie haben das Augenmerk auf die radikalen Bewegungen gelenkt, die in den siebziger Jahren von Migranten, Frauen, jungen und unqualifizierten Arbeitern in der Industrie getragen wurden (Collin/Brun, 1972). Sie stellen auch die Frage, ob es ein Leben außerhalb der Arbeit gebe und weisen auf die praktische Kritik an traditionellen Arbeitswerten hin, die von diesen Gruppen artikuliert wurde, die bis dahin kaum zur Arbeiterklasse gerechnet wurden. Insofern geht die kritische Erneuerung der Arbeiterbewegung weniger von den Ingenieuren denn von vermeintlich schwachen, wenig integrierten Gruppen und Akteuren aus. Die politische Subjektivität geht hier von einer gelebten Erfahrung («le vécu») der gesellschaftlichen Zwänge und Beschränkungen aus, die Ähnlichkeiten zur antiautoritären Dynamik der Studentenbewegung aufweist. Diese Stoßrichtung der kritischen Arbeitssoziologie wird auf theoretischer Ebene auch von den italienischen Intellektuellen des Operaismus entwickelt, auf die im Zusammenhang mit den Thesen Toni Negris eingegangen wird (siehe Kapitel 4).

Insgesamt wird in den angesprochenen Ansätzen eine Pluralisierung der Arbeiterklasse deutlich, die zur weitgehenden Auflösung der traditionellen Klassenidentität geführt hat. Nicht die Frage, welche Arbeitnehmergruppe nun dem revolutionären Subjekt entspricht, sondern die verstehende Beobachtung der kritischen Ausdrucksformen der unterschiedlichsten Gruppen kann heute zu einer Sozialforschung beitragen, welche die reelle Subsumtion der Lohnarbeit nicht als den Endpunkt der Geschichte betrachtet.

3.1.2. Der Streik (Durand/Dubois; Linhart)

Durand und Dubois (1975) unternehmen nach dem Mai 68 eine empirische Kritik der arbeitertümlerischen Interpretation in Frankreich. Claude Durand hat bereits seit den sechziger Jahren mit Naville zusammen gearbeitet im Rahmen der Studien zur Automatisierung, die weiter oben dargestellt worden sind. In ihren Beobachtungen wilder Streiks in der Industrie, die oft von jungen Arbeitern, Frauen und Migranten angestoßen werden, stellen Durand und Dubois fest, dass scheinbar quantitative Forderungen nach mehr Lohn im Grunde substantiellere Forderungen verdecken: nach mehr Lebensqualität, besseren Arbeitsbedingungen, mehr Autonomie in der Arbeit und mehr Freizeit. Diese qualitativen Wünsche sind nicht nur weit verbreitet, sondern werden auch in den Streikversammlungen von den Arbeitern vorgetragen. Sie sind allerdings nur sehr schwer spontan zu vereinheitlichen, weil sie an den erlebten Erfahrungen der einzelnen Streikenden ansetzen und zudem von den Gewerkschaftsführungen und den Funktionären im Betrieb an den Rand gedrängt werden. Diese Vorstellungen sind schwer verhandelbar, widersprechen dem offiziellen Diskurs der CGT und destabilisieren die Delegationsfunktion der Gewerkschaftsfunktionäre vor Ort. Die Streiks in den Betrieben werden seit 1968 auch öfters von Streikkomitees getragen, die direkt gewählt und von den unterschiedlichen Richtungsgewerkschaften unabhängig sind.

In einer weniger akademischen Form hat der Soziologe Robert Linhart (1978) diesen Prozess beschrieben auf Grundlage seiner erlebten Erfahrung als Etablierter nach 1968. Der damals militante Maoist hat sich als ungelernter Industriearbeiter bei Citroën einstellen lassen in einem Werk der Pariser Vorstadt, in dem die berühmten *Enten* produziert wurden, offiziell 2CV genannt.

Angeheuert wird er, weil er seine akademische und bürgerliche Herkunft verschweigt, sein Aussehen durch die Nachwehen und sektiererischen Streitereien nach dem Generalstreik des Mai–Juni 68 das eines etwas verlorenen Arbeiters ist, und weil bei noch sehr niedrigen Arbeitslosigkeitsraten stets Bedarf an frischen Arbeitskräften herrschte.

In literarisch bestechender Weise entwirft Linhart das Bild einer fordistischen Produktion, die keine freie Minute lässt, alles kontrolliert, jeden und jede sofort diszipliniert, die Arbeiter gleichzeitig austauschbar einsetzt, sie aber persönlich verantwortlich macht für den kleinsten Fehler und sie gegebenenfalls tyrannisiert über ein System von Vorgesetzten, Meistern und Experten des Methoden- und Zeitbüros. Unproduktive oder rebellische Arbeiter werden einzeln unter Druck gesetzt oder entlassen, aber zugleich stellt die Werksleitung ganze Dorfgemeinschaften aus Algerien, dem Senegal, Jugoslawien ein, die ihre interne Hierarchie in den Dienst der Produktion stellen.

Zunächst stellt sich Linhart die Frage, wie er in dieser zeitlich verdichteten Welt, die jeden Einzelnen in seine Arbeitsstelle einspannt, überhaupt persönliche Kontakte knüpfen kann, bevor auch nur an eine kollektive Form der Gegenmacht zu denken ist (op. cit. S.61). Die konkrete Kritik an den Arbeitsformen wird außerdem kaum von den Gewerkschaften vertreten, die sich auf Lohnverhandlungen und allgemeine Tariffragen konzentrieren, während der Betriebsrat eher für Reisegutscheine und ähnliches zuständig ist. Allmählich bildet sich eine kleine oppositionelle Gruppe heraus, wobei der wichtigste Antrieb zum Widerstand gegen das Fabrikregime von einer existentiellen Würde ausgeht, die noch wichtiger ist als eine gemeinsame Aktion gegen die ökonomische Ausbeutung. Jeder hat seine ganz persönlichen Motive, etwas gegen das Fabrikregime zu unternehmen. *Christian* aus der Bretagne, 18 Jahre jung, an Turberkulose erkrankt, erwartet etwas anderes vom Leben als die stupide Betriebsroutine. Er geht mit einer Gymnasiastin, die eine ganz andere Perspektive in seine Existenz bringt. *Sadok*, ein Algerier, der gegen die unbezwingbare Zeitstruktur der Produktion und die Einsamkeit ankämpft. *Primo*, ein wissensdurstiger Italiener, der von den wilden Streiks in den Turiner Fiatwerken erfahren hat (op. cit. 61–73). Nachdem das Management gewagt hat, die Arbeitszeit unbezahlt heraufzusetzen, um die Verluste aus dem Generalstreik von Mai bis Juni 68 wieder hereinzuholen, bildet dieser Kern ein Basiskomitee, unabhängig von den Gewerkschaften, das sich informell verabredet und debattiert, Flugblätter verteilt und einen wilden Streik vorbereitet. Wochenlang bangen die paar Dutzend Mitglieder des Komitees, ob der Streik gelingen wird, der für den 17. Februar 1969 angesetzt ist. Die Idee ist einfach; jeden Tag soll die Arbeit um fünf Uhr Nachmittags ausgesetzt werden, um die von der Leitung durchgesetzten Überstunden einfach zu ignorieren. Wird der Aufruf gehört? Schließlich legen 400 die Arbeit nieder, genug um die ganze Fabrik lahm zu legen, und eine spontane Demonstration zieht durch die Hallen. In den folgenden Tagen schließen sich die Vertrauensmänner der CGT an, während das Management alle Hebel in Gang setzt, um die Mitglieder des Basiskomitees in die Knie zu zwingen. Die Migranten werden mit Entlassung, Entzug der Aufenthaltsberechtigung und Ausweisung aus dem Peugeot-Wohnheim bedroht. Nach einer Woche zerbröckelt die Streikfront, die Produktion kann wieder normal laufen. Linhart, als Etablierter enttarnt, wird an einen Außenposten versetzt. Die konkrete Erfahrung des Widerstands, der autonomen Handlungsfähigkeit und der neu entdeckten Würde hinterlässt aber bleibende Spuren bei allen Beteiligten. «Nous, à Choisy, on a montré qu'on ne se laisse pas faire», sagt Primo am Ende: *Wir haben in Choisy gezeigt, dass mit uns so was nicht zu machen ist* (op. cit. S.131). Noch Jahre später wird diese Aktion als Beispiel angeführt in der informellen Diskussion und bei der Vorbereitung weiterer Streiks, auch an anderen Standorten von Peugeot.

Robert Linhart verlässt die Fabrik nach einem Jahr, er entscheidet sich erst Jahre später, diese Erfahrung in Form eines kleinen Buches aufzuschreiben. Es ist stilistisch fast zu schön geraten, um die Gewalt des Zusammenhangs aufzufangen, von dem er berichtet.

Seine Frau, die Forscherin Daniele Linhart, hat seitdem die subjektiven Widerstände in der Arbeit als soziologisches Objekt weiterverfolgt (Linhart, 2008).

3.1.3. Vom Arbeiterbewusstsein zu den sozialen Bewegungen (Alain Touraine)

1995 hat sich Touraine mit soziologischen und gewerkschaftlichen Freunden durch einen Aufruf zur Unterstüzung der Sozialreformen der rechtsgerichteten Regierung Juppé hervorgetan (Lebaron, 1996). Ursprünglich kommt Alain Touraine allerdings aus der kritischen Arbeitssoziologie, weshalb er an dieser Stelle gewürdigt wird.

Der junge Touraine hat im Forscherteam von Georges Friedmann die Arbeitereinstellungen in den Renault-Werken von Billancourt in der Pariser Vorstadt untersucht, in der damals größten Fabrik Frankreichs. 1956 stellt er seine Ergebnisse zur Entwicklung des Arbeiterbewusstseins in diesen Fabriken vor (Touraine, 1956). Hierbei unterteilt er die industrielle Entwicklung, der die Arbeiter ausgesetzt sind, in drei Aspekte, A, B und C. A kennzeichnet die qualifizierte Tätigkeit, die Facharbeiter an einzeilnen Maschinen verrichten, die ein großes Geschick erfordern. B beschreibt die Beschäftigung gering Qualifizierter in der mechanisierten Produktion und C die Arbeit von ungelernten, auf einfache Aufgaben spezialisierten Arbeitern in der automatisierten Industrie (Touraine, 1956, S.48). Die Entwicklung von A nach C entspricht in dieser Theorie auch dem Übergang vom Facharbeiterkorporatismus zur branchenübergreifenden Gewerkschaftsvertretung, was aber nicht weiter belegt wird.

Die Analyse der Bewusstseinsformen orientiert sich eng an dieser technischen Industriestruktur, so als würde die fortschreitende Mechanisierung und Automatisierung der Industrie das Arbeiterbewusstsein bedingen. Später hat sich Touraine gegen diesen Eindruck gewehrt, mit dem Hinweis, dass die drei «Phasen» A, B und C keine aufeinander abfolgenden historischen Entwicklungsabschnitte seien, sondern nur unterschiedliche, analytische Aspekte unterschiedlicher Betriebssysteme (Touraine, 1999, S.200).

In seinem Standardwerk zum Arbeiterbewusstsein stellt er jedoch noch eindeutig fest, dass «die Umwandlungen der Arbeiterklasse mit der technischen Entwicklung zusammenhängen» (Touraine, 1966, S.28) und es daher notwendig sei, «das Klassenbewusstsein in der Arbeit zu definieren» (op. cit., S.113). Hier finden sich Spuren des an Proudhon angelegten Arbeitsbegriffs bei Friedmann, der im Gegensatz zu Marx die

Lohnarbeit auf die praktische Arbeitstätigkeit im Betrieb reduziert (siehe oben, Kapitel 2.2.).

Touraine versucht allerdings, im Rahmen seiner Analyse der Betriebssysteme A, B und C über die konkrete Arbeitstätigkeit hinauszugehen und das Arbeiterbewusstsein als Bestandteil eines «sozialen Systems» einzuordnen. Dieser globalisierende Ansatz führt zum Bruch mit Friedmann, der ihm vorwirft, abstrakte Verallgemeinerungen zu betreiben, anstatt seine empirischen Beobachtungen zu vorsichtigen Ableitungen zu gebrauchen (siehe Düll, 1975, S.119).

Die Analyse der Betriebssysteme veranlasst Touraine, die soziale Organisation der Arbeit mit den politischen Systemen und Aktionen in Verbindung zu bringen. Den Antrieb der politischen Auseinandersetzungen sieht er nun im geschichtlichen Rationalisierungsprozess, was an Weber erinnert (Touraine, 1999, S.193). Die innerbetrieblichen Konflikte und Streiks führen demnach zu einem Kampf um die politischen Entscheidungen für die Organisationsprinzipien der Gesellschaft: «Je mehr die Produktion durchorganisiert wird, umso stärker wird das kollektive, historische Subjekt, desto stärker wird auch die Machtkonzentration, also werden auch die gesellschaftlichen Kämpfe immer politischer» (op. cit., S. 212). Im Rückblick erscheint dieser Ansatz als reichlich naive Geschichtsvorstellung, in der der arbeitertümlerische Marxismus der Friedmann-Schule aufscheint. Dieser Ansatz wurde dennoch im Zusammenhang mit der linkssozialistischen Bewegung um die PSU[9] und die CFDT-Gewerkschaft genutzt, um das Thema der Arbeiterselbstverwaltung voranzutreiben. Die Anleihen an die früheren Arbeiten Serge Mallets, der die Rolle qualifizierter Arbeitnehmergruppen innerhalb der Betriebsorganisation mit der Frage der sozialistischen Selbstverwaltung auch auf politischer Ebene verknüpft hat, sind ganz offensichtlich, auch wenn Touraine ihn nicht zitiert.

Die Befreiung Touraines von der Friedmann-Schule erlaubt ihm einen freien Umgang mit Begriffen aus dem Bereich der Bewusstseinsphilosophie, die mit Anleihen bei Hegel, Hannah Arendt, Georg Lukaçs und Jürgen Habermas verbunden ist

---

9 Parti Socialiste Unifié / Vereinte Sozialistische Partei; ein Zusammenschluss antistalinistischer Strömungen von Trotzkisten über Linkskatholiken bis hin zu unabhängigen Sozialisten. Die PSU wurde 1990 aufgelöst.

(Touraine, 1999). Während er zuvor die empirisch erfassbare Mentalität der Industriearbeiter bei Renault mit dem Klassenbewusstsein der französischen Arbeiterklasse gleichgesetzt hatte, nimmt er nun eine kritische Distanzierung vor. In seiner neuen Interpretation können die praktischen Arbeitssituationen nur eine «ohnmächtige» und «unbewusste» Vorstellungswelt beschreiben, die nicht an das Klassenbewusstsein heranreicht (Touraine, 2005, S.195).

Nun verknüpft er die Herausbildung von Klassenbewusstsein mit der Existenz und Entwicklung sozialer Bewegungen, ohne die nur ein «proletarisches Bewusstsein» der unmittelbaren Notlage vorliegt. Die soziale Bewegung definiert er in philosophischer Hinsicht als eine Bewegung zur Entfaltung des Gemeinwohls, womit der Begriff des Klassenbewusstseins zusammenfällt mit dem, was Arendt als Öffentlichkeit definiert (Touraine, 1999, S.119). Im soziologischen Werk von Touraine geistern seitdem sehr unterschiedliche Bewusstseinsbegriffe umher, die mal nebeneinander stehen, mal gegeneinander eingesetzt werden: Arbeiterbewusstsein, ohnmächtiges Bewusstsein, unbewusstes Bewusstsein, proletarisches Bewusstsein, Klassenbewusstsein etc.

Die Idee eines Arbeiterbewusstseins, das sich nicht über den Arbeitswert, sondern über gemeinsame Projekte und die Vorstellung des Gemeinwohls definiert, hat nach 1968 unbestreitbar eine ganze Reihe von sozialen Bewegungen stimuliert, die sich der konservativen Arbeitermoral von CGT und KPF entziehen wollten, insbesondere die feministischen, regionalistischen und ökologischen Bewegungen.

In der Feldforschung führt dieser unscharfe begriffliche Rahmen den Arbeitssoziologen allerdings zu einer Reihe von krassen Fehleinschätzungen. In den sechziger Jahren bemerkt Touraine den starken zahlenmäßigen Anstieg ungelernter Industriearbeiter (ouvriers spécialisés), was ihn darauf schließen lässt, dass dieser allgemeine Rückgang auch eine Aufweichung des Klassenbewusstseins bedeutet. Die Ungelernten seien höchstens zu einer individuellen Feindschaft gegenüber den einzelnen Unternehmen fähig (Touraine, 1966, S.329). Zwei Jahre später spielen diese ungelernten Arbeiter eine zentrale Rolle im Generalstreik von 1968. 1984 urteilt Touraine in einer Studie zu den Berufsstrukturen in der staatlichen Eisenbahngesellschaft, die unterschiedlichen Gruppen seien zum Korporatismus verdammt und seien nicht mehr zur Teilnahme an einer übergreifenden sozialen Bewegung fähig. Diese setzt aber gerade mit den Generalstreiks bei der SNCF 1986 und 1995 ein, die jedesmal breite Protestbewegungen tragen (Vakaloulis, 2003, S.60).

Cornelius Castoriadis hat bereits 1959 darauf hingewiesen, dass die soziologischen Sackgassen, in die Touraine gerät, mit einer unzureichenden Aufarbeitung der Grundannahmen des stalinistisch motivierten Parteimarxismus zusammenhängen (Castoriadis, 1979, S.12).

Das tragische Ende der kritischen Absichten Touraines tritt 1995 mit seiner bereits erwähnten öffentlichen Unterstützung der Privatisierungspläne der bürgerlichen Regierung von Alain Juppé und Jacques Chirac ein (Lebaron, 1996), die bereits 1997 nach vorgezogenen Neuwahlen einer pluralen Linksregierung weichen muss, im Anschluss an die erfolgreiche Streikwelle von 1995.

Zuletzt hat sich Touraine mit einem Interview der 2007 gescheiterten Bewerberin auf das höchste französische Staatsamt hervorgetan, der sozialistischen Kandidatin Ségolène Royal, welche die Verallgemeinerung der 35-Stunden-Woche sowie Lohnerhöhungen ausdrücklich ablehnt und den sozial-christlichen Ex-Premier Italiens, Romano Prodi, als Vorbild anführt (Touraine/Royal, 2009).

3.2.4. Die Metamorphosen der Lohnarbeit (Robert Castel)

Robert Castel, Jahrgang1933, ist der Sohn einer bretonischen Fischerfamilie. In diesem Sinne weist sein sozialer Hintergrund eine gewisse Ähnlichkeit mit dem von Pierre Bourdieu auf (siehe Kap. 5), mit dem Castel in den sechziger Jahren gearbeitet hat. Eine weitere Erfahrung ist die Kooperation mit Michel Foucault, über den Castel auf Tuchfühlung zur antipsychiatrischen Bewegung nach dem Mai 68 geht, indem er gegen geschlossene Anstalten mobilisiert. Ausgehend von der psychischen Verwundbarkeit gelangt Castel schließlich zum Thema der Prekarität der Arbeit und somit zur Rolle der sozialen Sicherungssysteme.

Um den stark ideologischen Diskussionen zur Reform der französischen Sozialversicherung zu entgehen, wählt Castel in den *Metamorphosen der sozialen Frage* (1995) einen historischen Zugang zu aktuellen Fragestellungen. Im Zentrum steht dabei die Sozialgeschichte der arbeitenden Bevölkerung in Frankreich seit dem Mittelalter bis 1995. Bei eingehender Beschäftigung mit seinem Werk fällt auf, dass er darüberhinaus die Entwicklung der politischen Philosophie des Sozialstaates skizziert und sich außerdem selber verortet sowohl im theoretischen Raum als auch im politischen Feld.

Die historische Periodisierung der Sozialgeschichte des französischen Proletariats umfasst sechs große Abschnitte: das katholische Mittelalter; das 18. Jahrhundert vor der Französischen Revolution; das 19. Jahrhundert und die Industrialisierung; die erste Hälfte des 20. Jhdts.; über die Volksfront 1936 bis zum Mai 68; und schließlich die Periode der Erodierung des Sozialstaats zwischen den siebziger Jahren bis heute.

Die *Metamorphosen der sozialen Frage* bilden einen perfekten Übergang von der klassischen Arbeitssoziologie zu den neueren Ansätzen, die sich nach der weitgehenden Auflösung der industriellen Arbeiterklasse herausgebildet haben (siehe Kap. 4) und zur Soziologie Bourdieus (Kap. 5).

Beschämte Arme, arbeitsfähige Bettler, Vagabunden

Bis zum «Schwarzen Tod», die Pest um das Jahr 1346, besteht eine begriffliche Unterscheidung im Vokabular der sozialen Hilfe in «beschämte Arme» einerseits und «arbeitsfähige Bettler» andererseits. Diese Definition deutet bereits auf eine chronische Unterbeschäftigung hin. Nach dem Schwarzen Tod und den gesellschaftlichen Verschiebungen, die das Massensterben ausgelöst hat, erscheint der Begriff des «Vagabundierens», das ein neues Problem benennt. Die Feudalgesellschaften, die auf starren Sozialstrukturen fußen, geraten durch die plötzlich aufgetretene, massive Mobilität in Unruhe. Die Monarchien erlassen in ganz Europa Bestimmungen, um die einfachen Arbeiter zurechtzuweisen, indem sie die Arbeitspflicht betonen, den Ortswechsel verbieten und die Höhe der Entlohnung ein für alle Mal festschreiben (Castel, 1995, S. 113). Somit ist das Arbeitsgesetz geboren, der *code du travail*, der in Frankreich heute noch das allgemeine gesetzliche Arbeitsrecht zusammenfasst. Es sollte noch hinzugefügt werden, dass die Löhne direkt nach der Pest sprunghaft wegen des allgemeinen Mangels an Arbeitern in die Höhe geschossen sind. Die repressive Antwort der Feudalherrscher kann also durchaus politisch als Verteidigung der Privilegien gewertet werden. Castel kommentiert die Entwicklung folgendermaßen: «Die Zentralmächte und die städtischen Mächte verschwören sich in ihrer gemeinsamen Absicht, die Arbeit in ihren traditionellen Rahmen einzusperren» (op. cit. S.118). Dadurch entsteht eine Art mittelalterliches «Proletariat», dessen manuelle Arbeitskraft das einzige Mittel zum Existenzerhalt ist. Diese Proletarier werden aber nur als Arme wahrgenommen, solange sie örtlich gebunden bleiben und sich in die Feudalstruktur einreihen. Eine Gruppe, die zwischen Arbeit, Arbeitslosigkeit und Hunger lebt. In diesem Sinne stellt Castel fest, dass bereits vor der Industrialisierung ein überflüssiges Proletariat vorhanden gewesen sei, dass der Kapitalismus nur noch aufgreifen musste. Er meint hier einen Widerspruch zur These von Marx zu erkennen (Castel, op. cit., S.123), der in seinen Ausführungen zur «ursprünglichen Akkumulation des Kapitals» im Band eins, Kapitel 13 (Marx, 1979) die massive Freisetzung von Proletariern durch die Vertreibung der bis dahin unabhängigen Bauern in England beschreibt. Hierzu ist anzumerken, dass Castel die französische, Marx die englische Geschichte betrachtet, während die Frage, wie stark der Anteil an ungebundenen Arbeitskräften vor Beginn der Industrialisierung war als zweitrangig erscheint. Die ausdrückliche Distanzierung von Marx kann durchaus als *Symptom* der Absetzung kritischer Soziologie vom französischen Parteimarxismus gedeutet werden (siehe Kap. 4.).

Eine Frage, der Castel nicht nachgeht, wäre die historische Verbindung zwischen dem repressiven Umgang mit proletarischen «Vagabunden» des angehenden Kapitalismus und proletarischen Migranten im Zeitalter der Globalisierung, da beide Gruppen die kontinentalen Sozialordnungen mit sich selbst konfrontieren. Diese Frage drängt sich um so mehr auf, als Castel die herrschende Definition des Vagabunden als Menschen ohne «gemeinschaftliche Zugehörigkeit» (*sans aveu*) übersetzt (op. cit. S.142).

Soziologische Zusammensetzung des französischen Proletariats vor der Revolution

Die Abschaffung der Feudalgesellschaft geschieht bekanntlich durch die französische Revolution (1789–`93). Castel interessiert sich für die Zusammensetzung der arbeitenden Bevölkerung am Vorabend der Revolution. Wie sieht dieses Proletariat vor der Industrialisierung genau aus? Im Register des Armenhauses von Soissons werden zu diesem Zeitpunkt 854 Menschen registriert, neben psychisch Erkrankten, Deserteuren und invaliden Vagabunden finden sich hier 256 manuelle Arbeiter und 294 Landarbeiter, also besteht die Gruppe zu zwei Dritteln aus erwerbslosen Subproletariern (op. cit., S.153). In einer Gesamtübersicht unterscheidet Castel nicht weniger als elf Gruppen: Meister und Gesellen im Handwerk; die ruinierten oder abhängigen Handwerker; die halboffiziellen, prekären Zuarbeiter für das Handwerk; Hauspersonal, Dienstmädchen und Lakaien; kleine Angestellte; ungelernte, manuelle Arbeiter wie im Bau; ländliche Tagelöhner; Kleinbauern; ländliche Aushilfskräfte in der Kleinindustrie mit dörflicher Anbindung; Saisonarbeiter, z.B. für die Ernte; angehende Industrieproletarier in den Manufakturen, Werften, im Untertagebau usw (op. cit., S.225–236).

Die Blickrichtung des Soziologen, der sich für die soziale Verwundbarkeit interessiert, erklärt seine geringe Beachtung der *handelnden* Gruppen der arbeitenden Bevölkerung in der Revolution, insbesondere die Aufstände der Bauern (*Jacqueries*), die Schlösser und Besitztitel verbrannten, und der städtischen, handwerklich geprägten Sansculotten, die in Paris und Lyon direkte Demokratie praktiziert haben (Soboul, 1979; Lefebvre, 1988), sowie der Aufstände der Sklaven in den Überseekolonien, welche die Abschaffung der Sklaverei einleiteten.

Die Miserablen

1848 zählt Frankreich knapp viereinhalb Millionen Arbeiterinnen und Arbeiter, darunter 1,2 Millionen Industriearbeiter von denen die Hälfte in Betrieben sind, die über zehn Personen beschäftigen. Hinzugezählt werden können mindestens 1.200.000 statistisch erfasste Arme und 200.000 Bettler (op. cit. S.360–371). Die Gesamtbevölkerung liegt bei etwa 35 Millionen. Der größte Teil der arbeitenden Bevölkerung lebt auf dem Land.

Die zyklischen Wirtschaftskrisen verschärfen noch das ohnehin krasse Elend weiter Kreise der Gesellschaft, die keine andere Unterhaltsquelle besitzen als die Arbeit. Wenn diese fehlt, bleibt nur das Betteln, kirchliche Almosen und die wenigen Philanthropischen Clubs der Bourgeoisie. Oder die Wahl der Revolution, die 1830, 1848 und 1871 mit der Kommune ausbricht, aber jedesmal in die Restauration mündet. Wie schon am Beispiel der Französischen Revolution veranschaulicht, interessiert sich Castel wenig für diese politische und gesellschaftliche Dynamik, die Marx in seinen historischen Schriften analysiert, sondern er konzentriert sich eher auf die Beschreibung der grassierenden Armut, die er mit dem Romantitel von Victor Hugo als *Miserables* apostrophiert (S.349). Um das Bild zu komplettieren, sei hier auf die Schriften Jacques Rancières (1976/2009) hingewiesen, der die komplexen Emanzipationsbestrebungen der Pariser Arbeiter aus dieser Zeit dokumentiert hat.

Das moderne Proletariat

Castel betont, dass die Industriearbeiter stets in der Minderheit waren im Vergleich zur gesamten arbeitenden Bevölkerung Frankreichs. Im politischen Generalstreik von 1936, unter der linken Volksfrontregierung von Leon Blum, ist das nicht anders. Die zwei bis drei Millionen Streikenden werden aber zum ersten Mal von einem Industrieproletariat in den Fabriken animiert, das sich politisch durchsetzt, den bezahlten Urlaub, die 40-Stunden-Woche und das Streikrecht erwirkt. Diese öffentliche proletarische Selbstbehauptung manifestiert eine unabhängige gesellschaftliche Kraft, die aus dem Bild der Miserablen fällt, wie Castel betont. Gleichzeitig wertet er dieses politische Auftreten aber als Scheinsieg, weil die Arbeiterklasse hiermit als eine partikularistische Klasse erscheine, die eine untergeordnete Rolle in der gesellschaftlichen Aufteilung einnehme (op. cit., 547). Diese Einschätzung ist schwer nachzuvollziehen, da in diesem Moment, 1936, die Arbeiterbewegung als globale gesellschaftliche Emanzipationsbewegung erscheint, die für allgemeine Sozialrechte und Demokratisierung steht. Auch die Erfahrungsberichte dieser Zeit sprechen eine andere Sprache. Castel betont seinerseits, dass die «Postur der Forderungen einhergeht mit dem Bewusstsein der eigenen Unterwerfung» (S. 556). Dieser Lesart entspricht auch die Einordnung der revolutionären Bewegungen seit 1848 als religiöse Phase des Proletariats, die bis 1968 andauere. Im Mai 68 habe sich das Industrieproletariat der Protestbewegung schließlich mit dem Generalstreik «nur angeschlossen», ohne ein eigenes utopisches Potenzial (S.581). Es handelt sich um die exakte Gegenposition zu der Einschätzung, die von Castoriadis, Morin und Lefort (1968) unmittelbar nach 68 in die Debatte geworfen wurde, wonach der Mai 68 eine utopische Bresche geöffnet habe, die eine Loslösung der Bewegung von bürokratischer Bevormundung ermöglicht hat. Henri Lefebvre hat übrigens unterstrichen, dass die globale Protestbewegung bereits im Frühjahr von wilden Streiks der Arbeiter in Industriebetrieben der Normandie eingeleitet wurde (1968/1998).

Castel geht von der absoluten Erschöpfung des alternativen Erbes der Arbeiterbewegung aus, die im Streik beim Uhrenmacher LIP 1973 ihren allerletzten Funken geschlagen habe, als das Streikkomitee sowohl Entlassungen als auch Abfindungen oder Ersatzbeschäftigung abgelehnt hat und die Produktion in Selbstverwaltung neu aufgenommen hat; Castel schreibt 1995: «Heute wären solche Äußerungen undenkbar» (op. cit. S. 583). Im Sommer 2001 haben jedoch die Arbeiter der französischen Keksfabrik LU im Pariser Großraum den Betrieb besetzt, um Entlassungen und billige Abfindungen zu verhindern und am Ende die Wiederaufnahme der Produktion in Eigenregie anvisiert, im Beisein des Sprechers des Streikkomitees von LIP aus dem Jahre 1973, Charles Piaget (vgl. Le Monde, 10.6.2001). Fakt ist, dass diese alternative Aktionsform auch im dritten Jahrtausend denkbar ist. Sie wurde in Argentinien seit 2001 in über 100 Betrieben praktiziert (Sagradini, 2007). Seit dem Ausbruch der aktuellen Krise häufen sich die Versuche von Industriearbeitern in Frankreich, die Produktion in Eigenregie zu überführen, beispielsweise in den Philipswerken in Dreux (Le Monde, 17.1.2010).

Zudem fällt auf, dass 1995, im Jahr der Erstveröffentlichung der *Metamorphosen*, worin die Frage der Sozialversicherung thematisiert wird, Frankreich von einer seit 1968 beispiellosen Streikwelle gegen die Privatisierung dieser Sozialversicherung erfasst wurde, die wie oben gesehen im November anlief, erst im Januar 1996 zerfiel und im Dezember zwei Millionen Demonstranten auf die Straße gebracht hat.

Robert Castel stellt ehrlicherweise klar, dass er hier einen «ideologischen» Standpunkt eingenommen hat (op. cit., S. 749), indem er die Lohnarbeit als *unüberwindbar* darstellt und die Idee seiner Überwindung als einen romantischen Konservatismus begreift. Diesen Standpunkt entwirft Castel in einem derart eleganten, literarischen Stil, dass der kritische Leser ihm diesen historischen Standpunkt verzeihen wird.

3.2. Feministische Arbeitssoziologie seit 1968

Nach dem Mai 68 bildet sich in Frankreich und an anderen Orten der Welt eine autonome Frauenbewegung heraus, die sich von den politischen Modellen der traditionellen, männlich geprägten Arbeiterklasse distanziert. Die patriarchalischen Strukturen der gewerkschaftlichen und politischen Organisationen manifestieren sich darin, dass die allermeisten Funktionsträger Männer sind, eine Diskussionskultur herrscht, in der die starke, tiefe Stimme zählt, Argumente von Frauen überhört oder abgewertet werden, sexistische Verhaltensweisen dominieren und der öffentliche Diskurs der linken Organisationen Fragen wie Abtreibungsrecht, Familienplanung und Frauengleichstellung in der Arbeit wie in der Gesellschaft ignoriert, bisweilen diffamiert. Die Sprecherin der KPF, Vermeersch, erklärt Anfang der Siebziger im Namen der Partei, eine gute Arbeiterin sei eine gute Mutter und könne auf das Abtreibungsrecht verzichten. Die linksradikalen oder sozialistisch geprägten Organisationen sind damals ähnlich strukturiert.

3.2.2. Die sexuelle Arbeitsteilung (Hirata, Kergoat)

Auf der Ebene der Arbeitssoziologie, die zu diesem Zeitpunkt wie oben gezeigt noch stark durch den Parteimarxismus geprägt war, stellt sich demnach die Frage, wie die allgemeine Kritik an der Lohnarbeit mit der Kritik an geschlechtsspezifischen Ungleichheiten und Herrschaftsverhältnissen auch auf theoretischer Ebene verknüpft werden kann.

Bis dahin besteht eine prinzipielle Trennung zwischen den beiden Aspekten in der Soziologie. Während die Arbeitssoziologie die Frauenarbeit betrachtet, untersucht die Familiensoziologie die Reproduktionssphäre und das soziale Verhalten der Frauen.

Bis in die siebziger Jahre hinein hat die Arbeitssoziologie die Arbeitsverhältnisse der Frauen mit denselben Methoden und Orientierungen analysiert wie die der Männer, ohne jede geschlechtsspezifische Dimension. Die angeblich verallgemeinerbare Analyse der Berufsstrukturen und der Facharbeit gab sich als universelle Analyse, obwohl hier typisch maskuline Aspekte vorherrschen, z.B. die Identifizierung von Fachberufen in Normalarbeitsverhältnissen mit der Rolle des Familienvaters.

In den Siebzigern entwerfen einige durch den kritischen Marxismus beeinflusste feministische Forscherinnen in der Soziologie einen theoretischen Brückenschlag zwischen Arbeit, Familie und Gesellschaft, der sich im neuartigen Begriff der «sexuellen Arbeitsteilung» niederschlägt (Hirata, 1993). Die kapitalistisch organisierte soziale Arbeitsteilung in Arbeiter, Techniker, Angestellte, Akademiker, Beamte, Kapitalbesitzer etc. wird mit Hilfe dieses Begriffs eingefangen.

Die sozialen Ungleichheiten in der Arbeitswelt zwischen Männern und Frauen, zwischen männerspezifischen (Stahlarbeiter, Techniker) und frauenspezifischen Berufen (Textilarbeiterinnen, Erzieherinnen), zwischen männerspezifischen Statuten (leitende Angestellte, Firmenchefs, Professoren) und frauenspezifischen Statuten (untere Beamtenstruktur, Lehrerinnen), die sich auch in der Qualifikationsstruktur spiegelt, werden mit der ungleichen Rollenverteilung zwischen Männern und Frauen in der Arbeit und der Familie artikuliert. Diese Konzeption thematisiert die Herrschaftsstrukturen, die diese asymmetrischen Positionen absichern, z.B. bei Daniele Kergoat, ohne jedoch eine kritische Theorie der Machtverhältnisse weiterzuverfolgen. Die Verbindung zwischen Lohnarbeit und Reproduktionsarbeit führt logischerweise zu einem entsprechenden problematischen Verhältnis zwischen Arbeit, Privatsphäre und bürgerlicher Öffentlichkeit, das mit dem Begriff der sexuellen Arbeitsteilung nicht mehr erfasst wird. Dies, obwohl eine der ersten Arbeiten Kergoats die Koordinierung der Streikbewegung der französischen Krankenschwestern von 1986 untersucht hat, die selbstorganisiert war und sich in der Öffentlichkeit dementsprechend eigenständig positioniert hat (Kergoat, 1987).

3.2.2. *Patriarchat und King Kong Theorie (Delphy, Despentes)*

Eine kritische Vertiefung der feministischen Soziologie wird von Christine Delphy angestrebt, die scheinbar allgemeine soziale Kategorien wie die der «Klasse» in feministischer Hinsicht dekonstruiert (Delphy, 1977), bevor sie diese Studien in eine Theorie des Patriarchats einfließen lässt, die auch die Arbeiterklasse einbezieht (Delphy, 2002; 2009). Christine Delphy ist Forscherin am CNRS und gibt seit Jahren die Zeitschrift *Nouvelles questions féministes* heraus.

Mit dieser theoretischen Entwicklung ist zwar die klassische Trennung in Arbeits- und Familiensoziologie überwunden, aber dafür ist eine neue Grenze zwischen der genderorientierten Arbeitssoziologie und der politischen Soziologie der Herrschaftsverhältnisse aufgetaucht, die eine Einbeziehung der kritischen Theorien nahelegt. Ein Beispiel hierfür wären die Arbeiten von Nancy Fraser, die aber bislang nicht in den soziologischen Diskurs integriert wird (Fraser, 2003; 2005).

Gleichzeitig fallen die empirischen Forschungen und die theoretisch fundierte Kritik in der feministischen Arbeitssoziologie zuweilen auseinander, weil keine kritische Theorie der bürgerlichen Gesellschaft vorhanden ist.

Die theoretischen Diskussionen innerhalb der feministischen Arbeitssoziologie laufen meist parallel zur Feldforschung, wobei die unterschiedlichsten Referenzen herangezogen werden.

Neben Kommentaren der Queertheorie finden sich Diskussionen bezüglich der von Bourdieu formulierten maskulinen Domination, die theoretisch gesehen im absoluten Gegensatz dazu steht. Die männliche Herrschaft bezieht sich nämlich auf Bourdieus Habitustheorie (siehe 3.3.), wonach die Akzeptanz der männlich bestimmten Sozialstrukturen durch familiäre und gesellschaftliche Erziehung bedingt ist, während die Queertheorie von einer freien Erfindung der sexuellen Identität durch die Individuen ausgeht. Es stellt sich die Frage, ob die Habitustheorie prinzipiell mit dem Emanzipationsanspruch des soziologischen Feminismus vereinbar ist.

Beide Ansätze werden in der feministischen Arbeitssoziologie moderat kommentiert (Cahiers du Genre, 2005; Devreux, 2002), wodurch eine theoretische Polarisierung abgeschwächt wird, die zur Begriffsklärung beitragen könnte.

Diese reservierte Haltung trägt dazu bei, dass prononcierte Bücher zur Frage der Beherrschung der Frauen außerhalb des Raums der feministischen Soziologie erscheinen. Neben der *Domination masculine* von Bourdieu sei die neuere *King Kong Theorie* von Virginie Despentes (2006) benannt. Die Autorin ist durch den Roman *Baise-moi – Fick' mich* (2002) bekannt geworden, in dem zwei unterdrückte, misshandelte junge Frauen zur Pistole greifen und reihenweise Machos erschießen. Den Stoff für dieses Buch bezieht Despentes aus ihrer erlebten Erfahrung als unabhängiges Callgirl. Für die Verfilmung des Romans hat sie persönlich zwei aktive Pornodarstellerinnen ausgewählt.

In ihrem intellektuellen, auf eignen Erfahrungen gestützten, Essay *King Kong Theorie*, argumentiert Despentes in einer durchaus stringenten Art und Weise. Ganz im Gegensatz zu Bourdieu geht Despentes nicht von einer Verinnerlichung der genderbestimmten Sozialmuster aus, sondern sie identifiziert sich und die Frauen mit der Figur King Kong. So wie Schwule, Lesben, Prostitutierte, Feministinnen oder Feministen stößt sich der menschliche Affe an allen gesellschaftlichen Normen der bürgerlichen Gesellschaft, die am Ende sogar militärische Gewalt gegen dieses Wesen einsetzt. King Kong repräsentiert in diesem Sinne auch die unangepasste, behaarte oder hässliche Frau, die sich nicht in das erwartete Bild fügt.

Despentes beschreibt zunächst die Ambivalenz und subjektive Umkehrung des Herrschaftsverhältnisses, die sie als Callgirl erlebt hat, indem sie die sexuelle Macht, die finanziellen Spielräume und die Aufwertung ihres Selbstwertgefühls betont, die sie mit der Prostitution verbindet. Sie wählt ihre Kunden aus, agiert wann sie will. Dieses Freiheitsgefühl, das sie lose an die Queertheorie anlehnt, vergleicht sie mit der Lohnabhängigkeit als Supermarktkassiererin. Ohne Umschweife zählt sich Despentes denn auch zu den «proletarischen Feministinnen».

Diesen Vergleich zwischen der Entwürdigung in ungelernten Arbeitsverhältnissen und im Rahmen der Prostitution treibt die Autorin noch weiter, wenn sie die bürgerliche Ehe als wirtschaftliches Abkommen einschätzt, zu der die Hausarbeit ebenso gehört wie die sexuelle Befriedigung.

Die feministische Arbeitssoziologie stellt im Zusammenhang der von Despentes angestoßenen Debatte fest, dass zumindest in Frankreich die Allianz zwischen Prostituierten und Feministen unmöglich geworden ist, anders als noch 1975 (Mathieu, 2003).

3.2.3. Suchbewegungen

Warum fällt es der feministischen Arbeitssoziologie in Frankreich schwer, diese kontrastreichen Erfahrungen und theoretischen Ansätze, von Bourdieu über Fraser bis Despentes zu verarbeiten?

Die akademische Strömung, durch die Erfahrung der Bewegungen seit dem Mai 68 motiviert, erleidet im Bereich der öffentlichen Forschung aktuell dieselben Mechanismen wie die sozialwissenschaftliche Forschung im Allgemeinen. Der Anpassungsdruck, der von den staatlichen Programmen und einer zunehmend privat mitfinanzierten Budgetisierung nicht nur in Frankreich ausgeht, führt zu einer konfliktscheuen Orientierung, die sich weitgehend auf eng umrissene empirische Untersuchungen zurückzieht, z.B. die Teilzeitarbeit von Frauen. Eine kritische Neuorientierung wird in diesem Zusammenhang auch dadurch erschwert, dass die Forschungszentren immer wieder fusionieren müssen, um die vom Ministerium vorgegebenen Tonnenvorgaben zu erfüllen. So sah sich das bekannteste Zentrum für feministische Arbeitssoziologie in Paris, GMT (CNRS)[10] genötigt, nach und nach die Zentren der um 68 gegründeten Universitäten Nanterre und Vincennes-Paris 8 einzuverleiben, um sich zu erhalten, was zu einer unübersichtlichen Vielfalt der empirischen Themen und soziologischen Ansätze führt.

Unter diesen institutionellen Bedingungen werden die neueren feministischen Theorien aus den USA kaum noch theoretisch aufgearbeitet. Die schleppende Übersetzungspolitik der Verlage, die Nancy Fraser (2005), Judith Butler oder Dona Haraway erst seit einigen Jahren in französischer Sprache herausgeben, erleichtert eine gewisse intellektuelle Trägheit, die das Auseinanderdriften der empirischen Arbeit und der theoretischen

10 CNRS: Centre National de la Recherche Scientifique – die staatliche Forschungseinrichtung Frankreichs.

Fundierungen noch zusätzlich befördert. Kann die ursprünglich marxistisch motivierte Arbeitssoziologie überhaupt noch etwas von den postmodernen Ansätzen auffangen, die von der freien Konstruktion sexueller Identitäten ausgehen? Wo liegen die Zusammenhänge zwischen Queer und subjektiven Einstellungen in der Arbeitswelt? Diese Fragen sind im soziologischen Forschungsraum ungeklärt und werden in dieser Offenheit auch kaum gestellt. Auf wissenschaftlicher Ebene konzentriert sich der Austausch auf Fachzeitschriften wie *Les Cahiers du Genre* (CNRS, Paris), die empirisch geprägte Argumentationen bevorzugen. Der kritische Diskurs wird zur Zeit noch an anderer Stelle entworfen, wenn auch die verschiedenen Generationen voneinander lernen können (siehe Trumann, 2004).

4. Nach dem historischen Industrieproletariat

In den wirtschaftlich gesehen wichtigsten europäischen Ländern macht der statistische Arbeiteranteil in den letzten zwanzig Jahren etwa ein Drittel der arbeitenden Bevölkerung aus, wobei dieser Anteil in Zeiten der Rezession wegen der massiven Arbeitslosigkeit in der Regel etwas weiter zurückgeht (Gaulejac, 2009). Diese zahlenmässig relativ wichtige Gruppe wird in der Regel unterschätzt, weil die ehemals politische Zentralität der industriellen Arbeiterklasse in den letzten dreißig Jahren weitgehend zerfallen ist durch Delokalisierungen, Zergliederungen, Automatisierung und Entlassungen sowie die Zunahme von Arbeiterinnen und Arbeitern in Dienstleistungsbereichen. Michel Pialoux hat die empirischen Zerfallserscheinungen dieser Arbeiterbasis zusammengefasst, die sich soziologisch gesehen als männnliche, qualifizerte und gut organisierte Gruppe gezeigt hat: «Massenarbeitslosigkeit, Auflösung der traditionellen Bastionen im Norden Frankreichs, in Lothringen, in dem Pariser Stadtgürtel, massive Wahlniederlagen der Kommunistischen Partei Frankreichs, Dauerkrise der Arbeitergewerkschaften» (Beaud/Pialoux, 1998, S.13).

Dieser Erosionsprozess ist in Frankreich spektakulärer ausgefallen als in Deutschland. Rückblickend meint Pierre Rolle, dass die öffentliche Vertretung der Arbeiterklasse hier so schnell zerfallen ist, weil sie von Anfang an eine doppelte Verkürzung beinhaltet hat, und zwar sowohl in ideologischer Hinsicht als auch auf der soziologischen Ebene. Der «Vulgärmarxismus» habe die Arbeiterklasse grundsätzlich als revolutionäres Subjekt hochstilisiert, dessen Symbolik mit der Berliner Mauer zu Boden gegangen sei (Rolle, 1996, S.16). Gleichzeitig sei die Lohnarbeit in soziologischer Hinsicht verwechselt worden mit der organisierten Industriearbeiterschaft, die auf Grundlage ihrer politischen und gewerkschaftlichen Interessenvertretung zur Arbeiterklasse ernannt wurde, obwohl sie seit jeher nur eine Fraktion des Proletariats bildet. Also wurden die Begriffe der Lohnarbeit bzw. des Proletariats verkürzt auf «eine typische Arbeitnehmergruppe, nämlich die progressiven Arbeiter, die Metaller der Nachkriegszeit usw.» (Rolle, op.cit., 34).

Diese Loslösung der ideologischen Vorstellungswelt von der sozialen Grundlage der Arbeitswelt hat nach dem Scheitern der großen Arbeiterkämpfe in den besonders gut organisierten Bereichen (Kohle- und Stahlarbeiter etc.) ab 1978 dazu geführt, dass diese Niederlagen von vielen Autoren mit dem Ende des Proletariats an sich gleichgesetzt wurden. In der Folge riefen dann Forscher und Journalisten sogar das *Ende der Arbeit* aus, das auch in Deutschland vor einigen Jahren zelebriert wurde.

Robert Castel hat sich in einem 2008 erschienenen Zeitungsartikel (Le Monde, 9.7.2008) über die kurzlebigen ideologischen Moden lustig gemacht, die in Frankreich innerhalb von zehn Jahren aufgetreten sind. Ausgehend von der Verkündung vom Ende der Arbeit gegen Ende der neunziger Jahre sind wir heute wieder bei der begeisterten Verteidigung der Arbeitstugenden und des Arbeitswertes angelangt. Solch kurzfristigen, öffentlichen Modeerscheinungen sind natürlich nicht in der Lage, die geschichtliche Gesamtentwicklung zu begreifen, die keinesfalls innerhalb einiger Jahre vom völligen Verschwinden der Arbeit zu ihrer spektakulären, allumfassenden Wiederauferstehung führt.

Ohnehin ist eine wesentlich optimistischere Deutung dieser Entwicklung möglich, im Anschluss an die von Naville initierte Strömung der kritischen Arbeitssoziologie. Anstatt den Niedergang der Arbeitstugenden und der industriellen Berufe der Nachkriegszeit zu beklagen, kann die Dekonstruktion der traditionellen Arbeiterklasse auch als Ergebnis der Kritik an der Arbeit begriffen werden, die seit 1968 von jungen, femininen, intellektuellen, prekären und unterdrückten Gruppen ausgeht, die von der Lohnarbeit abhängig sind. Patrick Cingolani erinnert an diese weitgehend vergessene Geschichte der sozialen Bewegungen gegen die Zwänge der Industriearbeit: «Ich möchte die alternative Dynamik würdigen, die von den sechziger Jahren ausgegangen ist und die meistens von einer arbeitertümlerischen Dogmatik an den Rand gedrängt wird. Die Rede ist vom Widerstreben gegen die produktivistische Disziplin in den Betrieben, die Distanziertheit gegenüber den konsumorientierten Standards, das transgressive Verhalten gegen eine Arbeitsnorm, die auf Lebenszeit verplant war, die Ablehnung von angeblich geschlechtsgebundenen Berufen» (Cingolani, 2001, S.16).

In Italien haben die operaistisch beeinflussten Industriezentren in Turin, Mailand und Rom die industriellen Arbeitsnormen bis in die siebziger Jahre hinein prinzipiell und sehr effektvoll in Frage gestellt, in Frankreich lebte damals der Syndikalismus und die Vorstellung der sozialistischen Selbstverwaltung neu auf bis hin zur Kontrolle der Produktion in der Uhrenfabrik LIP, während in der Bundesrepublik Deutschland 1973 eine Reihe wilder Streiks in der Metallindustrie gegen die Industriedisziplin ausbrachen.

Die Frage, ob die Kritik an der bürokratischen Kontrolle und der Industriearbeit der Vergangenheit angehört (wie Castel meint, s.o.) oder etwa in der Bewegung gegen die Hartz-IV-Reformen seit 2003, in den Koordinierungen besetzter Industriebetriebe Frankreichs (2001) oder den jüngsten Streiks in Europa (Frankreich, Griechenland etc.) eine Aktualisierung erfährt, gehört sicherlich zu dieser Diskussion um Prekarität, Neoproletariat und Multitude.

Seit dem neokonservativen Vormarsch der achtziger Jahre haben kritische Soziologen und Philosophen versucht, diesen symbolischen Umbruch des Proletariats aufzuarbeiten. Hier werde ich auf einige Versuche eingehen.

4.1. Dekonstruktion des Parteimarxismus (Cornelius Castoriadis)

Castoriadis kann als Vorreiter der neueren kritischen Philosophie begriffen werden, die den Parteimarxismus dekonstruiert hat, ohne den Begriff des Proletariats fallenzulassen. Sein Engagement führt ihn vom Widerstand gegen die Nachkriegsrestauration des europäischen Kapitalismus zum Trotzkismus und vom revolutionären Marxismus zur radikalen Kritik an der ideologischen Verkürzung der Argumente von Marx. Von 1946 bis 1967 ist er Mitglied der militanten Gruppe Socialisme ou Barbarie, deren gleichlautende Zeitschrift scharfsinnige, intellektuell stringente Analysen zur Entwicklung der Arbeiterbewegung und zur Kritik der Sowjetunion produziert, die heute neu aufgelegt werden. Die schonungslose Einschätzung des Stalinregimes als bürokratische Staatsdiktatur motiviert von Anfang an die Abspaltung dieser Gruppe von der trotzkistischen Tradition, die in Russland einen «degenerierten Arbeiterstaat» vermutet. Nach dem weitgehend spontanen Generalstreik von 1968 veröffentlicht Castoriadis gemeinsam mit dem Historiker Claude Lefort und dem Soziologen Edgar Morin einen langen Essay, *Die Bresche*, in dem die subversive Bewegung der Monate Mai und Juni als Chance begriffen wird, alle bürokratischen Apparate überflüssig zu machen, darunter die linken Parteien, also auch die KPF als Vertretung der Sowjetbürokratie, wie auch die staatlichen Kontrollapparate (Castoriadis/Morin, Lefort, 2008). Bei Morin führt die Erfahrung der konservativen Rolle des Parteimarxismus zum Entwurf einer Theorie der Komplexität (Morin, 2006), bei Lefort zur Erarbeitung der Totalitarismustheorie und bei Castoriadis zu einer engagierten Aufarbeitung des Verhältnisses von proletarischer Erfahrung und ihrer ideologischen Repräsentation.

Diese kritische Vertiefung veranlasst ihn Mitte der siebziger Jahre zu dem Fazit: «Die Neueinschätzung des Marxismus, die wir unternehmen, findet nicht im luftleeren Raum statt. Vom Ausgangspunkt des revolutionären Marxismus sind wir an dem Punkt angekommen, wo es zu wählen gilt, entweder Marxist oder Revolutionär zu bleiben» (Castoriadis, 1975, S.21).

Die damit verbundene Herausforderung der noch stark marxistisch beeinflussten Arbeitssoziologie liegt auf der Hand. Begriffe wie die des Arbeiterbewusstseins, der Rationalisierung, der Entfremdung, des Zusammenhangs von Arbeitsorganisation, Staat und Öffentlichkeit usw., gehören auf den Prüfstand.

In seinem Meisterwerk *L'institution imaginaire de la société* (1975) diskutiert Castoriadis die ideologischen Reduzierungen des Marxismus und des Historischen Materialismus, der das Proletariat mit der industriellen Arbeiterklasse gleichsetzt, diese mit ihrer damals dominanten politischen Vertretung in Gestalt der Kommunistischen Partei identifiziert, die sich ihrerseits wiederum an der bürokratischen Staatsmacht im Westen und im Osten orientiert. Dieses Modell wird schließlich mit einer ökonomistischen, deterministischen und historischen Ideologie gerechtfertigt, in der die Partei und ihre Wahrnehmungsschemen (die marxistische Methode) die zentrale Rolle einnehmen, die als historischer Auftrag mystifiziert wird (op.c it., S.22–81). Bezüglich des Historischen Materialismus bemerkt er: «Wenn von der Geschichte die Rede ist, wer redet dann? Jemand, der einer Epoche, einer Gesellschaft, einer Klasse angehört, also ein geschichtliches Wesen. Die Möglichkeit der geschichtlichen Kenntnis untersagt jedoch die Vorstellung, dass diese Kenntnis den Status eines vollkommenen und transparenten Wissens erlangt (denn nur ein geschichtlich begrenztes Wesen kann eine historische Erfahrung erlangen und diese zur Sprache bringen).» (op. cit., S.48–49).

Gegen die marxistische Geschichtsphilosophie, die sich scheinbar unabhängig von der lebendigen Erfahrung der Subjekte entfaltet, führt Cornelius Castoriadis die kritischen Begriffe der Autonomie (autonomie) und der Vorstellungskraft (imagination) ins Feld (op.cit. S.158ff.).

Er zeigt auf, dass der Klassenkampf, soziale Kämpfe und politische Konflikte in keiner Weise auf die Analyse des Kapitals und seiner Akkumulationslogik zurückgeführt werden können, wo sie nur als Objekte auftauchen, sondern ihre Dynamik aus der kritischen Distanzierung dagegen beziehen (Castoriadis, 1975; Poirier, 2004, S.49). Insofern sieht er auch eine mangelnde theoretische Vermittlung bei Marx zwischen dem *Kapital* und den brillanten Gesellschaftsanalysen zu den Klassenkämpfen in Frankreich, von der Revolution 1848 bis zur Pariser Kommune 1871.

Zeitgleich zur Dekonstruktion des doktrinären Marxismus aktualisiert er seine eigenen Beiträge zur Zeitschrift *Socialisme ou Barbarie* in zwei Bänden, die er 1974 mit neuen Vorwörtern versieht, unter dem Übertitel *Die Erfahrung der Arbeiterbewegung* (Castoriadis, 1974). Im ersten Band steht das Thema der sozialen Kämpfe im Vordergrund (Streikbewegungen seit der Nachkriegszeit), im zweiten das Verhältnis zwischen der proletarischen Erfahrung und der Frage seiner organisatorischen Übersetzung.

Hier wird klar, dass die Arbeiterorganisationen – in Form von Massenparteien, Gewerkschaften oder ideologisch verhärteten Sekten – die subjektiv erlebten, proletarischen Erfahrungen einem Prozess der Entfremdung unterwerfen, an dessen Ende kaum etwas von den ursprünglichen Absichten der betroffenen Subjekte übrig bleibt (Castoriadis, 1974b). Im Folgenden bearbeitet der politische Intellektuelle auch die psychoanalytischen Dimensionen dieser subjektiven Entfremdungsphänomene, indem er in Paris die so genannte «vierte Gruppe» unter den psychoanalytischen Gesellschaften gründet.

Der Bruch mit dem Parteimarxismus ermöglicht Castoriadis, mit Autoren der politischen Ökologie zusammenzuarbeiten, beispielsweise mit Daniel Cohn-Bendit, der zu diesem Zeitpunkt nach einem alternativen Gesellschaftsentwurf nach dem Scheitern des Kommunismus sucht (Castoriadis/Cohn-Bendit, 1981). Während Cohn-Bendit deshalb von der Parteizeitung *L'Humanité* (10.5.1968) in einem Editorial von Georges Marchais als «deutscher Anarchist» diffamiert wurde, musste Castoriadis gegen die Verwechslung mit den «neuen Philosophen» kämpfen (Bernard Henri Lévy, André Glucksmann), die mediengerechte Versatzstücke der fundierten Kritik am historischen Marxismus genutzt haben, um die Idee gesellschaftlicher Emanzipation zu entsorgen. Cornelius Castoriadis hat seinerseits nie aufgegeben, nach Gesellschaftsbeziehungen Ausschau zu halten, die diesseits der bürokratischen und marktförmigen Zustände der bürgerlichen Gesellschaft liegen.

4.2. Abschied vom Proletariat (André Gorz)

Das in ganz Europa bekannte Buch, in dem Gorz 1980 seinen Abschied vom Proletariat nimmt, zeichnet sich durch eine erstaunlich aktuelle Einleitung aus, die auf das Durchhaltevermögen des krisengeschüttelten Kapitalismus hinweist. Der Kapitalismus habe «die kaum analysierte und nur unzulänglich begriffene Kraft erworben, die Nichtlösung seiner Probleme zu beherrschen; er versteht es durchaus, sein mangelhaftes Funktionieren zu überleben.» (Gorz, 1980, S.9).

Das Buch ist allerdings ein typisches Produkt seiner Zeit, denn es klingt wie ein Echo auf das Ende der großen Arbeiterstreiks im Stahlbassin von Longwy, die zu diesem Zeitpunkt ihren Höhepunkt überschritten hatten. Die Streitschrift wurde von der Kommunistischen Partei Frankreichs heftig bekämpft, die bis dahin auf Seiten der politischen und gewerkschaftlichen Linken noch eine vorherrschende Stelle eingenommen hatte, die sie aber in den 80er Jahren einbüßen musste. Aus dieser Perspektive der selbsternannten «Partei der Arbeiterklasse» konnten die kritischen Reflexionen von Gorz nur als Verrat an der Sache erscheinen. In der Tat liest sich der lange Essay wie eine systematische Demontage der marxistischen Doktrin, die sich in Frankreich damals in einer stalinistischen Schattierung gezeigt hat, die anti-intellektuelle, arbeitertümlerische, nationalistische und produktivistische Züge aufwies. Zu dieser Kultur gehörte die Parole «französisch produzieren» ebenso wie die bedingungslose Verteidigung der staatlichen Atomindustrie und die Fixierung auf die männlichen Facharbeiter in der Industrie.

In diesem Zusammenhang sucht Gorz auch, die libertären, feministischen und ökologischen Impulse des Mai 68 gegen die unterschiedlichen Strömungen des Parteikommunismus zu verteidigen. Diese Frontstellung klingt in zahlreichen schroffen Formulierungen an, die im späteren Werk Gorzens abklingen. So konzentriert er sich später auf die «Wege ins Paradies» und am Ende auf eine Liebeserklärung an seine Frau. Auch differenziert er mit zunehmendem Niedergang der KPF stärker zwischen marxschen Originalargumenten und dem Diskurs des dogmatischen Parteimarxismus, während er anfangs dazu tendiert, beide Aspekte zu vermengen.

Die gesamte Orientierung des Abschieds vom Proletariat basiert, wie schon bei Castoriadis, auf der Ablehnung der ökonomistischen und deterministischen Sichtweise des Parteimarxismus, der schon seit Kautsky die politischen und gesellschaftlichen Konflikte aus der kapitalistischen Produktionsstruktur ableitet. In diesem Sinn schreibt Gorz auch gegen die These der neuen Arbeiterklasse an, die Serge Mallet wie oben beschrieben auf die technische Rolle der Ingenieure und Informatiker im wirtschaftlichen Modernisierungsprozess gründet. André Gorz stellt dagegen die Behauptung auf, die Entwicklung der kapitalistischen Produktion habe sich, vermittelt über Automatisierung und Informatisierung, endgültig von der politischen Dynamik abgekoppelt. Der Kapitalismus habe keine neue Arbeiterklasse hervorgebracht, sondern seine Krise habe eine Nicht-Klasse von Ausgestoßenen und Unterbeschäftigten geschaffen, ohne Status und ohne Klasse (op. cit. S.64). In diesem Zusammenhang nennt er Erwerbslose, gelegentlich Beschäftigte und Teilzeit-

Angestellte, die in der Regel überqualifiziert seien, was auf die Ausweitung des öffentlichen Bildungssektors nach 1968 hinweist. Es folgt eine bunte Auflistung von Jobs, von der Heilgymnastik über den Tourismus bis hin zur Weinlese, die fernab von der Industriearbeiterschaft angesiedelt sind und die nach Gorz nicht über die Arbeitstätigkeit sozial definiert werden. Dennoch definiert er diese Gruppen durchgängig als «Neoproletariat», das sich allerdings im Gegensatz zur traditionellen Arbeiterschaft nicht durch die Identifizierung mit der Arbeit, sondern die Forderung nach mehr Autonomie auszeichne. Hier liegt bei Gorz der Ansatz für ein neues revolutionäres Subjekt und die vorrangige Aufgabe einer «nachindustriellen Linken» bestehe nun darin, die autonomen Tätigkeiten zu fördern, sowohl innerhalb als auch außerhalb der Familie (S.80).

Der Begriff des Neoproletariats bedeutet auch eine symbolische Aufwertung dieser eher «marginalen» Gruppen, die im marxistischen Jargon oft abwertend als «Lumpenproletariat» bezeichnet wurden.

Um nichts anderes als um diese marginalisierte Gruppe, die heute erneut anschwillt, handelt es sich, wie Gorz dies kurz vor seinem Tod selbst betont hat: «Das war um 1930, und jetzt haben wir es wieder: ältere und auch junge, hungrig aussehende Menschen, die oft das Betteln noch nicht richtig gelernt haben und fix auf den Boden schauen» (Gorz, 2004, S.29).

Die Grundlogik der Argumentation von Gorz zielt darauf ab, den scheinbar selbstverständlichen Zusammenhang zu zerlegen, den der Parteimarxismus herstellt, indem er die vom Kapital erzwungene Lohnabhängigkeit mit der Politisierung des Proletariats, der Entwicklung von Klassenkämpfen und der historischen Mission der Menschheitserlösung verbindet. Da Gorz jeglichen Ökonomismus ablehnt, interessiert er sich auch nicht für die Entwicklungstendenzen des Kapitalismus, den Marx im *Kapital* beschreibt, sondern attackiert Marx auf der Ebene der politischen Philosophie. Nur in einer Fußnote (S.81) erwähnt Gorz dabei den Versuch Toni Negris, Marx gegen den dogmatischen Marxismus zu wenden. Stattdessen bezieht er sich auf die Frühschriften bei Marx, um nachzuweisen, dass die Emanzipationsbestrebung des Proletariats nicht auf der sozialen Wirklichkeit basiere, sondern einem intellektuellen Konzept entspreche, das Marx der reellen Arbeiterklasse überstülpen wollte.

Ironisch merkt er an: «Marx allein vermochte zu kennen und auszudrücken, was das Proletariat und seine geschichtliche Mission in Wahrheit sind», in etwa so wie Nietzsche sich über Hegel lustig machte, dessen Geschichtsphilosophie am Ende auf das Berlin der Preußenzeit hinausläuft, also auf den Lebensort von Hegel selber.

Die Kritik, die Gorz an Marx richtet, moniert, dass «nicht die empirische Beobachtung der Proletarier» (S.11) zu den entsprechenden theoretischen Schlussfolgerungen führt, sondern eine persönliche Behauptung von Marx. Diese Kritik scheint aber direkt an Lukaçs (1971) adressiert zu sein, der fast wortwörtlich schreibt, dass das Klassenbewusstsein nicht auf einer empirischen Beobachtung basiert. Die Attacke wendet sich auch hier hauptsächlich gegen den Marxismus-Leninismus. Im *Kapital* finden sich wichtige Passagen, etwa zur Geschichte des Industriekapitalismus oder dem Kampf um Fabrikgesetze und Arbeitszeitverkürzung, die empirisch fundiert sind. Allerdings betont Demiroviç (1999), dass diese Abschnitte einen praktischen Widerstand der Arbeiter, Frauen und Kinder gegen den Kapitalismus beschreiben, der nicht direkt aus der Funktionsweise der kapitalistischen Wirtschaft selber herrührt, sondern einem Erfahrungshorizont entspricht, der sich unabhängig von der Kapitalbewegung entwickelt. Dieses alternative Prinzip nennt Negt (1984) mit Marx die «politische Ökonomie der lebendigen Arbeit», im Gegensatz zur politischen Ökonomie des Kapitals.

Ein solches alternatives Gesellschaftsprinzip erkennt Gorz in den erwerbslosen und prekären Gruppen des Neoproletariats, die er politisch über ein neuartiges Autonomiebedürfnis definiert, also den Willen, soziale Freiräume zu schaffen. Der völlige Bruch mit dem Proletariat und der Kapitallogik, den Gorz postuliert und in seinem gesamten Werk weiterentwickelt, wirft aber theoretische Fragen auf, die Gorz nicht lösen kann. Zunächst beschreibt Gorz, wie die erwerbslosen und prekären Gruppen als «Unterbeschäftigte» aus der kapitalistischen Modernisierung hervorgehen, auf der Grundlage von Robotisierung und Informatisierung der Produktion. Dies entspricht also genau der marxschen These aus dem Kapital, wonach es sich hier um übeflüssige Arbeitskräfte handelt, die als «Reservearmee» aus dem technischen Industrialisierungsprozess hervorgegangen sind. Das sogenannte Neoproletariat entspricht also prinzipiell dem Proletariat, das im *Kapital* beschrieben wird. Hier finden sich auch Hinweise auf Tagelöhner, also gelegentlich Beschäftigte, die bei Gorz ebenso zum Neoproletariat zählen wie befristet beschäftigte Landarbeiter, die bei der Weinlese aushelfen. Wie entspringt nun dieser Menge der Ausgestoßenen gerade ein neues revolutionäres Subjekt, das sich radikal von den kapitalistischen Bedingungen emanzipiert? Auch die weitere theoretische Definition des Neoproletariats als die Summe der Gruppen, die sich nach Gorz nicht primär über ihre Arbeit identifizieren, geht an einem Argument von Marx vorbei, der in der Kritik des Gothaer Programms (Marx, 1986) betont, dass die Emanzipation des Proletariats unvereinbar ist mit der Identifizierung der Arbeiter als Arbeitswert des Kapitals. Die politische Aufwertung der Erwerbslosen und prekären Berufsgruppen im zeitgenössischen Kapitalismus, die Gorz gegen den Widerstand der traditionellen Arbeiterparteien eingeleitet hat, geht so auf Kosten der kritischen Argumente von Marx, die mit dem Parteimarxismus identifiziert und somit neutralisiert werden. Insofern gehen die arbeitssoziologischen Ansätze bei Marx auch in der Polemik gegen Serge Mallet und andere Industriesoziologen der sechziger und siebziger Jahre unter.

Dabei beruft sich Gorz selber auf industriesoziologische Themen und Experimente der neunziger Jahre, als einige Automobilunternehmen Gruppenarbeit, teilautonome Aufgabengebiete, Arbeitszeitflexibilisierung usw. eingeführt haben, im Rahmen seines Politikansatzes der erweiterten Autonomie (Gorz, 1997).

Knapp zwanzig Jahre später ist Gorz also wieder bei der industriellen Industriearbeiterschaft angelangt, und zwar in gewerkschaftlich stark organisierten Vorzeigebetrieben wie Volkswagen, die vornehmlich qualifizierte Facharbeiter beschäftigten, von denen er sich 1980 ausdrücklich verabschiedet hatte.

Diese schwankenden Ansätze könnten als pragmatische Einstellung banalisiert werden, aber um Gorz ernst zu nehmen, sollten sie als unterschiedliche Ausdrucksformen einer durchaus zusammenhängenden theoretischen Problematik gewertet werden. Beide Aspekte, die Industrieproduktion und das davon vermeintlich abgekoppelte Neoproletariat, fügen sich durchaus in das philosophische Weltbild von Gorz, das mit Gegensatzpaaren arbeitet. Auf der einen Seite steht die «unverzichtbare

Produktion», auf der anderen die «autonomen Tätigkeiten». Dem entspricht die strikte Trennung zwischen Arbeitswelt und Freizeit (Gorz, 1983, S.74). Philosophisch fundiert wird dieser Gegensatz in Anlehnung an die Unterscheidung von Notwendigkeit und Freiheit bei Hegel und Marx (Gorz, 1988, S.120). Oskar Negt hat betont, dass die gorzsche Vorstellung zweier unvereinbarer Sphären, die scheinbar nur noch durch einen revolutionären Sprung überbrückt werden können, durch seinen politischen Abschied vom Proletariat verschärft worden ist (Negt, 1984, S.217). Nach dem Mai 68 hatte Gorz noch an Übergangsprogrammen vom Kapitalismus zum demokratischen Sozialismus gefeilt und sogenannte «revolutionäre Reformen» verteidigt, die von der Kritik an der Lohnarbeit vermittelt über die Arbeiterautonomie zur Freiheit führen sollten (Gorz/Mandel/Vincent, 1971).

Ein praktisches Beispiel für die mögliche Verbindung zwischen Industrieproletariat und Neoproletariat, die in die Zeit von Gorzens Spätwerk fällt, wäre die Erwerbslosenbewegung im Frankreich des Winters 1997/98. Ausgehend von lokalen Besetzungen von Arbeitsämtern, von Kundencentern des Stromkonzerns EDF oder vom Hauptsitz der Arbeitgebervereinigung hat die Erwerbslosenbewegung die meisten Gewerkschaften auf ihre Seite gezogen. Vermittelt über die gemeinsame Forderung nach massiver Arbeitszeitverkürzung haben beide Bewegungen zu der Straßendemonstration aufgerufen. In Deutschland ist diese mögliche Verbindung 2003 in den Montagsdemonstrationen gegen die Hartz-Gesetzgebung zu Tage getreten, insbesondere in Bochum, wo die Demos von Prekären und Erwerbslosen am Ende zusammenfielen mit dem wilden Streik der Opel-Arbeiter (Neumann, 2004).

Seit dem Abschied vom Proletariat fehlt dieser Zusammenhang im Diskurs von Gorz, oder besser gesagt, besteht er nur noch in einer metaphysischen Form, die sich in einem religiösen Vokabular äußert. In der französischen Fassung lautet der Abschied vom Proletariat «Adieu», wörtlich zu Gott, während im nachfolgenden Buchtitel die «Wege ins Paradies» weisen (Gorz, 1983). Später sucht Gorz nach dem «Exodus» aus der Arbeitsgesellschaft, im Sinne eines fast biblischen Auszuges aus dem Reich der Versklavung (Gorz, 1997). Auch der Dialog mit Jean-Marie Vincent, dem Verfasser der *Kritik der Arbeit*, konnte diesen begrifflichen Zusammenhang nicht mehr herstellen (Gorz/Vincent, 2001). Im Grunde stellt sich die Frage nach den sozialen Akteuren und Gruppen, die im Stande sind, eine Emanzipationsbewegung zu tragen, für Gorz definitiv nicht mehr: «Der politische Wille, solche Ziele zu verwirklichen, beruht auf keinerlei existierender sozialer Basis (...). Dieser Wille und die ethische Erwartung, die ihm entspricht, können nur auf sich selbst bauen.» (Gorz, 1988, S.125).

Diese eher essayistische Grundlage der theoretischen Ansätze bei Gorz muss aber als Qualität und Vorteil begriffen werden, bei einem Autor der sich weniger als Akademiker, denn als politischer Intellektueller begriffen hat.

Ein Mensch aus dem Geist des Widerstandes gegen die Nazi-Besatzung, der seinen Namen aus dieser Zeit als Schriftstellernamen weitergeführt hat – André Gorz –, und seitdem immer wieder das Wort ergriff, um im Namen der sozial Schwachen zu intervenieren. Nur so ist seine Frontstellung gegen die französischen Parteimarxisten, gegen jederlei konservative Moral, für Prekäre, Migranten und Fremde, *Verräter* der bürgerlichen Kultur, Feministinnen und die politische Ökologie zu verstehen.

Nur so kann ein Denker der Freiheit gewürdigt werden, der 2007 den Freitod gewählt hat.

4.3. Die Zeitschrift Futur antérieur

Eine besonders dezidierte, konstruktive Kritik an Gorz, die sich nicht dem marxistischen Mainstream anschloß in seiner Verteidigung der Arbeitswerte («la valeur-travail»), wurde von Jean-Marie Vincent und Toni Negri formuliert (Vincent/Negri, 1998). Beide haben ihre eigenen Ansätze im kritischen Dialog mit Gorz weiterentwickelt, wobei Jean-Marie Vincent das Konzept der Arbeitskritik popularisiert hat (1987), während Negri im Anschluss daran die Multitude ins Feld gebracht hat (Hardt/Negri, 2000). In seiner Danksagung für *Empire* bezieht sich Negri noch ausdrücklich auf die fruchtbaren Denkanstöße von Jean-Marie Vincent.

Die Ausgangsbasis für diesen Dialog war die Zeitschrift für politische Philosophie und Soziologie *Futur antérieur*, die Jean-Marie Vincent als Leiter des politikwissenschaftlichen Instituts der Universität Vincennes von 1990 bis 2000 herausgegeben hat. An das Institut hatte er Ende der achtziger Jahre auch Negri als Professor berufen, der sich damals im französischen Exil befand. Die Zeitschrift, von der über vierzig Nummern erschienen sind, hat die grammatikalische Zeitform «Futur II» zum Titel erhoben, die im Französischen «futur antérieur» lautet, also auf das abzielt, was eines Tages gewesen sein wird. Damit erwähnt der Titel das *Prinzip Hoffnung* Ernst Blochs und sein Konzept der konkreten Utopie. Es geht um etwas, was noch nicht existiert, aber existieren wird, ganz im Sinne eines Emanzipationsprojektes, das nach seiner Umsetzung sucht, gerade 1990 im Jahr der Nullnummer, nach dem Fall der Berliner Mauer und des Staatssozialismus. Damals, vor zwanzig Jahren, hatte der US-amerikanische Publizist Fukuyama den endgültigen Sieg des Liberalismus und das Ende der Geschichte verkündet. Auch erinnert der Titel *Futur antérieur* an die Zeitschrift der linksorientierten Philosophen Jean-Paul Sartre und Simone de Beauvoir, *Les Temps modernes* (Moderne Zeiten), die nach dem Tod Sartres Anfang der achtziger Jahre ihre kritische Stoßkraft nach und nach eingebüßt hat. In diesem Sinne versuchte die neue Zeitschrift auch, das Erbe der experimentellen Universität Vincennes anzutreten, die seit ihrer Gründung nach dem Pariser Mai 68 durch Intellektuelle wie Michel Foucault, Cornelius Castoriadis, Nicolas Poulantzas, Jacques Derrida, Felix Guattari und Gilles Deleuze weltbekannt wurde.

Die Debatten der Zeitschrift sind nicht nur wichtig, weil hier mit Jean-Marie Vincent die Arbeitssoziologie Pierre Navilles auch in empirischer Hinsicht weiterverfolgt wurde, sondern vor allem, weil es zu ihrer Grundproblematik gehörte, das kritische Potenzial des Proletariats als Begriff und Utopie weiter zu treiben. Dabei setzten Vincent und Negri stärker noch als Gorz auf die ursprünglichen theoretischen Konzepte von Marx, um sie gegen den traditionellen Parteimarxismus zu stellen.

4.4. Von der Arbeitskritik zur Multitude (Jean-Marie Vincent)

Bevor wir zu Negris Multitude zurückkehren, gehe ich tiefer auf die Argumentation von Vincent ein, die dieser Begrifflichkeit vorausgeht.

Der Verfasser der *Critique du travail – Kritik der Arbeit*, Jean-Marie Vincent (1987) hat in der soziologischen Landschaft Frankreichs eine Sonderstellung eingenommen. Nach einer Dissertation bei Alfred Grosser zur Dynamik der westdeutschen Arbeiterbewegung (1963) in Paris, verweigert ihm die soziologische Fakultät der neu gegründeten Universität Vincennes nach 1968 die Ernennung zum Professor, mit dem Argument, seine Orientierung auf die Frankfurter Schule sei mit der französischen Soziologie unvereinbar. Vincent hatte kurz zuvor die erste Einführung zur Kritischen Theorie in Frankreich veröffentlicht (Vincent, 1971). Mit einer ähnlichen Begründung wurde auch Serge Mallet, dem Verfasser der *Neuen Arbeiterklasse* (s.o.), die Berufung verwehrt. Wie Mallet hatte sich Vincent als kritischer Arbeitssoziologe im Umkreis Pierre Navilles profiliert.

In Lothringen zweisprachig aufgewachsen, wurde Vincent – nach seiner Ernennung zum Leiter des politikwissenschaftlichen Instituts der Universität Vincennes – zum zentralen Vermittler der Begriffe der Frankfurter Schule mit den Strömungen des kritischen Marxismus in Frankreich, die sich nach 1968 immer deutlicher vom Parteimarxismus ablösten. In diesem Zusammenhang kann auch sein intensiver Dialog mit Gorz eingeordnet werden (vgl. Gorz/Vincent, 2001).

Ab den siebziger Jahren hat Vincent zunächst eine *Kapital*-Interpretation eingeleitet, die an den marxschen Begriff des Warenfetischismus und der reellen Subsumtion orientiert war, dann die Programmatik der Frankfurter Schule zusammenhängend dargestellt (dazu gehört die französischsprachige Ausgabe von Schriften Rainer Zolls) und schließlich die Soziologie Max Webers bekannt gemacht (eine Schülerin Vincents, Catherin Colliot Thélène, hat die kritische Übersetzung Webers geleitet).

In Verbindung mit der Rückkehr Negris nach Rom und seines damit verbundenen Gefängnisaufenthalts wegen einer anhängenden Verurteilung aufgrund einer angeblichen Mitverantwortung an terroristischen Aktionen seiner ehemaligen Parteigenossen wurde die Zeitschrift Ende der Neunziger aufgelöst. 2000 hat sie sich aufgeteilt in zwei unterschiedliche Publikationen, die Zeitschrift für kritische Theorie *Variations* um Vincent und die von Negri nahe stehenden Intellektuellen lancierte *Multitudes*. Während *Variations* den Austausch von Autoren, die von der Frankfurter Schule beeinflusst sind (Fraser, Negt, Kluge, Zoll, Demiroviç, Holloway, G. Marcus) mit kritischen Soziologen aus Frankreich (Gorz, Morin, Bourdieu, Vincent et alii) organisiert, hat *Multitudes* die neuere Begrifflichkeit Negris dekliniert und dabei insbesondere italienischen Autoren ein Forum geboten.[11]

Auf theoretischer Ebene hat Vincent zunächst die *Grundrisse* und das *Kapital* aufgearbeitet, was ihn zu einer Erweiterung des Fetischismusbegriffs führt, der auch ideologische Diskurse, bürokratische Apparate und Staatsformen einbezieht (Vincent, 1972). Gegen die Verteidigung des «Arbeitswertes», den die französischen Parteimarxisten irrtümlicherweise bei Marx verorten, entwickelt er hier die Idee der De-Fetischisierung der Lebensverhältnisse, weil niemand sein Leben damit ausfüllen könne, sich als den *variablen Bestandteil des Kapitals* zu definieren (Vincent, 2001). Dem marxistischen Diskurs über Arbeiterbewusstsein hält er in Artikeln und Interviews den Begriff der Gegenöffentlichkeit entgegen (siehe Negt/Kluge, 1972), die er als Verlängerung des Autonomieverständnisses von Castoriadis auch als *autonome Öffentlichkeit* bezeichnet. Im weiteren veröffentlicht Vincent Texte, um kritische Begriffe von Marx aus der Ideologie des französischen Marxismus herauszulösen, unter dem Titel *Marx nach den Marxismen* (Vincent, 2001).

In seiner *Kritik der Arbeit* durchleuchtet er die «ästhetischen, sensiblen und kognitiven» Aspekte der Durchdringung der Gesellschaftsbeziehungen durch das fetischistische Prinzip des Kapitals (Vincent, 1987, S.108), die Negri *and sons* auf die Idee des kognitiven Kapitalismus bringen (Moulier Boutang, 2007). Auslöser für diese Debatte in der Zeitschrift *Futur antérieur* ist die Aktualisierung des Begriffs «General intellect», der in den

---

11 Variations: www.theoriecritque.com; Multitudes: www.multitudes.samizdat.net. Das komplette Webarchiv von Futur antérieur ist über den Site von Multitudes zugänglich.

Grundrissen vorkommt, und mit dem Marx die vergesellschaftete Intelligenz thematisiert, die der Kapitalismus für seine Entwicklung nutzt (vgl. Negri/Vincent, 1993).

Bei Vincent reihen sich diese Überlegungen ein in die kritische Marx-Rezeption der Frankfurter Schule (siehe Kap. 1.). Der Begriff der abstrakten, vollständig über den Markt vergesellschafteten Lohnarbeit, führt bei Marx zur reellen Subsumtion, also zur Unterwerfung unter die Gesellschaftsbeziehungen des Kapitals. In soziologischer Hinsicht kann hier ein Zusammenhang hergestellt werden zwischen der marktförmigen Vergesellschaftungslogik des zeitgenössichen Kapitalismus, seiner Nutzung der globalisierten Arbeitsteilung, der Technik und der Wissenschaft bis hin zu seinen Kommunikationsformen und Managementstrukturen. Die erweiterte Arbeitsteilung von der Marx spricht (1971), geht nahtlos über in die Automatisierung und die Informatisierung von Produktion und Vertrieb, in eine weltweite Arbeitsteilung im Rahmen von Welthandel, Finanzierung und Globalisierung. Auf der organisatorischen Ebene geht dies einher mit Managementkonzepten, die auf Flexibilität, Entgrenzung und Delokalisierung ausgerichtet sind, sowie mit der Anpassung der traditionellen Nationalstaaten an die globalen Märkte. Dieser Ansatz begreift auch die Ausdehnung der Dienstleistungstätigkeiten, der Intellektualisierung und Prekarisierung vieler Arbeitsbereiche, die mit der marxistischen Unterscheidung in produktive und unproduktive Tätigkeiten nicht fassbar ist (Vincent, 1999, S.12). Die Informatisierung wird hier sowohl als Steuerungsprinzip der automatisierten Produktion und des Vertriebs, als auch als Koordinierungsprinzip der globalisierten Märkte und als Kommunikationsmittel der vielfältigen Tauschbeziehungen vom Internet bis zur Börse begriffen. Produktion, Kommunikation und Aktion greifen also ineinander, ganz im Sinne des von Brandt angeregten Subsumtionsmodells (siehe Kap. 1.1.), anstatt sich wie bei Habermas oder Beck in Debatten über industrielle bzw. postindustrielle Gesellschaftsformen zu verlaufen, in denen der Verblendungszusammenhang des globalen Kapitalismus aus dem Blick gerät.

Im Dialog mit André Gorz hat er diesen historischen Hintergrund nie aus den Augen verloren und die globale Krise des Kapitalismus prognostiziert, die nun eingetreten ist. Vincent zu Gorz: «Wie Du bin ich davon überzeugt, dass die Vollbeschäftigung der Vergangenheit angehört. Es ist hoch wahrscheinlich, dass die aktuelle Wachstumsphase nicht lange anhält und darauf eine historische Krise folgt. Es ist nicht auszuschließen, dass diese Krise die Karten völlig neu verteilt, einen bedeutenden Teil des bestehenden Kapitals vernichtet und dann, verbunden mit großem Leid, ein neues Akkumulationsregime organisiert wird. Das Risiko einer noch stärker aufgesplitterten und prekarisierten Lohnarbeit ist groß.» (Vincent/Gorz, 2001, S.15).

4.5. Die Multitude als globales Neoproletariat

Die Multitude wird von Anfang an definiert als «neues Proletariat» des globalen Kapitalismus, im Gegensatz zur «industriellen Arbeiterklasse» (Hardt/Negri, 2000, S. 483). Ganz wie bei André Gorz (den er nach dem Jahr 2000 ebensowenig erwähnt wie Jean-Marie Vincent) gründet Negris neuere Argumentation ausdrücklich auf der begrifflichen Unterscheidung zwischen der industriellen Arbeiterklasse einerseits, dem Neoproletariat andererseits. Ähnlich wie Gorz lehnt es Negri ab, die Masse der Erwerbslosen und prekären Existenzen im heutigen Kapitalismus als integralen Bestandteil des Proletariats zu sehen, der nach Marx im Zuge der wirtschaftlichen Rationalisierung zu einer «Reservearmee» von Arbeitskräften degradiert ist. Der Begriff der Reservearmee sei nicht ergiebig, weil damit die überflüssig gemachten Arbeiter zu einem bloßen Anhängsel der Kapitalbewegung gemacht würden, die ihrer eigenständigen politischen Subjektivität keine Rechnung trage (S.523). Dieses Schema entspringt ganz offensichtlich einer These Negris, die bereits 1979 von ihm formuliert wurde.

Negri entwirft dieses Theoriemodell erstmals zusammenhängend in seinem *Marx au-delà de Marx* (1979), in dem er sich vor allem auf die Marxschen *Grundrisse* bezieht. Sowohl Gorz als auch Vincent beziehen sich auf dieses Buch von Negri, der erste in positiver Hinsicht (vgl. Gorz/Vincent, 2001), der zweite in kritischer Absicht. Vincent fasst zunächst Negris Interpretation der *Grundrisse* in philosophischer Hinsicht präzise zusammen, indem er seine These auf den Punkt bringt: «Die zunächst schwach ausgeprägten Vergesellschaftungsformen der ersten

Gesellschaften seien stark angereichert worden durch neue Beziehungen und Verbindungen, nachdem sie die Abgründe der bürgerlichen Gesellschaft und ihrer Entsagungen durchlaufen hätten.» (Vincent, 1987, Kap.4).

Nach Ansicht von Vincent setzt Marx hier den Gesamtbegriff der Gesellschaft an die Stelle, wo Hegel den Weltgeist am Werk sieht, das heißt er betreibt eine Geschichtsphilosophie, in der die Dialektik von Gegensätzen am Ende alles erklärt. In diesem Fall handelt es sich um den Gegensatz zwischen der Armut der bürgerlichen Gesellschaftsform und dem Reichtum an neuen gesellschaftlichen Beziehungen, die diese geradezu herausfordert. Die Arbeitersolidarität scheint hier durch die bürgerliche Entsagung produziert zu werden, ohne dass sie eines eigenen Gründungsprinzips bedarf. Daher rückt Marx auch, in selbstkritischer Manier, von diesem Erklärungsansatz ab, als er sich darüber klar wird, dass hier eine Vorbedingung (die soziale Kargheit bürgerlicher Tauschbeziehungen) mit einem Schlag zum allgemeinen, theoretischen Erklärungsmodell gemacht wird, um die neue Gesellschaftsdynamik des Kapitalismus zu interpretieren (Vincent, op. cit.).

In Negris Logik von *Empire* und *Multitude* wird diese These deutlich verarbeitet, wobei der globalisierte Kapitalismus eine eigenständige Subjektivität der prekarisierten Massen gegen ihn selbst hervorruft. Die Armut der kapitalistischen Tauschformen provoziert in diesem Zusammenhang geradezu eine neue politische Subjektivität der proletarischen Subjekte. Dieser Prozess erfolgt, wie von Vincent schon bemerkt, unmittelbar, als genüge schon die proletarische Grundbedingung, um den subjektiven Antrieb zum aktiven Widerstand gegen den globalen Kapitalismus zu veranlassen. In diesem Rahmen müssen sich die sozialen Konflikte direkt und unmittelbar politisch artikulieren, «ohne jede Art der Vermittlung» (Negri/Hardt, 2000, S.474). Diese These beruht auch auf der Annahme, der *kognitive Kapitalismus* mobilisiere derart stark die subjektiven Eigenschaften der modernen Proletarier, dass Arbeit und Leben komplett zusammenfallen.

Zur These der unnötigen politischen Vermittlung darf darauf hingewiesen werden, dass sich Negri 2005 anlässlich des französischen Volksentscheids zur EU-Verfassung öffentlich für die Umsetzung der Verfassung eingesetzt hat, u.a. in einer gemeinsamen Pressekonferenz im April 2005 mit dem Sprecher der französischen Sozialdemokraten (PS) mit dem originellen Ausruf «Nieder mit dem Vaterland» (Le Monde, 15.5.2005). Das Bekenntnis zur politischen Repräsentanz durch die verfassungsmäßig festgeschriebenen Institutionen der EU (und ihrer durch das Subsidiaritätsprinzip eingegliederten Nationalstaaten) passt nicht ganz zu einer theoretischen Orientierung, die unvermittelte Konflikte gegen den globalen Kapitalismus beschreibt. Doch handelt es sich hier eher um einen Widerspruch zwischen Theorie und politischer Praxis.

Das neue Proletariat der Multitude manifestiert sich nach Negri in völliger Unabhängigkeit von den traditionellen Nationalstaaten und ihrem Souveränitätsprinzip, wobei der globale Proletarier als Nomade begriffen wird. Das proletarische Nomandentum wird durch die massiven Migrationsströme veranschaulicht. Die nordamerikanische, europäische oder auch saudi-arabische Wirtschaft beruht auf dem dauerhaften Einsatz von Migrationsarbeitern, die ständig neu angezogen werden. Ohnehin sei die potenzielle politische Einheit des Weltproletariats schon 1968 vorbereitet worden, als die Kämpfe des imperialistisch dominierten Proletariats der sog. Dritten Welt in Wechselbewegung getreten sind mit den Klassenkämpfen im Westen (Negri/Hardt, op. cit., S. 323). Das heutige westliche Gegenstück zu den Widerständen gegen das Imperium des globalen Kapitalismus auf anderen Kontinenten sei die Papierlosenbewegung der französischen Arbeitsmigranten, die seit 1996 in Paris in Erscheinung getreten ist. Spätestens seit Wallraffs *Ganz Unten* ist allerdings bekannt, dass ein Teil dieser Migranten in der Industrie arbeitet, womit wiederum die scharfe Trennung zwischen Neoproletariat, Multitude und traditioneller Industriearbeiterschaft als problematisch erscheint wie schon bei Gorz.

Obwohl in Italien, Frankreich und Deutschland heutzutage noch etwa 25% der lohnabhängigen Menschen im Durchschnitt der statistischen Kategorie der Industriearbeiter zugerechnet werden, spielt diese Gruppe keine Rolle mehr in der Begrifflichkeit der *Multitude*. Insofern zeichnet die Begriffsentwicklung Negris im Laufe der Jahre nicht etwa die Sozialgeschichte des modernen Proletariats und seiner Verwandlungen nach, die bei Robert Castel im Zentrum stehen. Vielmehr erklärt sich die theoretische Entwicklung Negris weitgehend aus seiner eigenen politischen Dynamik, wie dies Claudio Albertani betont hat (2003).

In den Jahren vor 1968 und den revolutionären Strömungen in Universitäten, Stadtviertelbewegungen und Industriebetrieben, die dieser in Italien über zehn Jahre befördert hat, hat sich Negri an intellektuellen Zirkeln beteiligt, die den Operaismus hervorgebracht haben. Die damals jungen Vordenker dieser Strömung, Negri, Panzieri, Tronti und andere, animierten die Zeitschrift *Quaderni rossi,* die im Gegensatz zum Parteimarxismus der italienischen Kommunisten die außerordentliche Einsicht besaß, die unqualifizierten Industriearbeiter der fordistischen Großunternehmen als neue Träger einer radikalen Arbeiterbewegung zu erkennen. Gegenüber den Gewerkschaften und Massenparteien, die in ihrer Orientierung und Funktionärsstruktur auf einheimischen Facharbeitern basierten, haben die Operaisten die junge, unqualifizierte und stark von Migrationsströmen geprägte Gruppe der Bandarbeiter sowohl analysiert als auch angesprochen. Die sowohl originelle als auch zutreffende These der *Quaderni rossi* lautet, dass sich hier eine politische Subjektivität entfaltet, die sich nicht in das bestehende System der industriellen Beziehungen integrieren lässt. In der Zeit um 1968 überborden diese Arbeitergruppen, die schwach integriert sind, mit ihren spontanen Aktionen die etablierte Industriearbeiterschaft die weitgehend durch KPI und betrieblich verankerte Gewerkschaften vertreten wird. Das bekannteste Beispiel hierfür sind die FIAT-Werke in Turin. Im Zuge der Krise der traditionellen Massenorganisationen stellt sich für die operaistische Linke die politische Frage des weiteren Vorgehens. In Anlehnung an Rosa Luxemburg versuchen die einen, die kritische Spontaneität der jungen Arbeiter unterstützend zu koordinieren, während sich andere zur leninistischen Machtübernahme rüsten wollen, darunter Negri: «Der alleinige Gewerkschaftskampf kann uns nicht aus dem System herausführen, wir brauchen eine Organisation leninistischen Zuschnitts» (Negri, 1964). Von 1969 bis 73 leitet er die linksradikale Gruppe *Potere Operaio* (Arbeitermacht), die sich auflöst, als sich abzeichnet, dass die leninistische Strategie nicht greift.

Allerdings ist die Argumentation Negris auf theoretischer Ebene nicht so simpel wie seine politische Ausrichtung erscheint. Hier versucht er nämlich nachzuzeichnen, dass die spezialisierten, unqualifizierten Fabrikarbeiter ein Stereotyp der kapitalistischen Entwicklung der Gesamtgesellschaft darstellen, wodurch an dieser Stelle die sozialen Widersprüche im Betrieb und der Gesellschaft zusammenfallen. Daher nennt Negri den modernen Industriearbeiter auch «Massenarbeiter». Mit der Ausdifferenzierung der sozialen Konflikte im Laufe der siebziger Jahre, die sich nun stärker in den Stadtzentren manifestieren, nennt er diesen Typus auch «gesellschaftlichen Arbeiter». Damit kann die soziologische Basis der kritischen Gruppen verbreitert werden, was allerdings auch eine geringere theoretische Trennschärfe in sich birgt. Hierzu bemerkt Albertani: «Techniker, Studenten, Lehrer, Arbeiter, Migranten, Hausbesetzer landen am Ende alle im gleichen Sack, ohne dass Negri weiter auf ihre Besonderheiten oder Widersprüche eingeht» (Albertani, op. cit. S.10).

Die plurale Bedeutung der Multitude zeichnet sich hier zum ersten Mal ab, wobei die Industriearbeiter noch in einer Reihe stehen mit anderen Akteuren.

Patrick Cingolani würdigt in diesem Ansatz den Bruch mit der stalinistischen Variante des Marxismus, der die proletarische Erfahrung grundsätzlich auf die etablierte Industriearbeiterschaft reduziert hat, während sämtliche Gegenkulturen oder Gegenöffentlichkeiten als «kleinbürgerliche» Erscheinungsformen abqualifiziert wurden (Cingolani, 2006, S.34). Die Anerkennung der soziologischen Pluralität des Proletariats hält Negri jedoch nicht davon ab, bis Ende der siebziger Jahre die «kommunistische Diktatur» der Zukunft zu begrüßen (Negri, 1978, S.70).

Diese Positionierung bringt ihm bekannterweise den konstruierten Vorwurf der italienischen Justiz ein, er sei der intellektuelle Stichwortgeber der Roten Brigaden und damit terroristischer Mittäter. Seine Flucht und das anschließende Pariser Exil ermöglichen die oben angerissene Theoriedebatte in der Zeitschrift *Futur antérieur*, die mit seiner Rückkehr nach Rom Ende der neunziger Jahre abreisst. In der italienischen Gefangenschaft entsteht die Endfassung von *Empire* und damit der Grundriss der *Multitude*.

Weder die theoretische Grundlage der Multitude, mit Negris Interpretation der *Grundrisse*, noch die politische Erfahrung der siebziger Jahre animieren Negri dazu, die begriffliche Frage der

Vermittlung zwischen Arbeitswelt und kritischer Öffentlichkeit weiterzuentwickeln. Bei Negri gibt es keine Vermittlung zwischen Multitude und globalem Kapital, was zweifellos zur Beständigkeit seiner radikalen Philosophie beiträgt, die sich prinzipiell jedem politischen Kompromiss entzieht.

5. Pierre Bourdieu und die Arbeitswelt

In den neunziger Jahren ist Pierre Bourdieu breiten Kreisen bekannt geworden durch seine Studie über das Elend der Welt, sein Engagement für eine soziale Bewegung in Europa, für internationale Gewerkschaften und gegen Privatisierungsstrategien. Der Ausgangspunkt dieser Entwicklung war ein Aufruf zur Unterstützung der französischen Winterstreiks von 1995, den Bourdieu mitgetragen und in diesem Zusammenhang auch direkt erläutert hat am Ende einer großen Kundgebung nach der sich viele Demonstranten in der Halle des Pariser Gare de Lyon eingetroffen haben, um seine Einschätzung der Lage zu hören (Bourdieu, 2001).

Diese Themen suggerieren eine gewisse Nähe zur Arbeitssoziologie, die von einigen seiner Schüler tatsächlich praktiziert wurde, obwohl Bourdieu keinen eigenen Arbeitsbegriff entwickelt hat. In seinen ersten Studien aus den sechziger Jahren analysierte er die Folgen der industriellen Modernisierung für die Berberkultur in Algerien, in eher anthropologischer Hinsicht. Seine Nachfahren Boltanski, Beaud, Pialoux und Schwartz nähern sich der Arbeitswelt eher über die sogenannte Ethnographie, also detaillierte Alltagsbeschreibungen, oder über den Weg der Erziehungswissenschaft, die z.B. zur Frage der Berufsqualifizierung führt.

Leser der bourdieusianischen Streitschriften über soziale Bewegungen mögen an dieser Stelle über die originäre Theorie Bourdieus erstaunt sein, die fest davon ausgeht, dass Arbeiter und andere dominierte Gesellschaftsgruppen nicht dazu fähig sind, die Stimme zu ergreifen und ihre Interessen öffentlich zu artikulieren.

5.1. Die algerischen Arbeiter im kapitalistischen Modernisierungsprozess

Pierre Bourdieu gelangt im Rahmen seines Militärdienstes Mitte der fünfziger Jahre nach Algerien, als junger Doktor der Philosophie, mitten im Befreiungskrieg gegen die französische Kolonialherrschaft. 1958 etabliert er sich an der Universität von Algier, um an Feldstudien zur Situation der Arbeiter und Bauern teilzunehmen, die ihn mit anthropologischen und soziologischen Studien vertraut machen. Bis Anfang der sechziger Jahre bildet sich hier ein Erklärungsmuster heraus, das Bourdieu später auch auf die symbolische Klassenstruktur Frankreichs und schließlich auf die soziale Unterdrückung der Frauen übertragen hat. Luc Boltanski hat es für die Analyse der leitenden Angestellten genutzt, Olivier Schwartz für die Beobachtung der erwerbslosen Industriearbeiter Nordfrankreichs und Pialoux/Beaud für die Untersuchung der sozialen Einstellungen der Automobilarbeiter der Peugeot-Werke in Montbéliard.

Bourdieu forscht vor allem in den Berberregionen Algeriens, wo der Widerstand gegen die französische Militärherrschaft damals besonders stark ist. Hier erlebt der Forscher eine Industrialisierungswelle, die ähnliche Ausmaße hat wie zu Zeiten der europäischen Industrialisierungsphase im 19. Jahrhundert. Beide produzieren ein entwurzeltes städtisches Proletariat. Die traditionelle, ländlich und bäuerlich geprägte Gesellschaft bricht völlig auseinander angesichts einer kapitalistischen Modernisierung der Gesellschaftsstrukturen und Werte, die keinen Stein auf dem anderen lässt (Bourdieu, 1977).

Der direkte Tausch auf dem Dorf, der mit religiösen und familiären Motiven symbolisch besetzt war, weicht dem abstrakten, marktförmigen Tausch. Insgesamt werden vier Eckpfeiler der traditionellen Gesellschaft umgestoßen und durch neue Prinzipien ersetzt. Die Vorausschau wird durch die Versicherung ausgetauscht; die Kooperation ersetzt die gegenseitige Hilfe; der direkte Handel wird durch Geld vermittelt; und der Kredit verdrängt das gegenseitige Beschenken (op.cit., S.21)..

Die bäuerliche Vorausschau und Vorsicht, die an Jahreszeiten und Ernte orientiert war, wird durch den Finanzkredit ersetzt. Die Zukunft wird monetär aufgeschlüsselt. Wo vorher die

Jahreszeiten, die Lebenszyklen und die entsprechenden Rituale im Vordergrund standen (Geburt, Hochzeit usw.), gelten nun anonyme, kapitalistische Verwertungskriterien.

Obwohl die sozialen Gewohnheiten, die noch als Habitus in die Persönlichkeitsstrukturen der Arbeiter fest eingeschrieben sind, völlig umgestoßen werden, bildet sich nach Bourdieu kein «Klassenbewusstsein» heraus. Der Soziologe betont nämlich, dass die Industrialisierung als Übergangssituation wahrgenommen wird, wobei dieser Zustand von den betroffenen Personen nur als unangenehmes Provisorium gewertet wird, mit dem sich niemand identifizieren möchte. Aus diesem Grund entsteht auch kein neues Arbeiterbewusstsein.

Die soziale Ordnung der traditionellen Berbergesellschaft entspricht einer symbolischen Anordnung der Werte, die Bourdieu als Gegensatzpaare organisiert, jeweils als positiven und negativen Ausdruck. Hierbei entsteht eine Art begriffliches Himmelszelt der algerischen Gesellschaft, das er in Schaubildern aufgezeichnet hat. Diese anthropologische Methode hat Bourdieu später auch auf die geschlechtsspezifischen Wertungen der bürgerlichen Gesellschaft übertragen, wobei etwa das Feuchte der Frau, das Trockene dem Mann zugeschrieben wird (Bourdieu,1998). Insgesamt wird die möglichst genaue, detaillierte Aufzeichnung der sozialen Welt der Berber in der Bourdieu-Schule als «Ethnographie» bezeichnet, obwohl der Terminus gerade im Zusammenhang mit den ehemaligen Kolonien Frankreichs etwas unglücklich klingt, so als ginge es darum, primitive Völker zu erforschen. Allerdings wird der Ausdruck auch von Bourdieuschülern benutzt, die die Alltagswelt von französischen Arbeitern studieren.

Olivier Schwartz (1988) hat dies anhand von erwerbslosen Arbeiterinnen und Arbeitern im ehemaligen Industrierevier Nordfrankreichs nachvollzogen, in der Gegend um Lille. So fällt ihm beispielsweise bei der aufmerksamen Betrachtung des Wohnzimmers eines Ehepaars auf, wie wichtig ein großer Farbfernseher voller bunter Nippesstücke ist. Er schließt daraus, dass diese Überfülle an Farben und Objekten eine Auffangrolle einnimmt, um dem trostlosen Arbeitslosenalltag die Spitze zu nehmen.

Ähnlich wie in den frühen Arbeiten Bourdieus steht hier nicht die Lohnarbeit und auch nicht der Betrieb im Mittelpunkt der Analyse, sondern die soziale Vorstellungswelt.

5.2. Sprachlose Arbeiter?

In seinem theoretisch fundierten Hauptwerk *Die feinen Unterschiede* (1979) unternimmt Bourdieu den Versuch, diese Orientierung zu systematisieren. Wortwörtlich lautet der Originaltitel *Die Unterscheidung* («La Distinction»), womit der philosophische Anspruch eines differenzierten Urteilsvermögens und klarer begrifflicher Trennungen angesprochen wird.

Die empirische Grundlage dieser soziologischen Arbeit ist die gesellschaftliche Struktur Frankreichs nach 1968. Ihre zentrale These lautet, dass die Klassenunterschiede nicht auf wirtschaftliche bedingte Statusunterschiede reduziert werden können, sondern in erster Hinsicht über kulturelle Muster vermittelt und reproduziert werden. Dies geschieht über familäre Erziehung und «vererbtes» Wissen, was zu ungleicher Verteilung von kulturellen Ressourcen führt, die Bourdieu als «symbolisches Kapital» bezeichnet. Die öffentliche Schulbildung, die in Frankreich als Grundlage der Republik gilt, schwächt diese Ungleichheiten keinesfalls ab, sondern verschärft sie noch, weil immer die Schüler und Studenten belohnt werden, die schon von Haus aus alle Fähigkeiten mitbringen, die von der Schule und den Universitäten eingefordert werden (praktischer Verstand bei der Klassifizierung von Informationen und Problemen, analytische und logische Methoden, perfekte Rechtschreibung, gute Rhetorik usw.). Bereits vor dem Erwerbsleben werden auf diese Weise Kinder aus Arbeiter- und Bauernfamilien abgekoppelt. Bei den Angestellten unterscheidet Bourdieu Gruppen, die Zugang zur bürgerlichen Kultur haben (Lehrer, Journalisten etc.) und solche, die kaum die entsprechenden Spielregeln kennen, weil deren Mitglieder eher technische Berufe bekleiden. Diese Kenntnisse entscheiden aber über die schulischen Erfolgschancen der Kinder dieser Angestellten. Davon hängt ab, ob sie später dem unteren oder dem gehobenen Kleinbürgertum angehören. Auch die heterosexuelle Paarbildung spielt sich Bourdieu zufolge nach diesen Schemen ab. Die entsprechenden Liebespaare haben ein Gespür dafür, wie hoch ihr symbolisches Kapital ist und ob sie als «Wahlverwandtschaften» zueinander passen. Zumindest hofft Bourdieu dies statistisch nachweisen zu können und illustriert es anhand einer Reihe von Fotos von Pärchen, die jedesmal vom Aussehen zueinander passen.

Diese Beispiele zeigen, was Bourdieu unter dem «Habitus» versteht. Der Habitus ist eine kulturelle und soziale Einstellung, die von jedem Individuum im Laufe der Erziehung verinnerlicht wird, wobei sich diese Grundeinstellung in der körperlichen Haltung, in Gesten und der Sprache derart verfestigt, dass die spezifischen Klassenunterschiede unmittelbar sichtbar werden.

Diese Theorie ist in kritischer Absicht interessant, weil sie sowohl dem Staat als auch den ökonomistischen Diskursen kritisch gegenübersteht. Der Verheißung der Chancengleichheit durch Schulbildung und sozialen Aufstieg hat Bourdieu stets offen widersprochen.

Gleichzeitig birgt diese Theorie ein deterministisches Element, das die Möglichkeit gesellschaftlicher Emanzipation an sich zu widerlegen scheint. Aus dem sozio-kulturellen Gehege der eigenen Klasse oder Schicht gibt es scheinbar kein Entkommen, wie es das Beispiel der Paarbildung in besonders krasser Weise demonstriert. Das subjektive Überwindungspotenzial der Einzelnen scheint gegen Null zu tendieren, obwohl doch gerade die Biografie Bourdieus eine ganz andere Sprache spricht. Er, der aus der ländlichen Provinz des Béarn stammt, ist als Sohn eines einfachen Postbeamten zum Professor und Forschungsdirektor am elitären *Collège de France* aufgestiegen, obwohl er nach seiner eigenen Theorie nicht zur bürgerlichen Intelligenzia, sondern zum unteren Kleinbürgertum berufen gewesen wäre. Im Dokumentarfilm *La sociologie est un sport de combat / Soziologie als Kampfsport* (Regie Pierre Carles) wird dieses Paradox besonders deutlich in einer engagierten Diskussion mit einem Jugendlichen aus dem sozial abgehängten Viertel Le Val Fourré (Mantes la Jolie), der den Soziologen zur praktischen Hilfestellung auffordert. Ein weiteres Beispiel wäre die Unterstützung des Komikers Coluche durch Bourdieu, als dieser sich 1988 spontan zu einer Präsidentschaftskandidatur entschlossen hat, um als Stimme der Stimmlosen zu fungieren (Poupeau, 2000). Dabei fällt besonders auf, dass Coluche aus einer proletarischen Vorstadtfamilie italienischer Migranten stammt, also eine gewisse Wahlverwandtschaft zum sozialen Aufstieg Bourdieus aufweist.

Besonders problematisch ist die Habitustheorie in Bezug auf die mögliche Autonomie von Arbeitern im Besonderen, der dominierten Gesellschaftsgruppen und der Lohnarbeit im Allgemeinen.

Die Vorstellung einer verinnerlichten Abkopplung von der bürgerlichen Kultur gipfelt nämlich bei Bourdieu in der Behauptung, Arbeiter und andere dominierte Gruppen seien an sich unfähig, die Stimme zu ergreifen («prendre la parole»), also ihre Wünsche oder Ansichten öffentlich zu artikulieren (Bourdieu,1979). Dabei handelt es sich nicht um eine beiläufige politische Einschätzung, sondern um eine systematische Argumentation. Die Arbeiter seien prinzipiell unfähig, eine «politische Sprache» zu sprechen (op. cit., S.538). Dermaßen von der symbolischen Herrschaft der bourgeoisen Kultur erdrückt, dass sie zu keiner eigenen Regung in der Lage seien, geben sich die derart beherrschten Arbeiter «damit zufrieden, was ihnen aufgetragen wird, bemessen die Hoffnung auf der Grundlage ihrer unmittelbaren Wahlmöglichkeiten und definieren sich selbst so, wie die herrschende Ordnung sie definiert» (Bourdieu, 1979, S. 549).

Wie ein roter Faden zieht sich die theoretische Widerlegung des französischen Parteimarxismus durch das Werk Bourdieus. Ausgehend von seiner oben zitierten Feststellung, die algerische Industrialisierung habe kein Arbeiterbewusstsein erzeugt, bis zur nach dem Generalstreik von 1968 (sic!) aufgestellten These, Arbeiter und von der Bourgeoisie direkt beherrschte Gruppen seien unfähig, sich politisch zu artikulieren, kann der Diskurs von Bourdieu als theoretischer Einspruch gegen den platten *ouvriérisme* der damals tonangebenden KPF gelesen werden. In dieser Frontstellung geht die Kritik der politischen Ökonomie von Marx unter. Nachdem Bourdieu das *Kapital* noch in seinen Schriften über Algerien zitiert (Bourdieu, 1977, S.24), verliert diese Referenz im Folgenden seine Bedeutung. Bemerkenswerterweise bekennt sich Bourdieu in dem Moment zu einer engagierten Soziologie, als der französische Parteimarxismus mit dem Fall der Sowjetunion zusammenbricht. Eine Enwicklung, die mit der Veröffentlichung des *Elends der Welt* 1993 eingeleitet wird, ein Klassiker, der weiter unten dargestellt wird.

Auf der Ebene der soziologischen Weiterentwicklung der Thesen Bourdieus springt die Studie Boltanskis (1982) über die leitenden Angestellten (les cadres) ins Auge. Hierbei handelt es sich zwar um eine Gruppe, die lohnabhängig, aber stark in die bürgerliche Kultur integriert ist, die daher im Sinne der Habitustheorie zumindest rhetorisch in der Lage ist, ihre eigenen

Interessen zu vertreten. Dennoch fällt Boltanski auf, wie schwer es ist, diese Angestellten zu Interviews zu bewegen. Schliesslich verlagert er seine Feldarbeit von den Büros in die Privathaushalte, wo die Interviewpersonen leichter reden. Diese Erfahrung veranlasst Boltanski, die sprachliche Hemmung nicht nur bei den Angestellten zu verorten, sondern den betrieblichen Kontext als objektiven Grund der kargen Ausdrucksfähigkeit verantwortlich zu machen, da in diesem Zusammenhang die Überwachung durch das Management, die Zeitnot und die Berufseinstellung eine hemmende Rolle spielen. In diesem Sinn liegt es am Soziologen, diese Hürden zu überwinden, um an die Sprache der Angestellten heranzukommen (Boltanski, 1982, S.8).

Dieser Übergang von einem objektiven zu einem subjektiven Verständnis der Sprachbarrieren nähert sich der Frankfurter Schule an, von Kracauer bis Negt oder Zoll (siehe Kapitel 1). Diese methodologische und theoretische Auflockerung wirkt sich später auf die weltumspannende, von Bourdieu geleitete Untersuchung zur *Misere der Welt* (1993) aus, die Anfang der neunziger Jahre anläuft.

5.3. Die Misere der Welt

In einem Sammelband, der von Pierre Bourdieu (1993) herausgegeben wurde, aber zwanzig Forscher und siebzig Befragte vereint, versuchen die beteiligten Soziologen ein Bild der zeitgenössischen Prekarität zu entwerfen. Das Buch ist wie ein Album angelegt, in dem kurze Einleitungen den Kontext und die gesellschaftlichen Hintergründe der entsprechenden Lebenssituationen ankündigen, gefolgt vom Abdruck der aufgeschriebenen Interviews. Die Prekarität wird hier als leibhaftige Verwundbarkeit greifbar, die durch ein unsicheres Arbeitsverhältnis, ein gewalttätiges soziales Umfeld in der französischen Vorstadt bzw. im amerikanischen Ghetto oder in Abhängigkeit zu staatlichen Vorschriften entsteht. Drei Gruppen stehen im Mittelpunkt des Interesses, die unqualifizierten Industriearbeiter, die Bewohner von sozialen Brennpunkten und kleine Beamte. Die meisten Interviews wurden in Frankreich durchgeführt, aber die Gründe der Prekarisierung greifen sicherlich an vielen Orten der Welt. Herausgekommen ist eine Aufnahme der Arbeitswelt nach dem politischen Scheitern der französischen Arbeiterklasse. Der Grundton des Originaltitels *La Misère du Monde* klingt etwas traurig, wie ein katholisches Miserere, das in der deutschen Übersetzung nur unvollständig als Elend wiedergegeben wird. Wie oft bei Bourdieu schwingt allerdings ein ironischer Unterton mit, denn der Titel ist auch eine Anspielung auf den vielzitierten Ausspruch des ehemaligen Premierministers Michel Rocard im Hinblick auf Migranten: La France ne peut pas accueillir toute la misère du monde (Frankreich kann nicht das ganze Elend der Welt aufnehmen). Das Buch thematisiert nicht nur die Misere von Migranten, sondern vor allem die Misere in Frankreich, die auch innerhalb des Landes anschwillt.

Die empathische Art, mit der sich Bourdieu den befragten Personen behutsam annähert, scheint bereits im Titel *Die Misere der Welt* auf, der eine Spur Mitleid, moralische Empörung und Kritik an den bestehenden Verhältnissen mitschwingen lässt. Die soziologische Untersuchung zeigt Interesse an den gebrochenen Biografien der Befragten, an den Brüchen und Tragödien im Leben jedes Einzelnen. Der familiäre Hintergrund und die persönliche Geschichte, die sich Bourdieu zufolge in einem sozialen Habitus verfestigen, werden hier in ihrer ganzen Dichte und Dramatik sichtbar. Die gescheiterte Schauspielerin, die von ihrem Onkel zum klassischen Theater geführt wird, die aber feststellen muss, dass sie nur in der Kinoindustrie eine Chance gehabt hätte (ab S.1195). Der Kleinbürgersohn, der zunächst gut in seinem volksnahen Umfeld auskommt, dann aber in ein bourgeoises Gymnasium eingewiesen wird, wo er als «Proll» diskriminiert wird, bis er die Rolle als böser Junge annimmt und gewalttätig wird (ab S.1133). Die junge Bauernfamilie, die sich verschuldet, um sich den modernen Produktionsmethoden anzupassen, aber merkt, dass sie den Hof nicht halten kann und sich darauf einstellt, dass ihr Sohn in der Fabrik arbeiten muss (ab S.817).

Eingeleitet wird die Reihe mit zwei Arbeiterfamilien, die von Bourdieu selber befragt werden. Die Empathie des Soziologen mit den Befragten tritt fast unmittelbar hervor, als Bourdieu den Eindruck des eingewanderten Herrn Ammeziane wiedergibt, dem niemand zuhören will (außer dem Soziologen): «Keiner hört mir zu, keiner hört mir zu...», während der Mann seine jüngste Tochter «zärtlich» in den Armen wiegt (op. cit., S. 34).

Die Auflockerung der ursprünglich starren und sehr formellen Habitustheorie wird noch deutlicher in Interviews mit einem ungelernten Industriearbeiter in den Autofabriken von Peugeot. Hier taucht Hamid auf, ein Vertrauensmann der CGT («délegué du personnel»), der wortwörtlich davon spricht, wie er die «Stimme erhebt» (op. cit., S. 655), von Streiks und Flugblattaktionen berichtet. Womit Hamid genau das Gegenteil des Prinzips beschreibt, das Bourdieu in seinem oben bereits zitierten Buch *Die feinen Unterschiede* aufgestellt hat, wonach Arbeiter nicht die Stimme erheben können und keine politische Sprache sprechen (Bourdieu, 1979, S.538).

Im Laufe der französischsprachigen Rezeption des Buches *Die Misere der Welt* ist deutlich geworden, dass eine gewisse Spannung besteht zwischen der Theorie Bourdieus und den subjektiven Äußerungen, die in den reichhaltigen Interviews eingefangen werden. Es besteht durchaus die Gefahr, dass die persönlichen Äußerungen stets als sozial vorbedingt definiert werden und die subjektiven Einstellungen der Befragten auf kulturelle Raster der Habitustheorie reduziert werden. In einem aktualisierten Vorwort ist er auf diese Spannung eingegangen, allerdings ohne seine Theorie umzuformulieren. Er spricht in diesem Zusammenhang von einer soziologischen Lesart, «die so verständnisvoll sein soll, wie es die wissenschaftliche Methode erlaubt» (Bourdieu, 2001, S.9). Die formelle Methode scheint hier in einen Gegensatz zu rücken zur verstehenden Soziologie. Da, wo sich die Methode bei Kracauer (siehe oben 1.2.) oder auch beim Bourdieu-Schüler Boltanski (1982, S.8) dem Gegenstand der Forschung unterordnen soll, sich also den befragten Menschen anpassen muss. In einem Artikel über Gesellschaft hat Adorno geschrieben, dass das klassische soziologische Verstehensideal immer begrenzt bleibt, weil es das ausschließt, was dem gesellschaftlichen Verständnis des Forschers entgegensteht (Adorno, 1997, S.12).

Auf einer internationalen Konferenz in Wien um Pierre Bourdieu, die der Verfasser dieser Zeilen am 10.11.2000 zur «Frage der sozialen Bewegung bei Bourdieu und Touraine» eingeleitet hat, bestand die Gelegenheit, das Verhältnis seines politischen Engagements zu seiner soziologischen Theorie mit Bourdieu direkt zu erörtern. Dabei fiel auf, dass Bourdieu seine soziologischen Thesen teilweise als ironische Provokation erstellt, um eine Gegenreaktion zu erreichen, womit sein politisches Engagement und seine soziologische Theorie wieder zusammenfallen. Allerdings fällt dieser Zusammenhang bei seinen Schülern heute auseinander in ein militantes Engagement ohne theoretische Distanz einerseits und eine akademische Praxis ohne kritisches Engagement andererseits, zwei Strömungen die sich nun gegenseitig kritisieren.

5.4. Die neue Arbeiterlage (Stéphane Beaud, Michel Pialoux)

In einer großangelegten Studie zur Entwicklung der Arbeiterkultur in den Peugeot-Werken von Sochaux, in der Gegend von Montbéliard, gehen Stéphane Beaud und Michel Pialoux der Frage nach, wie sich die Industriearbeiter gegenüber dem modernen Management verhalten, das hier auch als «Peugotismus» bezeichnet wird. Die Fabriken, die noch heute zu den wichtigsten in ganz Frankreich zählen, beschäftigten im Jahr 2000 18.000 Menschen, darunter 12.000 Arbeiter und 5.000 Angestellte. Hinzuzählen müsste man eigentlich auch die zahlreichen Zuliefererbetriebe der Region, die fast ausschließlich für Peugeot arbeiten (Beaud/Pialoux, 1999, S.28). Einige Interviews aus diesem Zusammenhang wurden schon in der *Misere der Welt* abgedruckt (s.o.). Hier stehen sie allerdings in einer Reihe von Erhebungen, die sich über zehn Jahre erstrecken und 1999 als vollständiges Werk erscheinen. Während Pialoux schon seit langem Einstellungen von Arbeitern untersucht hat, analysiert Beaud die Arbeitswelt aus dem Blickwinkel der Erziehungswissenschaften, bezüglich der Schulausbildung, der Berufsorientierung und der Qualifikationen der Arbeiter und Angestellten. Es ist die erste große Betriebsstudie, die nach dem Mauerfall veröffentlicht wird. Das öffentliche Interesse daran nährt sich auch aus der Tradition der Forschungen zu den Transformationen der Arbeiterklasse, auf die ich oben eingegangen bin (siehe Kap. 2.3.). Im Nachwort versuchen die beiden Soziologen, Schlussfolgerungen für die politische Lage der Lohnabhängigen in Frankreich zu ziehen, wobei vor allem die Erosion der Arbeiterkollektive, die Prekarisierung, Individualisierung und die weitgehende Übernahme des Managementdiskurses betont werden. Hier stellt sich die Frage, ob eine lokale Monographie die gesamte Gesellschaftsentwicklung repräsentieren kann. Ich habe die Peugeot-Studie an anderer Stelle systematisch mit der Lage und Entwicklung der Opel-Werke in Bochum verglichen (Neumann, 2005; 2006), in der kritischen Absicht, die Besonderheiten und widersprüchlichen Aspekte im Einstellungswandel der Beschäftigten herauszuarbeiten. Die Erosion der traditionellen Kollektive kennt allerdings auch bei Peugeot Gegentendenzen, was ausgerechnet im Erscheinungsjahr des Buchs, 1999, durch massive, wiederholte Streikwellen bei Peugeot Sochaux unterbaut wurde (Le Monde, 31.1.1999); Streiks, die in den Augen der beteiligten Soziologen bis dahin unwahrscheinlich schienen.

Die langfristige Analyse der Arbeitereinstellungen in diesen Werken ist insgesamt sehr eindrucksvoll.

Der Gründungsakt der Werke fällt in die Wiederaufbauzeit nach dem 2. Weltkrieg, als eine moderne Riesenfabrik nach fordistischen Prinzipien entsteht, basierend auf Bandarbeit, technischer Rationalisierung der Produktion und extremer Arbeitsspezialisierung. Bis in die 1960er Jahre hinein begleiten die verschiedenen Arbeitergewerkschaften (die kommunistische CGT, die katholische CFTC und die sozialdemokratische FO) diesen Modernisierungsprozess auf der Grundlage von lokalen Tarifverträgen und einer stillschweigenden Akzeptanz des paternalistischen Führungsstils, der die gesamte Region prägt. Die Rede ist von Peugeotland bzw. von einer Fabrikregion. Ein harter Streik lässt diesen Kompromiss Mitte der sechziger Jahre platzen. Er führt zu einer sozialen und gewerkschaftlichen Polarisierung, die in veränderten Formen bis heute anhält. Nach einer ersten spontanen Welle dauert der Streik von 1963 neun Wochen und war gegen die Rückkehr zur 46-Stunden-Woche gerichtet. Nach einigen weiteren Gefechten werden die Pausen schließlich als Arbeitszeit angerechnet (op. cit., S.423). Bemerkenswerterweise werden die Streiks von 1999 durch die Umgestaltung zu mehr Flexibilität provoziert im Rahmen der Einführung der gesetzlichen 35-Stunden-Woche.

Die Basis der oppositionellen Strömung wird – wie an anderen Orten auch – von den ungelernten, sogenannten spezialisierten Arbeitern gebildet, die die menschliche Verlängerung der technischen Arbeitsspezialisierung bilden, am Band oder an festen Arbeitsstellen.

Diese oppositionelle Basis verschwindet zwar nicht aus der Produktion, wird aber geschwächt durch das Alter der Arbeiter, durch den Einsatz von schwach integrierten Leiharbeitern und durch den allgemeinen Stellenabbau (Beaud/Pialoux, 1999, S.63). Die massiven Streiks von 1999 und die Teilnahme der Arbeiter an anderen landesweiten Protestbewegungen z.B. gegen die gesetzliche Ausweitung prekärer Arbeitsverträge (2006) signalisieren allerdings eine Beständigkeit und teilweise Erneuerung dieser Strömung, die sich auch an anderen Orten Frankreichs manifestiert, beispielsweise bei Cellatex 2008. Diese kontrastreiche Entwicklung wird bei Beaud und Pialoux aber in eine Grundtendenz eingereiht, die auf die anhaltende Auflösung der Solidaritätsbeziehungen hinweist. Die am ehesten zu Zugeständnissen bereiten Gruppen sind die Leiharbeiter und vor allem die jüngeren Arbeiter und Angestellten unter Dreißig, die Hochschulabschlüsse vorweisen können und sich nicht mit der traditionellen Arbeiterkultur identifizieren möchten (op. cit., S.48).

Die Hauptthese von Beaud und Pialoux lautet, dass sich die traditionelle Arbeiterkultur, getragen von ungelernten Produktionsarbeitern, allmählich auflöst, weil die jüngeren Arbeiter und Angestellten mit Hochschulabschluss sich eher an den sozialen Aufstiegsperspektiven orientieren, die ihnen der Managementdiskurs anbietet, der sogenannte Peugeotisme. Ihre bereits in der *Misere der Welt* erschienenen Interviews weisen in dieselbe Richtung, wenn ein alter und melancholischer Kommunist als letztes Zeugnis einer vergangenen Zeit angeführt wird, die Skepsis der Jungen bezüglich der Gewerkschaften und des Betriebsrats hervorgehoben wird etc. Als Einfallstore der Individualisierung und Desolidarisierung gilt unter anderem die Ausbildung an den Fachhochschulen oder Universitäten, die eine kulturelle Nähe zum vermeintlich modernen Managementdiskurs und zur Mittelklasse herstellt, welche die traditionelle Arbeiterkultur weiter untergräbt. Diese Interpretation knüpft an die Theorie der Bourdieu-Schule an, indem sie die desintegrative Rolle der öffentlichen Schulbildung auf die Arbeiterschichten unterstreicht, gleichzeitig die Potenziale der autonomen Gegenreaktionen und die marxistischen Einflüsse als historische Überreste relativiert.

Aus der Perspektive einer kritischen Arbeitssoziologie, die sich u.a. auf Pierre Naville beruft, hat Nicolas Hatzfeld zeitgleich zur Studie von Beaud und Pialoux eine andere Perspektive ins Spiel gebracht (Hatzfeld, 2002).

Die Annahme, die oppositionelle Strömung im Betrieb sei wegen Alterung der streikerprobten Generationen und der Aufstiegsorientierung der Jungen geschwächt, stellt er in ein ganz anderes Licht. Zunächst weist er darauf hin, dass die oppositionelle Strömung gerade Mitte der neunziger Jahre deutliche Zuwächse erhält, z.B. um 5% bei den Delegiertenwahlen von 1996 nach der landesweiten Winterstreikwelle von 1995. Somit liegen die oppositionellen Arbeitergewerkschaften CGT und CFDT bei etwa zwei Dritteln der abgegebenen Stimmen. Die kommunistische Strömung in der CGT wird seitdem nicht nur durch junge, radikale Arbeiter gestärkt, sondern auch durch den Aktivismus trotzkistischer Arbeitertümler der Partei *Lutte ouvrière*, die sich im Laufe der Krise der KPF etabliert haben (op. cit., S.222–224). Die Vermittlung der oppositionellen Arbeiterkultur an die jüngeren Generationen erfolgt offenbar über militante Gewerkschafter, die den zweimonatigen Streik von 1989 erlebt haben.

In diesem Rahmen muss auch das Argument der Gewerkschaftsskepsis der jungen Arbeiter, das Beaud und Pialoux anführen, beleuchtet werden. Hatzfeld schätzt die Gesamtzahl aller Gewerkschaftsmitglieder im Betrieb auf 1800, also 10% (op. cit., S. 223). Es handelt sich übrigens um einen Durchschnittswert in Frankreich, wo der Organisationsgrad bei ca. 8% liegt. Nicht die formelle Zugehörigkeit zur Gewerkschaft, sondern die Identifizierung mit aktiven Gruppen entscheidet über die Mobilisierungsfähigkeit der oppositionellen Gewerkschaftsmehrheit bei Peugeot. So in den Streikjahren 1963, 1989 und 1999...

Auch die kritische Distanz zum Betriebsrat (*comité d'entreprise*) kann anders interpretiert werden, wie die Erfahrung Robert Linharts als Etablierter gezeigt hat. Da das *comité d'entreprise* keine Gegenmachtrolle spielen kann, wird der Streik über ein unabhängiges Streikkomitee organisiert (Linhart, 1978, S.60–89). Im Jahre 2001 hat sich in Frankreich sogar eine unabhängige Koordinierung von bestreikten Industriebetrieben gebildet, die über Monate versucht hat, lokale Forderungen zusammenzuführen und in Form einer Gegenöffentlichkeit zu artikulieren. Diese Phänomene sind auf Grundlage der Habitustheorie kaum noch zu interpretieren. Hier mag auch ein Grund liegen für das Auseinanderfallen des soziologischen Diskurses von Bourdieu auf der einen Seite und seinen politischen Interventionen in Richtung sozialer Bewegungen nach 1995.

5.5. Der neue Geist des Kapitalismus (Boltanski, Chiapello)

Die soziologische Abstammung der Arbeiten Luc Boltanskis von Pierre Bourdieu ist weiter oben klar geworden. Wenn sich der ehemalige Schüler auch öffentlich von seinem Meister absetzt, ist die theoretische, methodologische und politische Kontinuität doch bis in seine jüngsten Werke sichtbar. So versucht er etwa, am bourdieusianischen Begriff des symbolischen Kapitals anzusetzen, um daraus eine Ökonomie des «symbolischen Mehrwerts» in den Privatunternehmen zu konstruieren. Die Ausbeutung findet in dieser theoretischen Skizze ihren Ursprung in der ungleichen Ressourcenverteilung zwischen mobilen und immobilen Arbeitnehmern (Boltanski/Chiapello, 1999, S.448). Boltanskis Mehrwerttheorie blendet sowohl Marx als auch Naville und seine *exploitation différentielle* zwischen Lohnarbeitern aus (siehe Kap. 3); sie bleibt dementsprechend vage.

Boltanski und seine Kollegin Chiapello gehen in ihrem Buch «Der neue Geist des Kapitalismus» von einem systematischen Vergleich der Managementtexte und Schulbücher für leitende Angestellte aus, wobei 60 Bücher aus den sechziger Jahren mit 60 weiteren Büchern aus den angehenden neunziger Jahren miteinander verglichen worden sind (op. cit., S.98).

Der Geist des Kapitalismus ist die moralisch und kulturell bestimmte Vorstellungswelt, die den Einsatz der Arbeitnehmer aus eigenem Antrieb ermöglicht. Das geschichtliche Beispiel dafür ist die protestantische Ethik, beschrieben von Weber (siehe Teil 1.1.), die in der Anfangsphase des Kapitalismus Leistungsbereitschaft und Disziplin unter den Arbeitern verbreitet hat.

In Bezug auf die heutige Vorstellungswelt des Managements kommen die angesprochenen Autoren zu dem Ergebnis, dass die Arbeitnehmererwartungen nach 1968 durch das Management erfolgreich zu einer neuartigen Arbeitsethik umgepolt worden sind: Aus der Forderung nach Autonomie und weniger Kontrolle wird Eigenverantwortung betrieblicher Zwänge, aus dem Wunsch nach Selbstverwirklichung werden Gruppenprojekte ohne Handlungsspielraum, aus anti-bürokratischer Kritik wird Flexibilisierung. Die kreative Kritik an den Betriebsverhältnissen und den sozialen Verhältnissen nach 68 sei somit umgeschlagen in Praktiken und Diskurse, die gleichzeitig die bisherige gesellschaftliche Rechtfertigung der Manager ersetzen, eine neue Schicksalsgemeinschaft in den Betrieben herstellen und die Sozialkritik der Gewerkschaften untergraben.

Die Manager prägen den gegenwärtigen Geist des Kapitalismus entscheidend, indem sie ihre Herrschaftsposition zum Einsatz bringen. Dem Management fällt auf zwei Arten Macht zu. Zum einen entfaltet es sich innerhalb der Gesellschaft, angesichts der ebenso organisatorischen wie ideologischen Schwächung der Gewerkschaften und des Wandels staatlicher Kontrollfunktionen vom Sozialen hin zur Überwachung. Zum anderen findet gerade in Frankreich innerhalb der neuen Betriebsorganisation, eine Umgruppierung zu Ungunsten der leitenden Angestellten («les cadres») statt, die von der unternehmerischen Entscheidungsebene abgekoppelt und den übrigen qualifizierten Arbeitnehmerkategorien angeglichen werden. Das Topmanagement konzentriert zusätzliche Macht innerhalb der Betriebe. Obwohl der Managementdiskurs behauptet, die freie Kommunikation der Mitarbeiter zu fördern, wobei sich alle duzen dürfen, werden im Grunde die Entscheidungsstrukturen zentralisiert.

Warum gelingt es nun der sozialen Kritik nicht, diese Strukturen und ihren neoliberalen Hintergrund wirksam in Frage zu stellen? Boltanski und Chiapello verweisen zunächst darauf, dass die soziale Kritik, im Sinne der sozialen Frage, nur ein begrenzter Ausschnitt der historischen Gesellschaftskritik am Kapitalismus ist (op. cit., S.81). Zu den klassischen Kritikformen zählen außerdem noch:

- Die Kritik der verkümmerten Lebensstile, die der Kapitalismus hervorbringt, also an der Entzauberung der Welt und dem schlechten Leben. (Die sogenannte «künstlerische» Kritik.)
- Der Kapitalismus als Unterdrückung, als Vorenthaltung individueller Freiheit und sozialer Autonomie.

- Moralische Kritik am Kapitalismus als Quelle von Egoismus und Opportunismus, die soziale Bindungen zerstören, z.B. im Sinne der christlichen Soziallehre.
- Der Kapitalismus als Verursacher der Arbeitermisere und sozialer Ungleichheiten.

Die unterschiedlichen Ansätze der Kapitalismuskritik sind bekanntlich nicht ohne weiteres vereinbar, weshalb Theoretiker wie Naville, Castoriadis oder auch Sartre immer wieder versucht haben, das Widerstandspotenzial der solidarischen Arbeiterkultur zu kreuzen mit kreativer, libertärer und individueller Kritik. Das Management hat diesen Widerspruch seit den Siebzigern erkannt, ihn dazu nutzend, die soziale Kritik der Gewerkschaften gegen die subjektive Kritik an frustrierenden Lebensformen auszuspielen.

Hier äußert Boltanski die Idee, die soziale Kritik sei ins Leere gelaufen, weil es dem Management gelungen ist, vermittelt über die Betriebe einen breitenwirksamen Diskurs aufzubauen, der sich direkt auf die «künstlerische» Kritik bezieht, die seit 68 auch in der Arbeitswelt hervorgebrochen ist (antiautoritäre und antibürokratische Einstellungen, kreative Bedürfnisse usw.). Die aktuelle moralische Rechtfertigung und das Gerechtigkeitsmodell des Managements beschreiben die beiden französischen Soziologen mit dem Begriff der «Projektstadt» (op. cit., S. 161–231). Sie sichert die aktive Zustimmung der Arbeitnehmer moderner Großunternehmen und schränkt somit die Reichweite der traditionellen, sozialen Kritik ein, wie sie etwa von den Erwerbslosen demonstriert wird.

Insgesamt betont die Analyse des «neuen Geistes», wie stark die Kritik am Kapitalismus diesem als Antrieb zu seiner eigenen Rechtfertigung gedient hat. Dies macht ein Entwicklungsmodell sichtbar, in dem gesellschaftliche Kritik, kapitalistische Weltanschauung und betriebliche Umstrukturierung in ständiger Wechselbeziehung zueinander stehen: Dem Übergang vom liberalen zum sozialstaatlich organisierten Kapitalismus, den die sozialistische Kritik antreibt, entspricht die gegenwärtige Ablösung des durch starke Gewerkschaften und staatliche Garantien geprägten Nachkriegsmodells durch die Flexibilisierungs- und Modernisierungsstrategien des Managements, die an der 68er-Kritik ansetzen, um diese auszuschlachten.

Der Betrieb durchläuft hierzu passende Häutungen, zuletzt den Wandel vom integrierten, stabilen Großbetrieb hin zu flexiblen Einheiten.

Dieses Wechselspiel fassen die Soziologen folgendermaßen zusammen:

«So war der ‹zweite Geist› des Kapitalismus seit dem Zweiten Weltkrieg z.B. untrennbar verbunden mit der Planung von Berufskarrieren in den Großbetrieben, der paritätischen Rentenfinanzierung und der Ausweitung der rechtlichen Form des Arbeitsvertrages auf alle denkbaren Situationen, um die Arbeiter in den Genuss der damit verbundenen Vorteile kommen zu lassen. Ohne diese Disposition hätte niemand wirklich an die Verheißungen des ‹zweiten Geistes› geglaubt.» (Boltanski/ Chiapello, 1999, S.57).

Die Gruppe der leitenden Angestellten in Frankreich illustriert, wie die ideologisch-moralische Vorstellungswelt des «kapitalistischen Geistes» über Betriebsorganisation und staatliche Funktionen abgesichert und institutionalisiert werden kann, während die gesellschaftliche Kritik mit in diesen Institutionalisierungsprozess einfließt (siehe auch Boltanski, 1982).

Die gesellschaftliche Etablierung der «cadres» nach dem Zweiten Weltkrieg ist eine französische Sondererscheinung. Den regierenden Gaullisten (gemäßigte Rechte) und den Großunternehmern ging es darum, zwischen kommunistisch beeinflussten Arbeitern und den Betriebsführungen eine mäßigende, vermittelnde Schicht einzurichten, die das Betriebsklima und die politische Stimmung aus klassenkämpferischen Traditionen herausführt. So entstand eine gesonderte Berufsgruppe mit eigenständigem Tarifvertrag, die «cadres», die auch ein eigenes soziales Milieu mit entsprechendem Lebensstil herausbildeten. Diese Schöpfung tritt den praktischen Beweis der Tragfähigkeit des «zweiten Geistes des Kapitalismus» in der französischen Nachkriegsgesellschaft an; sie widerlegt somit elementare Bestandteile der damaligen antikapitalistischen Gesellschaftskritik (Vorwurf der Massenverarmung und unaufhaltsamen Proletarisierung, soziale Krisenanfälligkeit usw.).

Die Gruppe der *cadres* vereint in sich zwei Aspekte der Rechtfertigung des Kapitalismus. Sie sind gleichzeitig die Hauptträger des «zweiten Geistes des Kapitalismus» (Fortschrittsgläubigkeit, fordistisches Entwicklungsmodell, gaullistische Beteiligungsideologie etc.) und sie repräsentieren gleichzeitig ein soziales Erfolgsmodell (sozialer Aufstieg über Diplome, Schaffung eines einheitlichen Tarifvertrages, Einkommenszuwächse und Einbindung in die Konsumgesellschaft), an dem sich viele andere Arbeitnehmerschichten orientieren. Das derzeitige Managementmodell versucht ähnliches zu leisten.

Das Managementmodell: Die Projektstadt

Was Boltanski und Chiapello als «Projektstadt» bezeichnen, entspricht keiner empirischen Beobachtung in den Betrieben, sondern entspringt, wie schon gesagt, der Managementliteratur der achtziger und neunziger Jahre. Selbst wenn der «Realitätstest» dieser Weltanschauung nach Auffassung der Autoren noch aussteht, erscheinen die Hauptbegriffe des neuen Diskurses als Leitlinien eines dauerhaften Verhältnisses von Betrieb und Gesellschaft. Die Vorstellungen der Projektstadt erinnern natürlich teilweise an bereits bestehende Tendenzen der Betriebsorganisation, die aber in Wirklichkeit weit weniger heroisch ausfallen, als es die Manager weismachen wollen.

Ein Beispiel, das Boltanski vor Augen hat, weil er in diesem Unternehmen selber Untersuchungen durchgeführt hat, ist die Modernisierung des ehemals staatlichen Stromkonzerns Frankreichs, EDF. Der Betrieb mit etwa 100.000 Arbeitnehmern befindet sich seit einigen Jahren im Umbruch vom öffentlichen Dienst zu einem privaten «Netzwerkbetrieb», wobei sich ein Mischmasch aus bürokratischer Arbeitskontrolle, neoliberaler Vermarktung und Kundenorientierung herausgebildet hat. Dieser Betrieb, der sich in einem chaotischen Umbruch befindet, wird von internen Broschüren und der französischen Tagespresse zum Vorzeigemodell aufgebauscht.

Die abstrakt formulierte Projektstadt basiert auf einigen Grundzügen, die ein Leitbild für moderne (französische) Betriebe aufzeigen. Ich werde zwei Kernbegriffe näher beleuchten: *Entgrenzung* und *Selbstorganisation*. Im Laufe der näheren Beschreibung dieser Begriffe werden ihre Verknüpfungen sichtbar.

Entgrenzung

Die Managementtexte der sechziger Jahre rechtfertigen die radikale Trennung des Privatlebens von den Berufsverhältnissen, um die Fachkompetenzen zum herausragenden Unternehmensideal zu erheben. Seitdem kann dagegen festgehalten werden: «In den neunziger Jahren lehnen sich die Managementautoren auf gegen diese, als Verstümmelung erscheinende Trennung, die keinen Platz für Gefühlsregungen lässt und gleichzeitig unwirksam ist, weil sie sich gegen die Flexibilität richtet und die unterschiedlichen Kompetenzen erstickt, die nötig sind um im Netzwerk leben zu können» (Boltanski/Chiapello,1999, S.139).

Welche Kompetenzen werden nun als wichtig erachtet für die neuartige Mobilisierungsstrategie der Arbeitskräfte? Der Kompetenzbegriff sorgt an sich schon für eine gewisse Verwirrung. Er vermischt die wirksame Verausgabung der Arbeitskraft in der Produktion mit persönlichen Fähigkeiten der Arbeitnehmer, die nicht klar definiert werden.

Irgendwie haben sie etwas mit der Eignung zum sozialen Umgang zu tun, zum Beispiel Sprachgewandheit, Beziehungsarbeit, Umgang mit komplexen Informationen, Kommunikationsstärke, Ausdruckskraft usw.

Infolge dieser Konfusion verwischt auch die Trennlinie zwischen Privatleben und vom Unternehmen geforderter Arbeitsbereitschaft, wobei die Grenze kaum noch arbeitsrechtlich geklärt werden kann. Ein Grund hierfür ist die sprachliche Verschiebung in der Leistungsbeurteilung: Die Trennlinie wird nicht länger, wie in den Sechzigern, an messbaren Ergebnissen der Arbeitsproduktivität festgemacht, sondern liegt in der «Aktivität» begründet, die dem Unternehmen zugute kommt. Wo mag wohl der Unterschied liegen in einer Kneipendiskussion, in der ich Informationen erwerbe, und dem Einsatz dieser Informationen für die Betriebstätigkeit? Das bleibt ein Rätsel.

Die «Aktivität» wird, soweit sie auf den Betrieb bezogen ist, von den Managementautoren aus einer Reihe von Arbeitsformen zusammengesetzt: Lohnarbeit, freischaffende Arbeit, Hausarbeit, ehrenamtliche Arbeit etc. Alle diese Aktivitäten sind insgesamt notwendig, um innerbetriebliche Projekte zu meistern, deren Verbindungen und Anstöße außerhalb des Betriebs liegen.

Der derart umgedeutete Arbeitsbegriff erleichtert in der Praxis anscheinend die weite Verbreitung differenzierter Bezahlungsformen, beispielsweise Honorare, Autorenrechte, Patente oder Aktienbeteiligungen, welche die Grenze zwischen Lohn- und Kapitaleinkünften teilweise verwischen.

In diesem Zusammenhang fordert die Managementliteratur auch einen Bruch in der Arbeitsmoral, der aktivistischen, spektakulären Arbeitseinstellungen das Feld öffnet, z.B. das Ergebnis seiner eigenen Arbeit in Szene zu setzen. Ohne dies an einzelnen Berufsbildern festzumachen, taucht hier rasch die Assoziation zu Tradern oder Marketingstrategen auf. Auch die bereits von mir angesprochene Power-point-Präsentation ließe sich hier mühelos einreihen.

Die traditionellen Betriebskollektive und Solidaritätsformen, die aus Industrie, Betrieben und öffentlichen Diensten bekannt sind, stehen selbstverständlich im Gegensatz zu diesem Leitbild. Dagegen werden Vorstellungen der sogenannten «künstlerischen» Kritik erfolgreich umgedeutet, wenn Entgrenzung von Arbeit und Privatleben als anti-bürokratische, autonome und kreative Lebensform gefeiert wird.

In Verbindung mit permanentem Zeitdruck, der z.B. durch die eigenverantwortliche Verwaltung der Projekte im Unternehmen entsteht, unterstützt diese Arbeitseinstellung in Wirklichkeit eine Kommunikationsform, die auf eine taktische Auswahl der personellen Kontakte hinausläuft. Insofern entgeht sie meiner Meinung nach keinesfalls der zweckbestimmten Rationalität, die die protestantische Berufsethik begründet, obwohl Boltanski und Chiapello meinen, der neue Managementdiskurs würde diese überwinden.

Aus dem Vergleich der immer wiederkehrenden Leistungsmodelle und Vorbilder des Neomanagements stellen die beiden Autoren das Berufsidol der Projektstadt zusammen. Die «Profis» sollen ihre Aufgabe demnach darin sehen, das ständig wachsende Netzwerk ihres Unternehmens auf der Suche nach passenden Kontakten zu durchforsten, um neue Projekte auf die Beine zu stellen. Das Hauptanliegen der Profis ist es, sich ständig weiterzuentwickeln, und somit ihre Einstellungschancen auf dem Berufsmarkt zu verbessern: «Der Profi ist sein eigener Leader, Leader der Beziehungen während des Vor- und Nachspiels, Leader in seinen Netzwerken» (op. cit., S.186). Die

Kontaktfreudigkeit jedes Profis hängt von seiner Fähigkeit ab, anderen zu vertrauen und Vertrauen zu erzeugen, zu kommunizieren, und sich an wechselnde Situationen anzupassen. Vertrauen und Engagement, Verantwortlichkeit usw. sind schon allein deshalb unabdingbar, weil die Austauschverhältnisse im Rahmen des Projektmanagements immer weniger durch arbeitsvertragliche Regelungen besiegelt werden.

Selbstorganisation

Ungebundenheit und Flexibilität sind wiederum Voraussetzungen, um ein weiteres Managementprinzip zu befriedigen: Selbstorganisation und Eigenverantwortung. Hier geht es vor allem um die Art und Weise, wie die Lohnabhängigen motiviert werden. Die Rede ist vor allem von direkter Vermittlung unter Mitarbeitern, Zusammenarbeit, gemeinsam erlebten Momenten, von Ehrenwort und Verantwortung. Diese sozialen Eigenschaften werden gleichsam auf die Netzwerkorganisation übertragen und ihr einverleibt. Das Netz wird übrigens als lebendiges Wesen beschrieben, mit Bezug auf Ausdrücke der Neurologie und der Biologie (Synapsen, Neuronen, Rhizome).

Die konkrete Vermittlung dieser Managementprinzipien soll über das Projekt ablaufen. Das Projekt bildet so einen Kompromiss zwischen den unendlichen Austauschmöglichkeiten des Netzunternehmens einerseits und den stabilen Organisationsstrukturen der Großunternehmen andererseits, die ja gerade kritisiert werden. Die Managementliteratur bezieht die antibürokratische Kritik natürlich nicht auf die unternehmerische Machtbasis und Kontrolle in den Betrieben, sondern auf die fordistischen Industriemodelle der Vergangenheit. Das Projekt, das unterschiedliche Arbeitskräfte zeitlich begrenzt zusammenbringt, beschreibt also ein provisorisches Gleichgewicht im Strom der Verbindungen des Netzwerks. Über die Zuteilung und Aufgaben der Projekte im Unternehmen entscheidet allerdings immer noch ein «Leader», also eine Führungspersönlichkeit.

Bis zu diesem Punkt können Boltanski und Chiapello die *Projektstadt* als ein relativ zusammenhängendes Modell beschreiben, solange die vorgegebenen Machtverhältnisse ausgeblendet werden.

Potenzielle Widersprüche tauchen jedoch selbst innerhalb dieses Systems auf. Wenn der moralische Diskurs zu zynischem Sozialverhalten führt, wie oben mit der taktischen Auswahl der Beziehungen angedeutet, verblasst das Selbstverwirklichungsversprechen der Manager sogleich.

Ganz allgemein entsteht hier die widersprüchliche Lage, dass einerseits autonome Menschen den Sinn ihres Handelns selber erfinden sollen, sie sich aber andererseits in das bereits bestehende Gefüge des Netzwerkbetriebs eingliedern müssen.

Wie bereits oben besprochen (siehe Kap. 1.1.) betrachten die beiden Soziologen in der Tradition Webers nur die subjektive Zustimmung zum modernen Managementdiskurs, der sich in Schulbüchern, Broschüren und Nachschlagewerken manifestiert. Wie sich die arbeitenden Menschen wirklich dazu verhalten, ist eine ganz andere Frage.

An dieser Stelle schließt sich der Kreis meiner Argumentation mit dem Verweis auf die Soziologie der Frankfurter Schule, die gerade dieser Fragestellung nachgegangen ist (Kap.1).

6. Französische Zustände heute (Exkurs)

Im Laufe der Argumentation und begrifflichen Entwicklung dieser kritischen ***Arbeitssoziologie*** wird immer wieder in ausdrücklicher oder unterschwelliger Manier auf die französische Geschichte verwiesen, von der Nachkriegszeit über den Mai 68 und andere soziale Bewegungen bis zur heutigen Lage der kritischen Soziologie. Daher erscheint es ebenso sinnvoll, die widersprüchliche Sozialgeschichte der französischen Republik zu skizzieren, die oft romantisiert wird. Zitiert wird in diesem Sinne zunächst die Einschätzung eines Romantikers, Heinrich Heine.

Heines Buch «Französische Zustände» ist kurz nach dem Juliaufstand des Pariser Volkes von 1830 in Deutschland erschienen, als die monarchistische Restauration bereits in vollem Gange war. Der deutsche Fürstenstaat fürchtete dennoch die politische Signalwirkung der Unruhen auf der anderen Rheinseite und brandmarkte Heine als «Sprecher der französischen Partei in Deutschland», wie es in Heines Vorwort heißt. Die französische Partei, das bedeutet wohl Subversion, hinterlistige Attacken gegen das Vaterland und Majestätsbeleidigung.

Heine antwortet den deutschen Herrschern indirekt, aus seinem Pariser Exil, indem er sie an das Todesurteil gegen Ludwig den XVI. erinnert, der sich erfolglos gegen die demokratische Revolution gestellt hat: «Nur vor eins möchte ich euch warnen, nämlich vor dem Moniteur von 1793. Das ist ein Höllenzwang, den ihr nicht an die Kette legen könnt, und es sind Beschwörungsworte darin, die viel mächtiger sind als Gold und Flinten, Worte womit man die Toten aus den Gräbern ruft und die Lebenden in den Tot schickt, Worte die eure ganze Macht zerschneiden wie das Fallbeil einen Königshals.» (Heine, 1921, S.17).

2005 und 2006 ist die französische Bourgeoisie, die das staatliche Erbe der Monarchie in einer republikanischen Form angetreten hat, bei der Durchsetzung ihrer undemokratischen Projekte und unsozialen Gesetze gescheitert angesichts der Revolte der Banlieues, der Ablehnung des Präsidentenreferendums zur EU-Verfassung (29.5.2009) und der Streikbewegung gegen das Gesetz für prekäre Beschäftigung (*Loi pour l'égalité des chances*, Mai 2006), das nachträglich aufgelöst werden musste. Das Leitmotiv der bürgerlichen Rechten lautete 2006 wie heute «Die Straße regiert hier nicht» (Dominique de Villepin). Sie wollte die Warnung Heines nicht ernst nehmen, die besagt, dass der symbolische Tyrannenmord in Frankreich ein zugkräftiges Motiv abgibt. Der bonapartistische Nachfolger der französischen Rechten, Monsieur Sarkozy, hat dies begriffen, indem er das konservative Schema zugunsten eines konterrevolutionären Impulses aufgegeben hat. Seine Themen zielen darauf ab, die «Vorstädte mit der Kärcher-Spritze zu säubern» (2005), den «Mai 68 zu liquidieren» (Wahlkampagne 2007) und die «Nationale Identität» zu restaurieren (2009).

Sein autoritäres Konzept hat bei den Präsidentschaftswahlen 2007 Katholiken, Rassisten, Rechtsradikale, Landbevölkerung, Rentner, Händler und kapitalistische Energien mobilisiert. Das entspricht genau der Klientel des Louis Bonaparte des Dritten von 1850. Der heutige Präsident gewinnt somit 18 Millionen Stimmen, 53% der Wähler. Laut Le Monde (8.5.2007) erhält Sarkozy im 2. Wahlgang der Präsidentschaftswahlen 68% aller Stimmen der über 70-jährigen, 67% der Bauern, 82% der Kleinhändler und Handwerker, 63% der rechtsradikalen Wähler.

6.1. Krise und Kritik

Französische Zustände bezeichnen keinen Zustand im eigentlichen Sinne, sondern ein Ungleichgewicht, eine Situation der permanenten Krise und der unablässigen Kritik, die in diesem Land sicherlich stärker ausgeprägt ist als im übrigen Europa. Trotz der oberflächlichen Ruhe, die Regierungsparteien und Massenmedien üblicherweise verbreiten, wird die französische Geschichte bis heute von heftigen gesellschaftlichen Konflikten unterbrochen. Die Besonderheit dieser Revolten und Bewegungen ist, dass sie sich weitgehend unvermittelt produzieren. Die gewaltige und gewaltvolle Revolte der Vorstädte im November 2005 ist an allen gesellschaftlichen Institutionen vorbeigelaufen, während die Studentenbewegung und die daran anschließende Streikwelle 2006 relativ spät von Gewerkschaften und linken Parteien unterstützt wurde. Diese Situation erinnert auch an den Generalstreik des Mai 1968, zu dem keine einzige Massenorganisation aufgerufen hatte.

All dies zeigt, wie unbedeutend die gesellschaftlichen Gegenmächte im Normalfall für das institutionelle Gefüge sind. Gewerkschaften und Parteien verfügen nur über eine enge Basis; die Parteien der Linken besitzen z.B. alle zusammen etwa 250.000 Mitglieder, davon entfallen ca. 100.000 auf die sozialdemokratische Partei (Parti socialiste). Selbst die katholische Kirche lebt eher am Rande der Gesellschaft. Das Vereinsleben ist reichhaltig, aber relativ unpolitisch.

Seit der Französischen Revolution wurde immer wieder versucht, die heftigen gesellschaftlichen Widersprüche durch den Aufbau eines sehr starken Zentralstaates auszubalancieren.

Das Scheitern der Französischen Revolution produziert seit Ende des 18. Jahrhunderts einen enormen Staatsapparat nach dem Vorbild der Armee Napoleons, deren Rangordnungssystem heute noch im öffentlichen Dienst zur Anwendung kommt (*Statut du service public*). So können z.B. Universitätsprofessoren im Notfall als Regionalkommandeure der Armee eingesetzt werden.

Die europäische Revolution von 1848, die von Paris ausgeht, nimmt bekannterweise ein ähnliches restauratives Ende. Louis Napoleon Bonaparte der III. ergreift die Staatsmacht mit Hilfe der Armee. Die aufständischen Arbeiterviertel von Paris werden physisch zerstört, indem systematische Kanonenschusslinien quer durch Paris angelegt werden, die sogenannten Boulevards.

Nach der spektakulären Ausrufung der Pariser Kommune 1871 und ihrer blutigen Niederschlagung, versucht die 3. Republik einen staatlichen Kompromiss durchzusetzen. Dieser wendet sich gleichzeitig gegen die radikale Arbeiterbewegung, die Aristokratie und die katholische Kirche. Aristokratie und katholische Kirche geben sich geschlagen, nicht aber die radikale Arbeiterbewegung, wie der Generalstreik von 1936 unter der Volksfrontregierung zeigt.

Die bürgerliche Rechte und die Armeeführung rächen sich während der deutschen Besatzung unter dem Staat von Vichy. Nach der Befreiung von der Wehrmacht und der französischen Rechten nimmt die Arbeiterbewegung im Sommer 1944 einen neuen Anlauf. Es ist vor allem der Kommunistischen Partei, die nicht auf ihre breite Basis, sondern auf Moskau hört, zu verdanken, dass die demokratische Dynamik der Befreiungszeit stecken bleibt (Madjarian, 1980; Spurk, 1987). Schlussendlich führt die politische Krise zur autoritären Präsidentenrepublik des Generals de Gaulle.

Der Mai 68 explodiert unter dieser autoritären und militaristischen Staatskultur. KPF und Gewerkschaften werden von der Studentenbewegung und dem anschließenden Massenstreik überrannt und laufen ihm dann hinterher. Doch die konservativen Strukturen der V. Republik halten durch. Der spätere Präsident François Mitterand spricht hier ganz zurecht vom «permanenten Staatsstreich», den er allerdings ab 1981 mitverwaltet.

Erst im Winter 1995 rollt eine erneute massive Protestwelle an, welche die Nachfolger De Gaulles zum taktischen Rückzug zwingt. Die Bewegung gründet wie schon so oft auf direkter Demokratie: Streikkomitees, Vollversammlungen und Koordinierungen. Rein organisatorisch betrachtet sind die französischen Gewerkschaften heute schwach, mit einem Mitgliederanteil von etwa 3% der Beschäftigten in der Privatwirtschaft (im Landesdurchschnitt 8%); aber ihre militante Basis hat ein großes Mobilisierungspotenzial. Kurz nach der Streikwelle von 1995 gewinnt die parlamentarische Linke die Wahlen, verliert sie aber fünf Jahre später, 2002, weil sie kaum etwas aus dieser Bewegung lernen wollte.

6.2. Die Verfassung der V. Republik.

1. Das koloniale Gründungsmoment

Die Grundlage der aktuellen Verfassung liegt im Kolonialkrieg Frankreichs gegen die algerische Befreiungsfront in den 50er Jahren. Sie wird von einem General mit Hilfe der Armee gegen die Parlamentarische Republik durchgesetzt. Aus der Gründerzeit der V. Republik stammt auch das Recht der Regierung, den nationalen Notstand zu verkünden und Ausgangsperren zu verhängen. Das hat sie nach dem Kolonialkrieg auch 2007 wieder getan, gegen die revoltierenden, ehemals arabischen und afrikanischen Kinder der postkolonialen Vorstädte, die heute meist französische Staatsbürger sind. Sie werden vom französischen Staat heute als potenzielle innere Feinde behandelt.

2. *Die absolute Präsidentenmacht*

Der Staatspräsident wird durch eine allgemeine Direktwahl legitimiert, die er jederzeit per Volksentscheid über einzelne Fragen bestätigen kann (Duhamel, 2008). Nicht das Parlament, sondern er ist es, der die Regierung ernennt. Er verfügt über umfangreiche Vollmachten und kann in weiten Feldern am Parlament vorbeiregieren. Auch kann er das Parlament im Übrigen jederzeit auflösen. Er ist außerdem oberster Heereschef und hat das Recht, einen Atomschlag auszulösen. Er besitzt eine absolute Immunität, die Justiz hat keinerlei Zugriff.

Insgesamt beschreibt diese Rolle eine autoritäre Vaterfigur, die keine Widerrede duldet, drohen und bestrafen kann. Die starke Personalisierung des Präsidenten durch seine Direktwahl unterstützt diese Über-Ich-Rolle, die auch in häufigen Fernsehansprachen an die Nation zum Ausdruck kommt. Diese autoritäre Vaterfigur stand im Mittelpunkt der Präsidentschaftskampagne von 2002, deren Hauptthema Kriminalität und Unsicherheit waren. Kein Wunder also, dass der zweite Wahlgang zwischen zwei Rechten entschieden wurde, während der sozialdemokratische Kandidat ganz ausfiel. Der rechtsradikale Le Pen hat diese Situation voll ausgenutzt, indem er unter anderem die Wiedereinführung der Todesstrafe forderte, die erst 1983 abgeschafft wurde. Das hohe Mobilisierungspotenzial der rechtsradikalen Front National (bis zu 18% bei Wahlen) erklärt sich aus der Anfälligkeit breiter Gesellschaftskreise für autoritäre Diskurse, nach einem sozialpsychologischen Mechanismus, der von Reich, Fromm und Adorno erforscht worden ist. Die französische Übersetzung der «Studien zum autoritären Charakter» ist erst 2007 erschienen. Vor diesem Hintergrund wird vermutlich klar, warum die sozialen Bewegungen in Frankreich stets an anti-autoritäre Revolten erinnern.

Im Folgenden werde ich die Gesellschaftsstrukturen der V. Republik beleuchten, um dann auf die zwei wichtigsten Protestwellen der letzten Jahre einzugehen.

6.3. Die soziokulturellen Strukturen Frankreichs

1. Kolonialerbe und ethnozentristisches Weltbild

Offiziell ist Frankreich seit Ende des Algerienkrieges kein Kolonialstaat mehr, doch die Tiefenstrukturen der Gesellschaft reproduzieren immer noch auf mehr oder weniger latente Weise das Kolonialerbe. 2009 ist dieser Zusammenhang besonders deutlich geworden. Zuerst mit der bereits angesprochenen Revolte der postkolonialen Vorstädte, dann mit einem Gesetzestext, der die angeblich «positive Rolle der Kolonisierung» festgeschrieben hat. Nach zahlreichen Protesten der französischen Überseeregionen, der Linken und von kritischen Akademikern musste der damalige Staatschef Chirac den betreffenden Artikel zurückziehen.

Eine ganze Reihe von Studien belegt die berufliche Diskriminierung der aus der Einwanderung stammenden Franzosen. Die radikale Rechte, die sich mit Le Pen direkt auf das Kolonialerbe beruft, liegt bei 20% der Stimmen. Laut einer repräsentativen Umfrage von 2007 kann sich die Hälfte aller Franzosen mit den fremdenfeindlichen Ideen dieser Partei anfreunden.

Zumindest ein Teil der anderen Hälfte engagiert sich dagegen heftigst gegen rassistische Gesten und Gesetzestexte, wie z.B. das aktuelle Netzwerk «Bildung ohne Grenzen» (*Education sans Frontières*), das sich gegen die Ausweisung von ausweislosen Schulkindern (Sans Papiers) wehrt.

Die Polizeirepression richtet sich in diesem Kontext vorrangig gegen jene Franzosen, die aus den ehemaligen Kolonien zugewandert sind, die oft brutal misshandelt werden, wie der Jahresbericht 2006 von Amnesty International feststellt.

2009 schließlich trat dieser latent ethnozentristische Diskurs offen in Erscheinung mit der sogenannten Debatte um *Nationale Identität*, die von der Exekutive geleitet wurde (Innenminister Besson, Staatspräsident Sarkozy). Ein Aufruf der Zeitung *Mediapart* sammelte innerhalb weniger Tage knapp 50.000 Unterschriften gegen die nationalistische fremdenfeindliche Konnotierung dieser Aktion im Dezember 2009 (www.mediapart.fr).

Das Kolonialerbe äußert sich auch in einer ethnozentristischen Weltsicht der aufgeklärten Öffentlichkeit, die sich nur selten auf ausländische Autoren bezieht. Das französische Verlagswesen reagiert äußerst langsam auf den internationalen Diskurs und nimmt sich Zeit mit der Übersetzung wichtiger Titel, wenn diese überhaupt erscheinen. Ein Beispiel wäre das Buch «Kultur und Imperialismus» von Edward Saïd, das jahrelang abgelehnt wurde und erst kurz vor seinem Tod erscheinen konnte, nachdem sich *Le Monde diplomatique* dafür öffentlich engagiert hatte. Die Herausgabe der *Schriften zur Gegenöffentlichkeit* von Oskar Negt und Alexander Kluge (2007), die der Autor dieser Zeilen geleitet hat, nahm über sechs Jahre Vorbereitung in Anspruch.

2. Trennung von Kirche und Staat: republikanisches Schulwesen als Kirche

Die Trennung von Kirche und Staat wurde 1905 unter der III. Republik durchgesetzt, gegen den Adel und den Vatikan. Das hält die heutigen Minister, erst Claude Allegre, dann Luc Ferry, jedoch nicht davon ab, das «christliche Abendland» als Leitbild heranzuziehen.

Zeitgleich mit diesem Trennungsprozess führt die III. Republik die allgemeine Schulpflicht ein, mit der erklärten Absicht, eine republikanische Moral im Volke zu verbreiten. Der nationale Ethnozentrismus steht hierbei im Zentrum und der Kolonialismus wird verherrlicht.

Heute leidet das Schulwesen an dieser Rolle als moralische Vermittlungsinstanz, dessen moralistische und disziplinäre Züge immer noch an das 19. Jhdt. erinnern. Bis zur Oberstufe wird Diktat geübt und die Schüler werden dazu angehalten, den Unterricht mitzuschreiben. Diese Art der Verschulung führt zu recht unkritischen und wenig autonomen Arbeitsweisen auch an den Universitäten. An den Schulen wird also nachgebetet; Schule als Kirche der Republik. Arbeiter- und Migrantenkinder werden durch diese sehr formelle Stoffaneignung systematisch benachteiligt und marginalisiert, was nur ein Element der Misere der Vorstädte bezeichnet.

3. *Reproduktion der Eliten unter Ausschluss der Öffentlichkeit*

Die Einsicht, dass Migrantenkinder benachteiligt werden, ist vor allem der Soziologie von Pierre Bourdieu zu verdanken (s.o., Kap. 5). Er hat in seinem Buch über den französischen *Staatsadel* (Bourdieu, 1978) erklärt, wie sich die bürgerlichen Eliten außerhalb der relativ offenen Massenuniversitäten herausbilden, nämlich an den Eliteinstituten für den hohen Staatsdienst wie z.B. die *Ecole normale supérieure* oder die *Polytechnique*. Die Spitzenpolitiker stammen fast ausschließlich aus diesen Hochschulen, aus denen sich auch Unternehmenschefs rekrutieren. Die Beteiligung der Öffentlichkeit an der Auswahl des politischen Personals ist also sehr gering. Die soziale Basis der bürgerlichen Öffentlichkeit ist dementsprechend eingeschränkt. Die Parlamentsabgeordneten kommen bis auf wenige Ausnahmen aus der höheren Beamtenlaufbahn, aus bürgerlichen Familien; sie sind praktisch alle männlich und über 50.

Wie oben erwähnt hat sich der französische Staat über die napoleonische Armee konstituiert, deren zentralistisches Befehlsprinzip erst im Laufe der gesellschaftlichen Demokratisierungsbewegungen gelockert wurde. Diese historische Tradition hat eine Tiefenkultur erzeugt, die bis in den Habitus der vier wichtigsten aktuellen Spitzenpolitiker nachverfolgt werden kann. Die Sozialdemokratin Segolène Royal, eine Offizierstochter, fordert die Einweisung auffälliger Jugendlicher in militärische Einrichtungen, wo ihnen Disziplin und Gehorsam eingetrichtert werden soll. Der sogenannte «Liberale» François Bayrou hat sich 2007 vor laufenden Kameras profiliert, als er einem Migrantenkind eine Backpfeife verabreichte, das ihm angeblich die Taschen durchsucht hat. Der rechte Ex-Innenminister und Chef der Rechten, Nicolas Sarkozy, ist ein Musterbild aggressiver, charismatischer Herrschaft. Er imitiert den rassistischen Jean-Marie Le Pen. Alle zusammen klagen sie den angeblichen Niedergang der «Arbeitstugenden» an, was Pierre Bourdieu noch vor seinem Tod dazu veranlasst hat, Segolène Royal in einem kurzen Dokumentarfilm als Archetypus der konservativen Führungskultur zu beschreiben.[12]

---

12 Annie Gonzalez im Gespräch mit Pierre Bourdieu, *Gauche-Droite*, siehe http://www.dailymotion.com/video/xky9u_bourdieu-royal-de-droite

4. *Eine neue Art der autoritären Leistungsgesellschaft*

Das Zusammenspiel eines autoritären Führungsmodells mit einem erzwungenen Leistungsmodell in der Arbeitswelt ist von Oskar Negt mit dem Stichwort «autoritäre Leistungsgesellschaft» umschrieben worden (Negt, 1976, S. 47–178). In Bezug auf die französische Gesellschaft möchte ich das Konzept hier aktualisieren und auf den sozialen und gesetzlichen Arbeitsdruck anwenden. Arbeitslose Jugendliche in den Banlieues sehen sich der offenen Repression ausgesetzt, Studierende werden zu unbezahlten Berufspraktika in Reihe genötigt, Jungakademiker durch befristete Jobs diszipliniert, während in Abwesenheit jeglicher Mitbestimmung in den Betrieben Gewerkschaftsverfolgung stattfindet. Das angesichts der Massenproteste gescheiterte Arbeitsgesetz für prekäre Beschäftigung (mit seinem CPE-Vertrag[13]) hat das soziale Unbehagen an dieser autoritären Arbeitskultur kristallisiert. Insgesamt handelt es sich hier um eine allgemeine Revolte gegen die autoritäre Leistungsgesellschaft, die junge und auch ältere Menschen unter Leistungsdruck setzt, ihnen aber gleichzeitig jede Anerkennung verweigert.

6.4. *Widerstand, soziale Bewegung und Gegenöffentlichkeit*

Der gesellschaftliche Rahmen, den ich angerissen habe, kann innerhalb der bestehenden Institutionen der V. Republik kaum verändert werden, wie nicht zuletzt das klägliche Scheitern von François Mitterand und Lionel Jospin gezeigt hat. Emanzipatorische Vorstöße und Bewegungen werden deshalb seit dem Mai 68 hauptsächlich von der Straße getragen. Drei Erfahrungen der letzten Jahre fallen besonders auf: die basisdemokratische Kampagne gegen den Verfassungsentwurf der Europäischen Union, die Bewegung gegen prekäre Beschäftigung und gegen schlechtes Leben sowie der Ansatz zur Formierung einer links-

13 CPE: Contrat Première Embauche. Eine Gesetzesnovelle sollte 2006 die Probezeit für jüngere Arbeitnehmer auf 12 Monate erhöhen im Rahmen eines neuartigen Arbeitsvertrages, dem CPE.

alternativen Sammlungsbewegung auf politischer Ebene. Beide Mobilisierungen haben die soziale Frage mit der demokratischen eng verknüpft.

Der vom damaligen Staatspräsidenten Chirac initiierte Volksentscheid vom 29. Mai 2005 entspricht ganz der plebiszitären Politik, die von De Gaulle begründet wurde, wie dies Jean-Marie Vincent feststellt: «Der Mann der Vorsehung, dem die Macht übergeben war, sollte, im Dienst dieser Vorsehung, als der mit besonderen Vorrechten ausgestattete Interpret aller Franzosen erscheinen.» (Gorz/Mandel/Vincent, 1969, S.152).

Es geht bei diesen Präsidentenreferenden weniger darum, den *demos* zu befragen, als die bereits im Vorfeld abgesteckten staatlichen Entscheidungen möglichst öffentlichkeitswirksam zu legitimieren. Das Präsidentenreferendum ist darauf angelegt, die Position des Staatschefs durch das Volk zu bestätigen. Diesmal ging der Schuss nach hinten los. Dabei schien der Widerstand gegen die Durchsetzung des herrschenden Diskurses zunächst aussichtslos. Die EU-Verfassung wurde sowohl von Chirac als auch dem ehemaligen Präsidenten Giscard d'Estaing verteidigt, der den Text zusammengestellt hat. Sämtliche Fraktionen des französischen Parlaments haben mehrheitlich dafür gestimmt, einschließlich der Sozialisten und der Grünen, mit Ausnahme der kleinen KPF (1,9% bei den jüngsten Präsidentschaftswahlen). Die öffentlichen und privaten Massenmedien waren voll auf Annahme der Verfassung eingestimmt, bis auf eine kleine Anzahl linker Zeitungen. Das gesamte Unternehmerlager sowie die Kirchen haben sich positiv dazu geäußert. In diesem Zusammenhang lag die Zustimmung Anfang 2005 in Umfragen bei 60–65%.

Der öffentliche Widerspruch kam von einem linksoppositionellen Aufruf von Intellektuellen, Feministinnen, Politaktiven und Gewerkschaftern. Innerhalb kürzester Zeit hat es dieses Regenbogenkollektiv vermocht, über zehntausend Unterzeichner zu versammeln und somit eine gewisse Gegenöffentlichkeit zu erzeugen.

Der Erfolg dieser Initiative beruht auf ihrer basisdemokratische Herangehensweise, die bereits 2002 nach dem linken Wahldebakel durch den Aufruf «Nous voulons autre chose!»[14] bekannt geworden ist. Die Originalität dieser Initiativen besteht

14 «Wir wollten etwas ganz anderes!»

darin, breite Debatten im Internet zu eröffnen und es den Unterzeichnern zu ermöglichen, sich direkt in örtlichen Kollektiven zu vereinen. Diese Kollektive, von denen sich am Ende etwa eintausend im ganzen Land herausgebildet hatten, waren dazu imstande, enorme Meetings und Diskussionsveranstaltungen zu organisieren. Die Strategie der politischen Selbstverwaltung wirkte auch auf die linken Massenorganisationen ein. Während die Leitung der CGT sich zunächst enthalten wollte, musste sie sich schlussendlich einem Votum ihres Gewerkschaftsrates beugen und zum «linken Nein» aufrufen. Bei Sozialisten und Grünen sind bedeutende Strömungen ausgeschert und haben sich dieser «negativen Dialektik» angeschlossen. Am allerwichtigsten aber war die Tatsache, dass diese demokratische Mobilisierung Menschen ansprechen konnte, die vorher kaum an den bestehenden Organisationen interessiert waren. Gleichzeitig hatten die linksradikalen und linkskritischen Parteien gar keine andere Wahl mehr, als sich locker zusammenzuschließen und gemeinsame, regionale, öffentliche Riesenveranstaltungen abzuhalten. Es herrschte dort eine Atmosphäre, die zwischen Rebellion, Euphorie und Freiheitsgefühl lag. Nachdem selbst die Meinungsumfragen den Stimmungsumschwung registrierten, mussten sich auch die Massenmedien dieser Kritik öffnen. Im Zentrum dabei standen der Mangel an demokratischen Einflussmöglichkeiten auf EU-Ebene, die Abwesenheit von konkret definierten Gleichheitsrechten und die inhaltliche Orientierung des Verfassungsentwurfes an neoliberalen Wirtschaftsrezepten.

Das Ergebnis der Volksbefragung, 54% Neinstimmen, entspricht keineswegs einem nationalistischen oder populistischen Reflex gegen den europäischen Kulturraum, was politikwissenschaftliche Wahluntersuchungen nachgewiesen haben (Rozes, 2006). Weit über zwei Drittel der traditionellen Linkswähler haben mit Nein gestimmt, was einem guten Drittel des Wahlkörpers entspricht. Die rechte Wählerschaft hat fast geschlossen dafür gestimmt, mit Ausnahme der rechtsradikalen Front National, die aber in diesem Fall bei 15% stagniert. Die demokratische Hegemonie der progressiven Strömungen steht also außer Zweifel, während der Wahlausgang die Frage nahelegt, wie es sein kann, dass 90% der Parlamentsabgeordneten für einen Text stimmen, der von 54% der Wähler abgelehnt wird. Das spektakuläre Scheitern des plebiszitären Verfahrens wirft demokratische Grundsatzfragen auf. Hierbei steht die Spannung zwischen bürgerlicher Öffentlichkeit und gesellschaftlicher Gegenöffentlichkeit im Vordergrund.

Wer gemeint hätte, die Rechte würde das demokratische Votum beherzigen, der wurde 2006 eines Besseren belehrt. Die rechte Regierung brannte darauf, den kritischen Intellektuellen, Linken und Gewerkschaftern eine Niederlage zu versetzen, indem sie ihr Arbeitsgesetz zur prekären Beschäftigung, unter Ausschaltung des Parlaments (Artikel 49.3 der Verfassung) autoritär durchgesetzt hat. Der strittigste Bestandteil dieses Gesetzes sah vor, neu eingestellte Arbeitnehmer während der ersten zwei Jahre «fristlos» und «ohne Begründung» kündigen zu können, also den Kündigungsschutz praktisch zu streichen. Diese Möglichkeit betrifft in erster Hinsicht die jungen Arbeitnehmer, also indirekt auch die Studierenden, die sich zuerst zur Wehr gesetzt haben. Während die Gewerkschaften im Februar zu einem müden Demonstrationstag gerufen haben, radikalisierten die ohnehin schon prekarisierten Studierenden allmählich ihre Aktionen (etwa die Hälfte finanziert sich über Nebenjobs). Ihre Informationsveranstaltungen gingen bald in Vollversammlungen über, die hier und da zum unbefristeten Streik aufriefen. Kurz darauf liefen die ersten Besetzungen, die schließlich zu Blockaden umfunktioniert wurden, um den Unibetrieb völlig stillzulegen. Angesichts der unvergleichbaren Schwerhörigkeit und Arroganz der Regierungsparteien weiteten sich die Aktionen täglich aus, bis im Frühjahr fast alle öffentlichen Hochschulen besetzt waren. Eine demokratisch gewählte Koordinierung unternahm die praktische Zusammenarbeit mit den linken Richtungsgewerkschaften, die die Proteste mit neuen Demonstrationen unterstützten, während einzelne Vollversammlungen der Studierenden ganze Fußballstadien füllten, so gesehen in Poitiers im April 2006. Mit jedem neuen Aktionstag ging die Bewegung auch in die gesellschaftliche Breite. Zunächst schließen sich die Schüler und Berufsschüler an, dann die Lehrer und der öffentliche Dienst und am Ende die Industriebetriebe sowie die Belegschaften von Kleinbetrieben, die bereits von einer ähnlichen Kündigungsregel betroffen waren. Auch die angeblich unpolitische Vorstadtjugend hat sich an den Demonstrationen massenhaft beteiligt, doch die Medien wollten nur einige gewalttätige Randgruppen sehen. Wie schon im Mai 68 ging die Radikalisierung der Gewerkschaftsbewegung von den Studierenden und ihren Aktionen aus. Zuletzt gingen an einem einzigen Protesttag, Anfang April 2006, drei Millionen Menschen auf die Straße, nach Angaben der CGT. Der Protest drohte in eine offene politische Krise überzugehen, während innerhalb der Gewerkschaften Aufrufe zum Generalstreik kursierten. Nach einigem Theater sah sich die Regierung gezwungen, das bereits beschlossene und angenommene Gesetz wieder zu kassieren. Der gesamte, von den bürgerlichen Parteien beherrschte Staatsapparat hatte eine offene Niederlage erlitten: der Staatspräsident und sein Premier, die Nationalversammlung, der Senat und das von Rechten besetzte Verfassungsgericht, welches das Gesetz ohne Rückhalt angenommen hatte. Chirac ist zwar nicht zurückgetreten, aber seine Autorität war dahin. Heine beschreibt einen ganz ähnlichen Verlauf der demokratischen Revolte von 1830, die zwar nicht zum Abdanken der Monarchie führt, jedoch zum *europäischen Frühling der Völker* von 1848. Nun annonciert die bürgerliche Regierung Frankreichs erneut, sie scheue auch in der Krise nicht die Konfrontation mit der sozialen Bewegung, so wie 1995 oder 2006 (Le Monde, 8.2.2006). Der Leser wird sehen, ob diese Krisenentwicklung zu einer Gegenöffentlichkeit führt, die auch die kritische Arbeitssoziologie erneut beflügeln würde.

7. Bilanz und Perspektiven

2010: Die kapitalistische Globalisierung hat sich selbst in die Krise getrieben, der Weltmarkt wäre ohne öffentliche Interventionen völlig kollabiert. 2009 hat an 1929 erinnert, 2010 erinnert an 1930. Heute stehen europäische Staaten wie Griechenland vor dem Bankrott, die Massenarbeitslosigkeit betrifft bei der engsten statistischen Auslegung 23 Millionen EU-Bürger (Eurostat), Tendenz steigend, wobei Prekäre und Sozialhilfeempfänger nicht einmal einbezogen sind. Die Auswirkungen der Krise werden mindestens bis Ende des neuen Jahrzehnts spürbar sein. Die politische Ökonomie hat nichts von alledem prognostiziert, während die positivistische Soziologie nur die nachträglichen Effekte betrachtet. Der neoliberale Diskurs, der beide Wissenschaften seit 30 Jahren rechtfertigt, ist zusammengefallen wie ein Kartenhaus. Bourdieu meinte, der Neoliberalismus gleiche einer Pyramide, an dessen Spitze ein Mathematiker stünde und an dessen Basis ein Ideologe der sozialchristlichen Zeitschrift *Esprit* säße (Bourdieu, 2001). Paul Krugman, der demokratische Weltökonom, hat diesen Zusammenhang in theoretischer Hinsicht auf den Kopf getroffen: «Die Ökonomie hat sich als Berufsgruppe verrannt, weil sie die Schönheit, die sie in beeindruckenden Mathematikmodellen erblicken wollte, mit der Wahrheit verwechselt hat» (The New York Times, 6.8.2009).

Eine kritische Soziologie der Lohnarbeit wird von der aktuellen Dynamik geradezu angefordert, angerufen, ausgerufen. Die ersten Essays zirkulieren bereits (Dörre et alii, 2009; Holloway, 2010). Die unaufhaltsame Wiederkehr der kritischen Soziologie und der Kritischen Theorie speist sich hierbei aus drei Hauptquellen: der Kritik an der Marktlogik, der Erosion der Normen von Management, Nationalstaaten oder internationalen Agenturen, und der subjektiven Widerstände oder Ausdrucksformen der Menschen. Suchbewegungen aller Couleur entwickeln sich in der Arbeitswelt, an den Universitäten und im öffentlichen Raum.

7.1. Entwertung, Erosion, Korrosion

Im Vordergrund der soziologischen Kritik steht bislang die Vermarktungslogik und das liberale Gesellschaftsbild, dass auf der Fiktion lose agierender Individuen im freien Tausch aufbaut. Da die mathematischen Ökonomiemodelle gescheitert sind, fällt die theoretische Rechtfertigung dieser Weltanschauung. Die neoliberale Pyramide stürzt so wie die Berliner Mauer. Für die Sozialforschung bedeutet das eine vertiefte Auseinandersetzung mit gesellschaftskritischen Theorien, eine verstärkte Infragestellung der positivistischen Tradition, eine Besinnung auf qualitative Forschungsmethoden und zusammenhängende Konzeptualisierungen. Auch mit dem interaktionistischen Erklärungsmodell ist es nicht mehr getan, dass zwar soziale Beziehungen zwischen den Individuen einbezieht, aber dabei die historischen und gesellschaftlichen Gesamtzusammenhänge ausblendet. Diese können in einer kritischen Soziologie, die über den traditionellen Marxismus hinausgeht, eingeholt werden, ausgehend von der These der reellen Subsumtion der Lohnarbeit. So werden Begriffe wie die Lohnarbeit aktualisiert, die beispielsweise an der Sorbonne noch vor einigen Jahren als überholt und marginal galten (Neumann, 2005). Es handelt sich gewissermaßen um eine symbolische Entwertung der marktförmigen Verwertung.

Die zweite Quelle der Kritik entspringt der (nicht nur) krisenbedingten Erosion der sozialen Normen, insbesondere der staatlichen Normen. Spektakuläre Beispiele aus dem Jahr 2009 sind die praktische Ausschaltung der US-Kontrollbehörde der Börse (z.B. der Fall Madoff, der ihr Vorsitzender war), die Emanzipation ganzer Kontinente von den Entwicklungskriterien des Internationalen Währungsfonds (Südamerika, Asien, Russland) oder die Aussetzung der Stabilitätskriterien der EU (also der grundlegenden Verträge von Maastricht bis Lissabon). Innerhalb Europas darf erinnert werden an die direkte Revolte gegen das staatliche Gewaltmonopol in Griechenland, an die Staatskrise in Island, an den französischen Bildungsstreik gegen die Umsetzung der Bologna-Reform, den potenziellen Staatsbankrott mehrerer Mitgliedsländer, die Abkommen mit den USA zur Ermittlung von «Steuersündern» usw. Einige dieser Phänomene könnten mit keynesianischen Konzepten angegangen werden im Sinne von Bankenkontrolle, Spekulationssteuern, Mindestlöhnen, Verstaatlichungen etc. Allerdings kann dieser Ansatz weder die Erosionserscheinungen des staatlichen Gewaltmonopols (Griechenland, Frankreich etc.) beantworten noch die Rationalisierungspolitik des Managements verhindern (wie der Fall General Motors / Opel belegt) noch die internationale Arbeitsteilung innerhalb der Globalisierung aufheben oder die subjektiven Widerstände gegen die Lohnarbeit steuern.

Die dritte Quelle der soziologischen Kritik liegt in der subjektiven Distanzierung, Demobilisierung, Depression, Flucht oder Widerständigkeit der Lohnarbeit selber begründet, die erneut sichtbare Formen annimmt. Diese Phänomene reichen heute vom demonstrativen Selbstmord am Arbeitsort bis zu massiven, psychischen Krankheitssymptomen, vom Ansatz der Selbstverwaltung der Produktion bis zur Verweigerung von Ministerialrichtlinien bei den französischen Grundschullehrern, vom wissentlichen Herunterfahren der Produktivität bis zum wilden Streik, vom anonymen Schreibatelier bei IBM bis zur satirischen Flugschrift gegen das Management bei Renault. Außerhalb der Betriebe belegen Umfragen und Demonstrationen ein durchaus skeptisches Verhältnis zum *Neuen Geist des Kapitalismus*. Auch die Bildungsstreiks tragen die Handschrift dieser subjektiven Abkehr von bedeutenden Teilen der Gesellschaft unter dem ironischen Leitmotiv «Wenn ich groß bin, werde ich Humankapital». Anders ausgedrückt ist die Krise der Normen auch eine der Normativität. Dieser Zusammenhang ist zuletzt 1968 oder 1989 im großen Stil fassbar geworden. Allerdings geht ein Teil dieser subjektiven Opposition auch in autoritären oder nationalistischen Bewegungen auf, in ganz Europa. Vieles deutet auf eine subjektive Korrosion der normativen Bestimmungen der kapitalistischen Globalisierung hin.

Alle drei Dimensionen der Kritik überlappen sich; sie greifen zuweilen ineinander. Logischerweise wird im Zuge dieser Erosionsentwicklung auch die Verwaltungstechnik des Workfare destabilisiert («Hartz IV»). In Frankreich wurde die entsprechende Reform des *Pôle emploi*[15] 2009 von der rapide ansteigenden Massenarbeitslosigkeit überrollt, wobei der Präsident des Beirates den Rücktritt des Agenturdirektors gefordert hat. In der Bundesrepublik steht die Hartz-Gesetzgebung auf dem

15 Pôle emploi: Seit 2009 der neue Begriff für die frz. Arbeitsagenturen.

Prüfstand. Die ursprüngliche angelsächsische Philosophie dieser Verfahren geht von einem liberalen Prinzip aus, wonach der Unterschied zwischen Angebot und Nachfrage auf dem Arbeitsmarkt für die Erwerbslosigkeit verantwortlich sei. Dementsprechend sollen sich die Arbeitssuchenden anpassen und weiterbilden, um rekrutierbar zu werden (*employability*). Bei Erwerbslosenraten bis zu 20% in einzelnen Ländern wie Spanien und insgesamt bei den unter Fünfundzwanzigjährigen in der EU wird auch in empirischer Hinsicht das klar, was kritische Soziologen seit Jahren festgestellt haben: Der Rationalisierungsprozess koppelt einen bedeutenden Teil der erwerbsfähigen Bevölkerung vom erfassbaren Arbeitsmarkt ab, ohne jede Aussicht auf eine grundlegende Umkehr dieser Entwicklung innerhalb des bestehenden Rahmens (Negt, 2001; Gorz/Vincent, 2001; Dörre et alii, 2009). Auch die Ausrichtung der Arbeitsagenturen auf ökonomische Verwertbarkeit stößt an klare moralische, subjektive und politische Grenzen, zuletzt durch das Urteil des Bundesverfassungsgerichts vom Februar 2010, wonach die abstrakte Festlegung der Sozialminima der menschlichen Würde widerspricht, also der demokratischen Verfassung entgegensteht. Die künstliche Trennung zwischen moralischen Konflikten und Arbeitswelt, zwischen Öffentlichkeit und Lohnarbeit, die Habermas und Honneth konzipiert haben (siehe Kap. 1.), wird hier vom Realitätsprinzip ausgehebelt.

Die Trennlinie zwischen unbefristeter und prekärer Beschäftigung verläuft nicht zwischen Großbetrieben und Randbereichen, sondern quer durch die Netzwerke der internationalen Großunternehmen. Insofern soll die Unterscheidung zwischen integrierten, prekären und marginalsierten Gruppen relativiert werden. Auch der scheinbare Gegensatz zwischen «interner» und «externer» Flexibilität der Arbeit wird längst von der Realität der Vermarktungsstrategien eingeholt. Betriebliche Rationalisierung, Nutzung prekärer Arbeitskräfte und öffentlich geförderte Maßnahmen greifen längst ineinander.

7.2. Kritik der Arbeit

Die soziale Organisation der Lohnarbeit kann nur noch auf einer globalen Ebene sinnvoll skizziert werden. Die materielle Grundlage hierfür ist die weitgehende Automatisierung der Industrieproduktion, die Informatisierung der Verwertungsprozesse und die Aufhebung einheitlicher Arbeitsnormen, deren Vorbild die Vollzeitbeschäftigung mit festen Arbeitszeiten an fünf Tagen nach Flächentarif oder gesetzlicher Festlegung war. Durch diese neue Situation können die Maschinen 24 Stunden am Tag laufen, aber nicht die Menschen. Durch die Abkoppelung der Produktionsrhythmen von den individuellen Arbeitszeiten, die durch diese Entwicklung ermöglicht wurde, konnte das Management zunächst eine flexible Zeitauslastung der Arbeitnehmer in den Großbetrieben organisieren. Die wöchentlichen Arbeitszeiten variieren hier zwischen 20 und über 60 Stunden, wobei auch längere saisonbedingte und konjunkturelle Wellenbewegungen in Zeiträumen von bis zu mehreren Jahren kalkuliert werden, nach denen sich die Menschen individuell und in Gruppen richten müssen. Diese komplexe Planung zur flexiblen Auslastung der Arbeitskräfte wird vorrangig von Großunternehmen genutzt, welche die Angst vor dem Verlust einigermaßen sicherer Arbeitsplätze in große Zugeständnisse der hier Beschäftigten umwandeln. Diese Großbetriebe, deren Markennamen jeder kennt, beschäftigen weniger Arbeiter und Angestellte als in den siebziger Jahren, aber sie mobilisieren eine sehr große Zahl von Arbeitnehmern, die dafür sorgen, dass der permanente Produktionsfluss nicht zum Stillstand kommt. Innerhalb der Großunternehmen werden so Zeitarbeiter, Teilzeitkräfte, zeitlich Befristete, Praktikanten und Azubis eingesetzt, die je nach Konjunkturlage schnell abgestoßen werden können, so geschehen im Rezessionsjahr 2009. Die Prekarität beginnt also in den integrierten Industriebetrieben und wird durch Aufträge an ausgelagerte Dienstleistungsbetriebe erweitert, vom Reinigungsdienst über Reparatur-, Marketing-, Informatik- oder Druckservices usw.

Die industrielle Verwertungskette hängt zudem von einem großen Kreis von Zuliefererbetrieben ab, die entweder vertraglich oder aus ökonomischer Abhängigkeit an die Großunternehmen angegliedert sind in Form von Klein- oder Mittelbetrieben, deren Personalplanung je nach Bedarf geregelt wird mit dem Rückgriff auf prekäre oder staatlich subventionierte Arbeitsverträge etc. Darüberhinaus sind Transportunternehmen, Informatikindustrien oder Dienstleister, Weiterbildungsunternehmen und weitere Sektoren an der globalen Organisation dieser Abläufe beteiligt. Hinzu kommen niedrig qualifizierte Jobs in Dienstleistungsbereichen, in der Gastronomie oder am Bau, die oft von Studierenden, Migranten oder Niedriglohngruppen zeitlich befristet ausgefüllt werden. Die Ökonomie ganzer Regionen in Europa hängt von der befristeten Rekrutierung von Migranten oder von prekären Arbeitskräften ab. Die meisten Erwerbslosen und der Hauptteil der 7 Millionen Hartz-IV-Empfänger (ALG II) sind übrigens nicht dauerhaft arbeitslos, sondern springen von einer Jobsituation zur nächsten. Insofern ist der Gesamtprozess außerhalb der Großbetriebe relativ instabil. Je weiter die Entfernung von den gewerkschaftlich beeinflussten Großunternehmen, desto größer sind die prekären Beschäftigungsformen, abgesehen vom öffentlichen Dienst. Auch junge Akademiker oder Facharbeiter können nicht sicher sein, eine qualifizierte Beschäftigung zu finden.

Am Ende dieser flexiblen Gesamtprozesse steht ein Ergebnis, nach dem nur noch die Hälfte der lohnabhängigen Menschen in Frankreich und der Bundesrepublik noch feste, unbefristete Arbeitsverträge haben, wenn die Arbeitssuchenden hinzugenommen werden (Neumann, 2005), Tendenz fallend. In den USA, Großbritannien oder Osteuropa ist dieser Anteil ohnehin noch geringer.

Alle mehr oder weniger prekären Gruppen werden jedoch weiter von einem organisatorischen Kern der multinationalen Unternehmen und ihrer Verwertungsstrategien polarisiert. Dieser Befund entspricht ganz dem von Brandt vorgeschlagenen Subsumtionsmodell, also der Unterwerfung aller gesellschaftlichen Arbeit und der Lebensbedingungen unter die «Erfordernisse kapitalistischer Verwertung» (Brandt, 1990, S.271). Naville und Vincent haben, ausgehend vom Begriff der reellen Subsumtion der Lohnarbeit bei Marx (siehe Kap. 1), den historischen Prozess nachverfolgt, der zur heutigen Form der Subsumtion der Arbeitsformen unter den globalen Kapitalismus geführt hat (siehe Kap.3). Industrialisierung und Massenproduktion haben die Grundlage geschaffen für einen allgemeinen Warenmarkt und die Transformation von produktiver Arbeit in Lohnarbeit und damit in abstrakte gesellschaftliche Arbeit. Nach dem Zweiten Weltkrieg hat diese Entwicklung in Form der Automatisierung der Produktion einen neuen Knotenpunkt gefunden, den Naville analysiert hat. Damit verbunden waren der rapide Ausbau von Transportsystemen, von komplexen Organisationsabläufen und die erweiterte Nutzung wissenschaftlicher Kenntnisse in ihrer technischen Anwendung. Daran schließt die Informatisierung an, die sowohl als Produktionstechnik, als Organisationstechnik und als Kommunikationsmittel Verbreitung findet, wie dies Vincent betont hat. Hier liegt die materielle, informationstechnische und kognitive Basis für die Beschleunigung globaler Verwertungsprozesse, von rasanten Tauschprozessen von der weltweiten Produktionsteilung über den Handel bis zur Börse und zur Finanzspekulation. Die globale gesellschaftliche Arbeitsteilung, die diesem Prozess zuarbeitet umfasst sowohl Migrationsströme, prekäre Gruppen, qualifizierte Berufe als auch klassische Industrieproletarier sowie Trader und Banker. Die angebliche Aufspaltung dieser unterschiedlichen Gruppen, die an verschiedenen Stellen und Zeitpunkten in zusammenhängenden Verwertungsprozessen arbeiten, ist ebenso irreführend wie naiv oder zynisch. In diesem Sammelsurium an mediengerechten Meinungen findet sich der falsche Gegensatz zwischen produktivem Kapital und Finanzkapital, die Gegenüberstellung von Leistungsträgern und Faulenzern (in Wirklichkeit marginalisierte LohnarbeiterInnen), industriellen und kognitiven Kapitalformen oder der konstruierte Widerspruch zwischen bürokratischer und flexibler Organisation. In Wirklichkeit existieren komplexe, hoch flexible Arbeitsorganisationen vor allem in stabilen, bürokratisch vorstrukturierten Unternehmen.

Eine kritisch orientierte Theorie der Lohnarbeit kann sich nicht auf die empirischen Symptome dieser sozialen Arbeitsteilung beschränken, will sie nicht in isolierenden Beobachtungen verharren, sondern sie sollte sich auf die globalen Zusammenhänge der Krise der Globalisierung fokussieren. Das schließt eine empirisch fundierte Sozialforschung nicht aus, aber es schärft den von Adorno angeregten Blick auf positivistische Untiefen und fordert eine kritische Theorie der Gesellschaft.

7.3. Arbeit der Kritik

Vor dem Hintergrund der globalen Krise des Kapitalismus tritt der Wandel bei den theoretischen Vorbildern hervor, die in diesem Buch thematisiert werden.

In der europäischen Nachkriegszeit ist die prinzipielle Kritik an der kapitalistischen Krisendynamik und der davon abhängigen Lohnarbeit eine Selbstverständichkeit, insbesondere in der französischen Arbeitssoziologie oder in der Frankfurter Schule, aber auch in der bürgerlichen Öffentlichkeit. Neoliberale, neokonservative, autoritäre, elitistische und individualistische Ansätze wie bei von Hayek erscheinen zum Zeitpunkt der Befreiung von Nazis und Faschisten als eine Absurdität. Allerdings wird im Kontext des Wiederaufbaus auch in den dominanten Strömungen des Marxismus oder des Keynesianismus die Identifizierung mit der Arbeit, mit der Technik und der industriellen Entwicklung oder dem Nationalstaat groß geschrieben.

Isolierte Kritiker wie Naville, Morin, Castoriadis oder Marcuse haben in den fünfziger Jahren nichts zu sagen. Mit dem globalen Effekt des Mai 68 stehen diese Autoren und Strömungen plötzlich im Zentrum der theoretischen Entwicklung an den Universitäten und Forschungseinrichtungen. Auch bei den Verlagen stehen diese Argumente hoch im Kurs, befeuert durch soziale, feministische und libertäre Bewegungen in allen Gesellschaftsbereichen.

Ende der siebziger Jahre dreht sich der Wind erneut, wobei einschlägige Soziologen oder Philosophen die prinzipielle Trennung von Arbeitswelt und Öffentlichkeit konzeptualisieren, darunter Touraine und Habermas. Das Proletariat wird als unpolitisches, kulturloses und sprachloses Objekt gekennzeichnet, z.B. durch Bourdieu, nachdem es kurz zuvor noch im marxistischen Zeitgeist als Menschheitsretter hochstilisiert worden war. In diese Zeit fällt die Umdeutung des explosiven Generalstreiks von 1968, an der zehn Millionen Lohnarbeiter beteiligt waren, zu einer rein kulturellen oder moralischen Revolte der Jugend gegen sexuelle Repression etc. Da der kapitalistische Markt und der bürokratisch verfasste Staat in den achtziger Jahren nicht mehr massiv kritisiert werden, ziehen sich viele Autoren auf den «kulturellen Wandel» zurück. Arbeit, Sprache und Handeln werden nicht verknüpft, sondern als Widerspruche konstruiert wie bei Habermas. In diesem internationalen Zusammenhang wird der kritischen Begriff der Lohnarbeit gemeinsam mit der marxistischen Doktrin gleichsam entsorgt, was im theoretischen Raum eine Art des soften Antikommunismus bewirkt. Dieser fällt Anfang der neunziger Jahre seinerseits schnell weg – gemeinsam mit der Berliner Mauer und der Sowjetunion.

Bereits Mitte der neunziger Jahre belegt die spontane Streikbewegung in Frankreich in rein empirischer Hinsicht, dass die Auflösung der Lohnarbeit in der These vom Ende der Geschichte eine hegelianische Illusion war, während die Zapatisten in Mexiko ihren Widerstand gegen die einheitliche Weltordnung des Westens anmeldeten und das Scheitern des Welthandelsabkommens in Seattle 1999 unter dem Motto «Eine andere Welt ist möglich» lief. Nun ist die radikale Kritik an der kapitalistischen Globalisierung zwar noch eine Randerscheinung, aber der Begriff der Lohnarbeit bzw. der sozialen Klassen taucht wieder in der Forschung auf. Zunächst wird die Lohnarbeit jedoch rein objektiv beschrieben, wie seit 1995 bei Castel, während der kritische Bezugsrahmen ausgeblendet wird. Bourdieu et alii mobilisieren hier die kulturellen, vor- oder nichtmarxistischen Muster der katholischen Arbeiterbewegung. Der moralische Hintergrund dieser Strömung ist eindeutig: Die Arbeit ist ein nötiges Übel und Leid, das ertragen werden muss, ein irdisches Jammertal, aber die Misere muss durch staatliche Fürsorge korrigiert werden (Sozialversicherung, öffentlicher Dienst). Die Lohnarbeiter sollen sich aber in ihr Schicksal fügen, zumal sie nicht in der Lage sind autonom zu handeln. Castel argumentiert gegen die Arbeiterselbstverwaltung, Bourdieu gegen die proletarische Öffentlichkeit wie oben gezeigt. In ähnlicher Art und Weise benutzt Boltanski den Ansatz von Max Weber, indem er den neuen Geist des Kapitalismus als problematische, aber alternativlose Weltsicht schildert. André Gorz bezieht sich auch auf diesen christlichen Hintergrund (Kap.4), aber in umgekehrter Form, als ewiger Grenzgänger und ironischer Provokateur.

Die aktuelle Krise aktiviert nun auch den kritischen Gehalt der bislang deskriptiv verwandten Begriffe Lohnarbeit, Geist des Kapitalismus etc. Die spektakuläre Erosion der sozialstaatlichen Normen, der organisatorischen und ideologischen Traditionen der europäischen Sozialdemokratie und der traditionellen Bildungssysteme trägt das übrige dazu bei, dass sich die kritische Distanzierung von der Vorstellungswelt der kapitalistischen Globalisierung und ihrer Agenturen radikalisiert, zumindet in gesellschaftlichen Teilbereichen. Wir stehen vermutlich erst am Anfang einer umfassenderen Entwicklung der kritischen Wiederaneignung theoretischer Bestände.

Die kritische Theorie der Lohnarbeit und des Subsumtionsmodells ist eines dieser Elemente.

Eine derart ambitionierte komplexe Theoriebildung ist nur als langfristiges Projekt denkbar. Diese Zeit mag die junge Generation aufbringen. Auch die vor 1968 geformten Charaktere politischer Intellektueller wie Morin oder Negt aktualisieren behutsam aber beharrlich ihre kritischen Argumentationen. Nur die leninistisch geprägten linken Intellektuellen, die nach dem Mai 68 bekannt wurden, haben diese Zeit scheinbar nicht. Hektisch arbeiten sie erneut an der «kommunistischen Hypothese», unter Umgehung der kritischen Theorien des zwanzigsten Jahrhunderts (Badiou, 2010). Im Zuge dieser Aufregung fühlen sich auch allerlei Vulgärmarxisten berufen, denen die kritischen Begriffe von Marx und Adorno zu kompliziert sind. Nicht die ideologischen Verirrungen und bürokratischen Praktiken des Parteimarxismus hätten die kritischen Positionen und emanzipatorischen Ansätze seit 1968 geschwächt, sondern autonome Intellektuelle wie Castoriadis, Foucault und Morin (Christofferson, 2009) meinen sie. Vermutlich handelt es sich in Zukunft weniger darum, das neoliberale Dispositiv zu dekonstruieren, das bis zu seiner Implosion nur noch machtgeschützt agieren kann, als die Theorie der Lohnarbeit vor ideologischen Identifizierungen, vor männlicher Hysterie und angstgeleiteten Kurzschlusshandlungen in Schutz zu nehmen. Der unaufhaltbare Aufwind kapitalismuskritischer Gesellschaftsinterpretationen wird vermutlich zu ähnlichen Verquickungen von politischen Interessen, Diskursen und Theorien führen wie in der Nachkriegszeit oder in den intellektuellen Legitimationsschlachten der Jahre1968 oder 1995, wie oben angerissen.

7.4. Arbeitswelt, Subjektivität, Öffentlichkeit

Die Kritische Theorie hat eine Subjektivität im Blick, die weder in der kapitalistischen Verwertung aufgeht noch im Geist des Kapitalismus, in seiner Arbeitsmoral, Weltsicht und seinen Institutionen. Weber thematisiert die subjektiven Motivationen, die es den Menschen ermöglichen, in einer rationalisierten Gesellschaft zu leben oder zu überleben, indem die protestantische Ethik und ihre praktischen Verlängerungen die nötige Askese und Selbstdisziplinierung einüben. Doch verliert er die überbordenden Aspekte der subjektiven Antriebe der Akteure aus den Augen, die sich nicht nach dem rationalen Rahmen richten, wie dies Adorno betont hat (Kap.1.1). Kein Mensch kann ohne das Lustprinzip leben. Marx begreift diese Elemente in seinen Essays zu den französischen Revolutionen, aber die konsequente Beschreibung der Kapitallogik liefert im Grunde keinen Anhaltspunkt, an welcher Stelle des Verwertungskreislaufs sich ein systemimmanentes kritisches Potenzial aufbauen kann. Die Widerstände gegen den Kapitalismus speisen sich vielmehr aus moralischen und kulturellen Ansichten, aus Vorstellungen von Gerechtigkeit oder gutem Leben, die außerhalb der Warenzirkulation liegen. Marx selber empört sich gegen die Ausbeutung, die Misere und die Unterdrückung im Namen der Ideale der Französischen Revolution – Freiheit, Gleichheit, Brüderlichkeit – ohne diese Position aus der Analyse der Kapitalakkumulation heraus zu entwickeln. Es ist nicht das Kapital an sich, das diese Widerständigkeit spontan erzeugt, wie das Negri vermutet. Weder die Analyse des Kapitals noch die Beschreibung der Motivationen, die dem Geist des Kapitalismus entsprechen, stellen die Frage in den Vordergrund, was mit den subjektiven Motiven geschieht, die nicht aufgehen in der Arbeit, im Kapitalzusammenhang, in der Zustimmung zu staatlichen und bürokratischen Normen, in der Rationalisierung.

Dieses kritische Potenzial ist von Habermas, Touraine oder Boltanski zwischen 1981 und 1999 umgangen worden im Rahmen der These Webers.

Es handelt sich um eine Art überschüssige Subjektivität der zur Lohnarbeit und zum zweckbestimmten Leben getriebenen Menschen, die allerlei Fantasie, Vorstellungskraft, utopische

Gehalt oder auch regressive Momente hervorbringt. Dieser subjektive Überschuss manifestiert sich überall dort, wo sich Menschen nicht mit den gesellschaftlichen Organisationsprinzipien identifizieren, also ihre Differenz, ihren Eigensinn, ihre nicht-identische Existenz vergegenwärtigen. Diese These zieht sich wie ein roter Faden von *der Negativen Dialektik* Adornos über *Geschichte und Eigensinn* (Negt/Kluge) und die *Critique du travail* (Vincent) bis zum *Crack capitalism* Holloways. Die Lohnarbeit befindet sich in einer permanenten Spannung. Die subjektive Überanpassung an die Anforderungen des Kapitals bildet den ersten Pol dieses Spannungsverhältnisses. Sie führt zur Selbstausbeutung, zur Selbstverneinung bis hin zum Selbstmord. Der Gegenpol dazu, die subjektive, kritische Distanzierung hingegen führt zum Konflikt oder auch zur sozialen Marginalisierung.

Insofern ist die Suche nach einem politischen Subjekt, die im Mittelpunkt der marxistischen Tradition stand, müßig. Ausgehend vom Industrieproletariat, das in den sozialstaatlichen Kapitalismus teilweise integriert wurde, ging die Suche nach der neuen Arbeiterklasse weiter über die Gruppe der Techniker und Ingenieure, über die Frauen, die Migranten, die Prekären, die kognitive Intelligenz usw. Kein politisches Subjekt, sondern nur handelnde Subjekte und Subjektivierungen in all diesen Gruppen der Lohnarbeit haben die Gesellschaft verändert. Die Fixierung auf das eine politische Subjekt entspricht auf der theoretischen Ebene einem hegelianischen Erbe der Geschichtsphilosophie. In praktischer Hinsicht beantwortet sie das verständliche Bedürfnis nach Übersichtlichkeit, klaren Frontstellungen und direkt erfahrbarer Solidarität.

Gerade die Bewegungen seit dem Mai 68 zeigen jedoch, dass gemeinsames Handeln dieser vielfältigen Gruppen und Menschen nicht von der jeweiligen konkreten Arbeitssituation abhängt, wie das Georges Friedmann unterstellt hat, sondern sich immer über eine gemeinsame Öffentlichkeit konstituiert. Im Mai 68 wurde dieser Raum durch die Besetzung des Quartier Latins durch die protestierenden Studierenden eröffnet. Die roten Fahnen waren keine Folklore, sondern ein Signal an die latent widerständigen Arbeiter und Angestellten, Frauen und Männer. Der Generalstreik hat sich über diese Gegenöffentlichkeit konstituiert. Auch die demokratische Revolution von 1848 hat sich an der öffentlichen Vorstellung der Menschenrechte und der Maxime der Freiheit und Gleichheit orientiert. Bereits im Vorspiel von 1830 argumentierten die Arbeiter in Paris, die niedrigen Löhne seien inakzeptabel, weil damit der Gleichheitsgrundsatz der republikanischen Verfassung verletzt werde. Nicht die Ausbeutung an sich führt zur demokratischen Revolution, sondern die Berufung auf ihre öffentlichen Werte.

Jacques Rancière, der dieses Beispiele in Erinnerung gerufen hat, und Negri berufen sich aber auf die immanenten Widersprüche des Kapitalismus, nicht auf die Einsprüche der Akteure, wenn sie eine historische Wende heraufbeschwören. Begriffe wie Öffentlichkeit, Gegenöffentlichkeit und proletarische Öffentlichkeit kommen in diesem Diskurs nicht vor. Dabei ermöglicht gerade der Bezug auf den öffentlichen Raum, die proletarische Erfahrung als etwas anderes zu verstehen als die identitäre Affirmation der Industriearbeiterschaft, die stolz auf die geleistete Arbeit ist. Proletarische Erfahrung ist nämlich die gleichsam sensible wie begriffliche Konfrontation mit den engen Grenzen der Gesellschaftsbeziehungen, die in der protestantischen Ethik und der Subsumtion der Lohnarbeit in allen Lebensbereichen angelegt sind. Diese Grunderfahrung ermöglicht eine sprachliche Verständigung, sobald sich ein Raum dafür öffnet, im Sinne der Bresche, von der Castoriadis und Morin reden. Die globale Krise produziert solche Räume mit hoher Wahrscheinlichkeit.

Biolines

Pierre Bourdieu (1930–2002), einer der bedeutendsten französischen Soziologen seit der Nachkriegszeit, Autor von Studien zur Vererbung des kulturellen Kapitals, zur Reproduktion sozialer Ungleichheiten durch die Schule und die Universitäten sowie zur Kunstsoziologie. In einer ländlichen Kleinbürgerfamilie in der Gegend Béarn geboren, steigt er zum Professor am Collège de France auf, bevor er ab 1995 seine akademische, sehr objektivierende Theorie an ein neues politisches Engagement anpasst, an der Seite der Streikenden und der Papierlosenbewegung.

Gerhard Brandt (1930–1987), vor seinem Freitod Direktor des Instituts für Sozialforschung in Frankfurt am Main von 1972 bis 1984. In diesem Rahmen Leiter empirischer Forschungsprojekte u.a. zur Einführung der Computer in die Produktion. Er hat ein an Marx und Sohn-Rethel angelehntes «Subsumtionsmodell» verfochten, dass sich nicht auf die konkrete Industrieproduktion beschränkt, sondern die marktförmigen Tauschbeziehungen der kapitalistischen Gesellschaft als Ganzes kritisiert.

Robert Castel, geboren 1933, stammt aus einer bretonischen Fischerfamilie. Zunächst Mitarbeiter und Mitstreiter von Michel Foucault in der antipsychiatrischen Bewegung sowie wissenschaftlicher Mitarbeiter bei Bourdieu. Politisch in der unabhängigen sozialistischen Partei PSU verortet, mit linkskatholischem Hintergrund. Veröffentlichungen zur Geschichte der Lohnarbeit, zur sozialen Prekarisierung und zur rassistischen Diskriminierung in Frankreich. Forschungsdirektor an der Ecole des hautes études en sciences sociales Paris.

Cornelius Castoriadis (1922–1997), Mitbegründer der politischen Gruppierung Socialisme ou Barbarie, in Dissidenz zur trotzkistischen Tradition der 4. Internationale. Schreibt in der gleichnamigen Zeitschrift der Gruppe bis zu ihrer Auflösung 1967 unter den Pseudonymen Chaulieu, Cardan oder Barjot, während er als Ökonom der OSZE in Paris arbeitet. Ab 1981 Forschungsdirektor an der Ecole des hautes études, werden seine Schriften zur Kritik des Stalinismus, zur Lage der dialektischen Philosophie und der Psychoanalyse einem kritischen Publikum unter seinem Geburtsnamen zugänglich.

Virginie Despentes, französische Schriftstellerin und Regisseurin, die in ihrem Essay ***King Kong Theorie*** einen «proletarischen Feminismus» vertritt.

Christine Delphy, geboren 1941, Forscherin am französischen CNRS und feministische Theoretikerin. Mitbegründerin der Zeitschrift ***Nouvelles questions féministes*** (erste Herausgeberin Simone de Beauvoir). Verteidigt einen materialistischen Feminismus, der das Patriarchat als eigene und vorrangige Ausbeutungsform betrachtet im Unterschied zur marxistischen Tradition Frankreichs. In den letzten Jahren radikalisiert sie diese Position in Richtung differentialistischer Argumente in Frontstellung gegen die Soziologie Bourdieus, den Marxismus und die republikanische Doktrin (z.B. im Sinne der offensiven Verteidigung der religiös motivierten Verschleierung).

Georges Friedmann (1902–1977), Mitbegründer der Arbeitssoziologie in der Nachkriegszeit. Bis in die fünfziger Jahre militanter Stalinist, dann politischer Rückzug auf das soziologische Feld der Humanisierung der Arbeitsbeziehungen und Orientierung an der sozialchristlichen Gewerkschaftsströmung. Zahlreiche Studien und Bücher zur betrieblichen Arbeitsorganisation u.a. über nordamerikanische Managementtechniken.

André Gorz (1923–2007), unter dem Namen Gerhard Hirsch in Wien geboren, nach der Konvertierung seines jüdischen Vaters zum Katholizismus Gérard Horst. Journalist unter dem Pseudonym Michel Bousquet, politischer Essayist und Sozialtheoretiker unter seinem Schriftstellernamen André Gorz. In der Nachkriegszeit Freundschaft mit Sartre, bis Anfang der siebziger Jahre Mitglied seiner Zeitschrift ***Les Temps modernes***. Verfechter der Arbeiterautonomie. Nach dem Tod Sartres 1980 Bruch mit den Parteimarxisten und Hinwendung zur politischen Ökologie.

John Holloway, geboren 1947 in Irland, marxistische Ausbildung, heute Professor für Sozialwissenschaften an der Universität Puebla (Mexico). Nach 1994 Theoretiker der neozapatistischen Bewegung. Schriften zur politischen Autonomie, zur Kritik des Parteimarxismus und zum von Marx entliehenen Begriff der abstrakten Arbeit.

Siegfried Kracauer (1889–1966), Freund und Wegbereiter der angehenden Frankfurter Schule. Wegen der Nazis Exil in den USA, Tod in New York. Journalist, Schriftsteller und kosmopolitischer Intellektueller. Autor wegweisender Studien über die deutschen Angestellten, das expressionistische Kino und über die Literaturform des Kriminalromans.

Henri Lefèbvre (1901–1991), Philosoph, Soziologe, Staatstheoretiker und Urbanist. Nach dem Bruch mit der KPF Theoretiker der gesellschaftlichen Selbstorganisation auf allen Ebenen. Als Leiter der soziologischen Fakultät in Nanterre bei Paris Wegbereiter des Mai 68. In seinem Hauptwerk über die Kritik des Alltags weist er den Zusammenhang zwischen kapitalistischer Gesellschaftsorganisation, moderner Städteplanung und der Alltagsorganisation nach.

Serge Mallet (1927–1973), marxistischer Arbeitssoziologe aus dem Umkreis von Pierre Naville. Mitte der fünfziger Jahre in Dissidenz zur KPF, später leitende Figur der PSU. Autor der ***Neuen Arbeiterklasse*** und anderer Schriften, die in den siebziger Jahren die Neue Linke geprägt haben. Freitod.

Edgar Morin, geboren 1921, bedeutender Soziologe der Nachkriegszeit. Im Widerstand gegen die Nazibesatzung; Mitglied der KPF, die er nach der sowjetischen Niederschlagung der ungarischen Räterevolution 1956 offen verurteilt und kritisiert. 1968 Veröffentlichung der ***Bresche*** gemeinsam mit Cornelius Castoriadis und Hinwendung zur politischen Ökologie. Schriften zur Kultursoziologie, später Auseinandersetzung mit dem französischen Rationalismus und Strukturalismus in Anlehnung an die kritische Theorie. Hauptwerk in fünf Bänden: ***La Méthode***.

Pierre Naville (1904–1993), Mitbegründer der Arbeitssoziologie in der Nachkriegszeit in Zusammenarbeit mit Georges Friedmann, später Forschungsdirektor am CNRS (Centre national de la recherche scientifique). Politische Erfahrungen in der surrealistischen Bewegung, in der antibürokratischen Linken und während Trotzkis Aufenthalt in Frankreich um 1936. In den sechziger Jahren herausragender Intellektueller des linken Flügels der unabhängigen Sozialisten (PSU). Theoretisches Hauptwerk in 5 Bänden : ***Le nouveau Léviathan***.

Oskar Negt, geboren 1934 in der Nähe des heutigen Kaliningrad (Königsberg). Promotion bei Theodor W. Adorno, Assistent von Habermas, Professor und Gründer des Instituts für Soziologie Hannover. Theoretiker der alternativen Gewerkschaftsbildung, der proletarischen Öffentlichkeit und der Gegenöffentlichkeit (in Assoziation mit Alexander Kluge). Orientierung an Rosa Luxemburg, Ausschluss aus der SPD wegen Linksradikalismus, später Berater der ersten rot-grünen Bundesregierung; heute Besinnung auf die Notwendigkeit einer außerparlamentarischen Bewegung. Gesamtausgabe der Werke bei Steidl, Göttingen.

Toni Negri, geboren 1933, politischer Philosoph, Theoretiker und Mitbegründer des italienischen Operaismus in den sechziger Jahren. Bis in die siebziger Jahre militanter Leninist, dann politisches Exil in Paris. In den achtziger und neunziger Jahren Professor an der Universität Vincennes-Paris 8. Mitarbeit an der Zeitschrift ***Futur antérieur***. 1998 Rückkehr nach Rom, Gefangenschaft und Beginn der Veröffentlichungen zur Thematik der Multitude. Mitherausgeber der gleichnamigen Zeitschrift bis 2009.

Jacques Rancière, 1940 in Algerien geboren, das damals zum französischen Kolonialreich gehörte. Marxistischer Philosoph aus dem – um das Jahr 1968 – Umkreis des KPF-Dissidenten Louis Althusser, veröffentlicht Bücher zum ersten Band des Kapitals. In Frontstellung zur Kritischen Theorie, zum Trotzkismus und zu dialektischen Strömungen, die Jean-Marie Vincent zusammenführt in ***Contre Althusser***. Heute emeritierter Professor der Universität Vincennes Paris 8, Schriften zur Lage der Linken, der Demokratie und des Kommunismus.

Lucia Sagradini, geboren 1973 im Verwaltungsdistrikt Buenos Aires, Pariser Kultursoziologin. Arbeiten zur posttraumatischen Überwindung der südamerikanischen Militärdiktaturen und zum internationalen Vergleich der Gegenöffentlichkeit in Nordamerika, Südamerika und der EU. Mitherausgeberin der Zeitschrift ***Variations***.

Alfred Sohn-Rethel (1899–1990), geboren in Neuilly (Paris), Philosoph, Ökonom und Industriesoziologe. 1936 Begutachtung seiner Arbeiten durch Walter Benjamin im Auftrag des Instituts für Sozialforschung, das seine Aufnahme schlussendlich verweigert, danach Leben in England. Erst Ende der siebziger Jahre Ernennung zum Professor an der Universität Bremen. Wegweisende Veröffentlichungen zur Kritik der Warenform und der kapitalistischen Dynamik.

Alain Touraine, zunächst Schüler, dann moderater Kritiker von Georges Friedmann. Bekannt geworden durch seine Studien zum Arbeiterbewusstsein von Pariser Automobilarbeitern. In den sechziger Jahren Weggefährte der unabhängigen Sozialisten (PSU), nach 1968 Stichwortgeber der neuen sozialen Bewegungen. Heute Interviewpartner von Ségolène Royal, der gescheiterten Anwärterin auf das Amt des französischen Staatspräsidenten. Forschungsdirektor und Autor zahlreicher Bücher zur Handlungssoziologie.

Jean-Marie Vincent (1934–2004), geboren in Nancy unweit der deutsch-französischen Grenze. Zweisprachig aufgewachsener politischer Intellektueller, nach dem Mai 68 Begründer und Leiter des politikwissenschaftlichen Instituts der Universität Vincennes. Autor des ersten Standardwerkes zur Frankfurter Schule in Frankreich und theoretischer Widersacher des Parteiintellektuellen der KPF Louis Althusser. Nach dem Krieg militanter Trotzkist, bis 1967 Herausgeber der Parteizeitung des PSU, ***Tribune socialiste***. Konfrontation mit der 4. Internationale wegen seiner Ablehnung des sowjetischen Einmarsches in Afghanistan (1979), Parteiaustritt und kritische Aufarbeitung des westlichen Marxismus im Sinne einer Kritik der Arbeit. Herausgeber der Zeitschriften ***Futur antérieur*** und ***Variations***. Dialog und Veröffentlichungen mit André Gorz, Toni Negri und Elmar Altvater.

Bibliografie

Adorno, Theodor, *Studien zum autoritären Charakter*, Suhrkamp, 1995.
Adorno, Theodor, *Minima Moralia. Reflexionen aus dem beschädigten Leben*, Suhrkamp, 1951.
Adorno, «Gruppenexperiment. Ein Studienbericht bearbeitet von Friedrich Pollock.», in: *Frankfurter Beiträge zur Soziologie*, 2, Suhrkamp, 1955.
Adorno, «Gesellschaft», in: Institut für Sozialforschung (dir.), *Soziologische Exkurse*, Europäische Verlagsanstalt, 1957a.
Adorno, «Soziologie und empirische Forschung, in: Institut für Sozialforschung, Soziologische Exkurse, EVA, 1957b.
Adorno, «Einleitung zu Emile Durkheim» (préface), in: Emile Durkheim, *Soziologie und Philosophie*, Suhrkamp, 1976.
Adorno, «Freizeit», in: *Kulturkritik und Gesellschaft II*, Suhrkamp, 1997a.
Adorno, «Empirische Sozialforschung», in: *Soziologische Schriften II*, Suhrkamp, 1997b.
Adorno, «Teamwork in der Sozialforschung», in: *Soziologische Schriften I*, Suhrkamp, 1997c.
Adorno, «Meinungsforschung und Öffentlichkeit», in: *Soziologische Schriften I*, Suhrkamp, 1997d.
Adorno, «Meinung, Wahn, Gesellschaft», in: Kulturkritik und Gesellschaft II, 1997 e.
Adorno, «Marx und die Grundbegriffe der soziologischen Theorie», in: Backhaus, *Dialektik der Wertform*, Ed.ça ira, 1997f.
Adorno, *Negative Dialektik*, Gesammelte Schriften, Suhrkamp, 1997.
Adorno, *La personnalité autoritaire*, Allia, Paris, 2007.
Adorno/Horkheimer, *Dialektik der Aufklärung*, Fischer, 1944/1990.
Albert, Michel, *Capitalisme contre capitalisme*, Seuil, Paris, 1992.
Albertani (9/2003), «Toni Negri et la déconcertante trajectoire de l'opéraisme italien», in: *A contretemps* N.13, Paris,
Altemeyer, Bob, *The Authoritarian Specter*, Harvard University Press, 1996.
Altemeyer, Bob, *Ennemies of freedom*, Ed. J. Bass, 1988.
Arendt, Hannah, *Condition de l'homme moderne. Vita Activa*, Calman-Lévy, 1961.
Arlt/Nehls (Dir.), *Bündnis für Arbeit. Konstruktion, Kritik, Karriere*, Westdeutscher Verlag, 1999.
Backhaus, Hans-Georg, *Dialektik der Wertform*, Ed. ça ira., Freiburg, 1997.
Badiou, Alain, Hg., *L'idée communiste*, Ed. Lignes, 2010.
Bartelheimer/Moneta, *Der Kampf für 35 Stunden*, ISP, 1984.
Beaudelot/Gollac, *Travailler pour être heureux? Le bonheur et le travail en France*, Fayard, 2003.
Beaud/Pialoux, *Retour sur la condition ouvrière*, Fayard, 1999.
Beaud/Weber, *Guide de l'enquête de terrain*, La Découverte, 2003.

Beck, Ulrich, *Risikogesellschaft*, Suhrkamp, 1987/2008.
Bergmann/Dabrowski, *Krise und Krisenerfahrungen. Einschätzungen und Deutungen von Betriebsräten und Vertrauensleuten*, VSA, 4/2002.
Bergmann, Joachim (Dir.), *Beiträge zur Soziologie der Gewerkschaften*, Suhrkamp, 1979.
Bertho, *Le temps des émeutes*, Fayard, 2009.
Bispinck, Reinhard, *Kontrollierte Dezentralisierung. Eine Analyse der tariflichen Öffnungsklauseln in 80 Tarifbereichen*, WSI, 2004.
Bloch, Ernst, *Das Materialismusproblem, seine Geschichte und Substanz*. Suhrkamp Verlag, 1972.
Boltanski/Chiapello, *Le nouvel esprit du capitalisme*, Gallimard, 1999.
Boltanski, Luc, *Les cadres. La formation d'un groupe social*, éditions de inuit, 1982.
Bourdieu, Pierre, *La domination masculine*, Seuil, 2002.
Bourdieu (Dir.), *La misère du monde*, Seuil, 1993/2000.
Bourdieu/Passeron, «Tod und Wiedergeburt der Philosophie ohne Subjekt», in: Lepenies (Dir.), *Geschichte der Soziologie*, Suhrkamp, 1977/1981.
Bourdieu, *La Distinction*, Ed. de Minuit, 1979.
Bourdieu, *Noblesse d'Etat*, Paris, Ed. de Minuit, 1978.
Bourdieu, *Algérie 60. Structures économiques et structures temporelles*, Minuit, 1977.
Bourdieu, «La délégation et le fétichisme politique», in: *Actes de la recherche en sciences sociales*, N.52/53, 1984.
Brandt, Gerhard, *Arbeit, Technik und gesellschaftliche Entwicklung*, Hg. D.Bieber, Suhrkamp, 1990.
Brumlik, Micha, *Sigmund Freud. Der Denker des 21. Jahrhunderts*, Beltz, 2006.
Brumlik, «Rechtsradikalismus – Protest zwischen Traditionalismus und Desorientierung», in: Jansen (Hg.) *Rechtsradikalismus – Politische und sozialpsychologische Zugänge*,1992.
Cahiers du genre – Kollektiv, «Recherches en gender, cultural, queer studies, CNRS, 2005.
Castel, Robert, *Entretien*, Vacarmes N.40, Paris, 2007.
Castel, «Travailler plus pour gagner quoi?», Le Monde, 9.7.2008.
Castel, Robert, *Les métamorphoses de la question sociale. Une chronique du salariat*, Fayard, 1995.
Castel, L´insécurité sociale: qu´est-ce qu´être protégé?, Éd. du Seuil, 2003.
Castel, *La discrimination négative*, Seuil, 2007.
Castel, *La montée des incertitudes: Travail, protections, statut de l'individu*, Ed. du Seuil, 2009.
Castoriadis, Cornelius, *L´institution imaginaire de la société*, Seuil, 1975.
Castoriadis (1974), *L´expérience du mouvement ouvrier*, Gallimard 10/18, Paris.
Castoriadis, *Tome 1: Comment lutter*, Gallimard, 1974a.
Castoriadis, *Tome 2: Prolétariat et organisation*, Gallimard, 1974b.
Castoriadis/Morin/Lefort, *Mai 68: La brèche*, Fayard, 2008.

Cautres/Mayer (Hg.), *Le nouveau désordre électoral*, Presses de la fondation nationale de sciences politiques, 2004.
Christofferson, Michael, *Les intellectuels contre la gauche*, Agone.
Cingolani, Patrick, *Les sociologues, la République et la politique*, La Dispute, 2003.
Claussen, Detlev, Adorno, ein letztes Genie, Fischer, 2003.
Claussen, «Kann kritische Theorie vererbt werden?», in: Freytag (Hg.), Arbeit und Utopie, Online Verlag, 2004.
Code du travail, éditions PRAT, 2005.
Collin/Brun, *Le travail, et après*, L'Harmattan, 1972.
Coutrot, Thomas, *Critique de l'organisation du travail*, La Découverte, 2003.
Crozier/Friedberg, *L'acteur et le système*, Seuil, 1977.
Dahrendorf, Ralf, Nachwort zu: Max Weber, *Politik als Beruf*, Reclam, 1992.
Dejours, Christophe, *Souffrance en France*, Seuil, 1998.
Demiroviç, Alex, *Der nonkonformistische Intellektuelle. Die Entwicklung der Kritischen Theorie zur Frankfurter Schule*, Suhrkamp, 1999.
Delphy, Christine, *L'ennemi principal*, Syllepse, 2002, 2009.
Despentes, Virginie, *King Kong Theorie*, Grasset, 2006, (dt. Fassung 2009, BtV).
Despentes, *Baise moi – Fick' mich*, Rowohlt, 2009.
Deutschmann, Christoph, *Postindustrielle Industriesoziologie*, Juventa Verlag, 2002.
Devreux, Anne et alii, «La critique féministe et la domination masculine», in: *Mouvements* N. 24, 2002.
Dörre/Lessenich/Rosa, *Kapitalismus, Soziologie, Kritik*, Suhrkamp, 2009.
Durand, Claude, *Le travail enchainé*, Seuil, Paris, 1978.
Durand/Dubois, La grève, Presses de la Fondation nationale des sciences politiques, 1975.
Düll, *Industriesoziologie in Frankreich*, EVA, 1971
Elias, Norbert, *Über den Prozess der Zivilisation. Soziogenetische und psychogenetische Untersuchungen,* Erster Band, Suhrkamp, 1980.
Elias, *Über die Zeit*, Suhrkamp, 1988.
Fahrenberg/Steiner, «Adorno und die autoritäre Persönlichkeit», in: *Kölner Zeitschrift für Soziologie und Sozialpsychologie* N.56, S.127–152, 2004.
Fetscher, Iring, «Die politisch-moralische Wende», *Frankfurter Hefte/ Die neue Gesellschaft*, 8/1984.
Ford, Henry, *Mein Leben und Werk*, Deltus Verlag, 1922/2008.
Fraser, Nancy, *Qu'est-ce que la Justice?,* (Einleitung Estelle Ferrarese), La Découverte, 2005.
Fraser/Honneth, *Umverteilung oder Anerkennung? Eine politisch-philosophische Kontroverse,* Suhrkamp, 2003.
Fraser, Nancy, «Repenser l'espace public. Une contribution à la critique de la démocratie réellement existante», in: Renault/Sintomer, *Où en est la théorie critique?,* La Découverte, 2003.
Fraser, Nancy, «Whats critical about Critical Theory? The case of Habermas and gender», *New German Critique* N.35, University of Wisconsin, 1985, S.97–131.

Freud, Sigmund, *Hemmung, Symptom und Angst*, Fischer, 1992.
Freud, *Das Unbehagen in der Kultur*, Fischer, 1994.
Freud, *Massenpsychologie und Ich-Analyse*, Gesammelte Werke, XIII, Fischer, 1972.
Freud, *Hemmung, Angst und Symptom*, Fischer, 1992.
Freyssinet, Jacques, *Le temps de travail en miettes. Vingt ans de politiques publiques et de négociations collectives,* Ed. de l'Atelier, 1997.
Friedeburg, Ludwig von, *Soziologie des Betriebsklimas: Studien zur Deutung empirischer Untersuchungen in industriellen Grossunternehmen*, Frankfurter Beiträge zur Soziologie 13, EVA 1963.
Friedmann/Naville, *Traité de sociologie du travail*, 2 tomes, 1961.
Friedmann, *Où va le travail humain?* Gallimard, 1963.
Friedmann, *Le Travail en miettes*, Gallimard, 1964.
Friedmann, Hrsg., *L'heure du choix*, 1947.
Frisch-Gauthier, *La colombophilie chez les mineurs du Nord*, CNRS, 1961.
Fromm, «La caractérologie psychanalytique et sa signification pour la psychologie sociale», in: *La crise de la psychanalyse*, Anthropos, 1932/1970.
Fromm, *Arbeiter und Angestellte am Vorabend des Dritten Reiches,* 1980.
Fromm, *Escape from Freedom*, Nery Holt and Company, 1969
Fromm, *Sigmund Freuds Psychoanalyse*, DTV, 1990.
Fürstenberg, Friedrich (Hg.), *Zeit als Strukturelement von Lebenswelt und Gesellschaft*, Universitätsverlag R. Trauner 1986.
Gaulejac, Vincent de, *La société malade de la gestion*, Seuil, 2006.
Geiger, Manfred, *Die Verlorenen der Arbeitsgesellschaft*, LIT, 2004.
Glissmann, Wilfried, «Ökonomik der Maßlosigkeit und die Frage der Gesundheit?», in: Pickshaus/Schmitthenner/Urban: *Arbeiten ohne Ende. Neue Arbeitsverhältnisse und gewerkschaftliche Arbeitspolitik*, VSA, 2001.
Gollac/Volkoff, *Les conditions de travail*, La Découverte, 2000.
Gorz, André, *Misères du présent, richesses du possible*, Galilée, 1997.
Gorz, *L'Adieu au prolétariat,* Seuil, 1980.
Gorz, *Les Chemins du Paradis. Agonie du capital*, Galilée,1983.
Gorz, *Métamorphoses du travail, quête du sens*, Galilée, 1988.
Gorz, *Stratégie ouvrière et néocapitalisme*, Seuil, 1964.
Gorz/Vincent, «Dialogue avec J.M. Vincent», *Variations* 1, Syllepse, 2001.
Gorz/Mandel/Vincent, *Frankreich 68*, EVA 1969.
Habermas, Jürgen, *Theorie des kommunikativen Handelns* (Vol.I u. II), Suhrkamp, 1981.
Habermas, *Strukturwandel der Öffentlichkeit*, Suhrkamp, (1962) 1990.
Habermas, *Zur Rekonstruktion des Historischen Materialismus*, Suhrkamp, 1976.
Habermas/Honneth (Dir.), *Arbeit, Handlung, Normativität*, Suhrkamp, 1981.
Hai Hac, Tran, *Introduction à l'économie de Marx*, La Découverte, Paris.

Hälker, Juri, *Betriebsräte in Rollenkonflikten. Betriebspolitisches Denken zwischen Co-Management und Gegenmacht,* Rainer Hampp Verlag, 2004.
Hatzfeld, Nicolas, *La chaîne et le réseau*, Ed. Page deux, 2002.
Hegel, G.W.F., *Phänomenologie des Geistes*, Reclam, 1807/1987.
Heinrich, Michael, *Kritik der politischen Ökonomie*, Schmetterling Verlag, 2009.
Hielscher, Volker, *Entgrenzung von Arbeit und Leben? Die Flexibilisierung von Arbeitszeiten und ihre Folgewirkungen für die Beschäftigten*. WZB-Discussion-Paper, Nr. FS II 00–201, 2000.
Hirata, Helena, «Division sexuelle et internationale du travail», in: *Futur antérieur*, 2003.
Hirata/Senotier, *Femmes et partage du travail*, Syros, 1995.
Hirschmann, Albert, *Défection et prise de parole*, Fayard, 1995.
Holloway, John, *Crack capitalism*, Pluto Press, 2010.
Honneth, Axel, *Der Kampf um Anerkennung*, Suhrkamp,1994.
Horkheimer/Fromm/Marcuse et alii, *Studien zu Autorität und Familie*, Dietrich zu Klampen Verlag, 2006.
Horkheimer/Adorno, «Vorurteil und Charakter», in: Adorno, *Soziologische Schriften II*, Suhrkamp, 1952/1997, S. 360–373.
Horkheimer/Adorno, «Kulturindustrie, Aufklärung als Massenbetrug», in: Dialektik der Aufklärung, Fischer, 1944/1990, S.128–71.
Huster, Ernst-Ulrich, *Determinanten der westdeutschen Restauration 1945–1949*, Suhrkamp, 1972.
Jahoda/Lazarsfeld, *Die Arbeitslosen von Marienfeld*, Suhrkamp, 2007.
Kergoat, Danièle, *Les femmes et le travail à temps partiel*, La documentation française, 1984.
Kergoat, *La coordination des infirmières*, La Breche, 1987.
Kotthoff/Reindl, *Die soziale Welt kleiner Betriebe*, Otto Schwarz & Co, 1990.
Kracauer, Siegfried, *Die Angestellten*, Suhrkamp, (1929) 1971.
Kühl, Stefan, *Arbeits- und Industriesoziologie*, Transcript Verlag, 2004.
Langfeldt, Bettina, *Subjektorientierung in der Arbeits- und Industriesoziologie*, VS Research, 2009.
Laplanche, *Vocabulaire de la psychanalyse*, PUF, 2002.
Lebaron, Fréderic, *Le décembre des intellectuels francais*, Seuil, 1996.
Lederer/Schmidt, *Autoritarismus und Gesellschaft*, Lekse und Budrich, 1995.
Lefebvre, Henri, *L'idéologie structuraliste*, Seuil, 1971.
Lefebvre, *La vie quotidienne dans le monde moderne*, Gallimard,1968.
Lefebvre, *Critique de la vie quotidienne*, Vol.I, L'Arche, 1953.
Lefebvre, *Critique de la vie quotidienne*, Vol. II, L'Arche, 1961.
Lefebvre, Mai 68, l'irruption de Nanterre au sommet, Syllpese, 1968/1998.
Lefebvre, Georges, *La grande peur de l'an 1789*, Armand Collin, 1988.
Lefèvre, Wolfgang, *Zum historischen Charakter und zur historischen Funktion der Methode bürgerlicher Soziologie*, Suhrkamp, 1971.
Le Goff, Jean Pierre, *Les illusions du management*, La Découverte, 2000.

Le Goff, *La barbarie douce. La modernisation des entreprises et des écoles*, La Découverte, 1999.
Le Rider, Jacques, *L'allié incommode*, éditions de l'Olivier, 2007.
Lehndorff/Urban (Hg.), *Wiederaneignung der Zeit. Elemente einer neuen Regulation*, VSA, 4/2000.
Linhart, Danièle, *Travailler sans les autres?*, Seuil, 2009.
Linhart, *La modernisation des entreprises*, La Découverte, 1994.
Linhart, Robert, *L'établi*, Gallimard, 1978.
Lipietz, Alain, *La société en Sablier. Le partage du travail contre la déchirure sociale*, La Découverte,1998.
Löwy, Michael, *Utopie et rédemption*, PUF, 1987.
Lohmann, Georg: «Gesellschaftskritik und normativer Masstab». in: Honneth (Dir.), *Arbeit, Handlung und Normativität*, Suhrkamp, 1980.
Lukaçs, Georg, *Histoire et conscience de classe*, Ed. de Minuit, 1962.
Luther, Martin, «De la liberté du chrétien»; «Sincère admonestation à tous les chrétiens pour qu'ils se gardent de la révolte», in: *Œuvres*, Pléiade, 1999.
Madjarian, Grégoire, *Conflits, pouvoirs et société à la Libération*, UGE, 1980.
Mallet, Serge, *La nouvelle classe ouvrière*, Seuil, 1963.
Maruani, Margaret, *Les mécomptes du chômage*, Bayard, 2002.
Marx/Engels, *Manuskripte und redaktionelle Texte zum dritten Buch des Kapitals 1871–95*, MEGA II/14, Akademie Verlag Berlin, 2003.
Marx, Karl, *Das Kapital. Kritik der politischen Ökonomie* (Vol. I–III), MEW, Dietz, 1867/1979.
Marx, *Grundrisse einer Kritik der politischen Ökonomie*, MEW N.21, Dietz, 1979.
Marx, *Resultate des unmittelbaren Produktionsprozesses*, Frankfurt, 1971.
Marx, *Kritik des Gothaer Programms*, Dietz, 1986.
Mathieu, Lilian, «Prostituées et féministes en 1975 et 2003», in: *Travail, genre et sociétés* N.10, 2003.
Méda, Dominique, *Le temps des femmes. Pour un nouveau partage des rôles*, Flammarion, 2001.
Michelat, Guy, *Les ouvriers et la politique. Permanences, ruptures, réalignements*, Presses de la Fondation nationale de sciences politiques, 2004.
Michels, Roberto, *Zur Soziologie des Parteiwesens in der repräsentativen Demokratie*, Kröner, 1911/1957.
Moldaschl/Voss, Hg., *Subjektivierung von Arbeit*, Rainer Hampp Verlag, 2003.
Moneta, Jakob, *Die Streiks der IG Metall*, ISP, 1984.
Morin, Edgar, *La Méthode*, 5 Bände, Seuil, 2009.
Morin, «Pour une anthropolitique», Interview mit A. Neumann und W. Graf, in: *Variations, revue internationale de théorie critique* N. 9–10, 2008, 2008.
Morin/Lefort/Naville/Mallet, *Marxisme et sociologie*, Etudes et documentation internationales, CCES N. 34, 1963.
Moulier-Boutang, Yann, Le capitalisme cognitif, Ed. Amsterdam, 2007

Mouriaux, René, «Le vote ouvrier en France», *Regards sur l'actualité*, La Documentation française, 2/2003.
Mouriaux, *Le syndicalisme en France depuis 1945*, La Découverte, 1994.
Müller-Jentsch, Walther, *Soziologie der industriellen Beziehungen*, Frankfurt, 1986.
Naville, Pierre, *De l'aliénation à la jouissance. Genèse de la sociologie du travail chez Marx et Engels*, Anthropos, 1957.
Naville, *Le salaire socialiste* (2 Bände), Anthropos, Paris, 1970.
Naville, *Vers l'automatisme social?*, Gallimard, 1957.
Naville, *La classe ouvrière et le régime gaulliste*, EDI, 1964.
Naville, *Sociologie et logique: esquisse d'une théorie des relations*, PUF, 1982.
Naville, *La maîtrise du salariat*, Anthropos, 1984.
Negri/Hardt, *Empire*, ed. Exils, 2000.
Negri, *Il domninio y el Sabagio. Sul metoda marxista della transformazione soziale*, Feltrinelli, 1978.
Negri, Editorial, *Classe operaia* N.1, 1964
Negri/Vincent, «Paradoxes autour du travail» in *Futur antérieur* 10, 1992.
Negt, Oskar, *Wozu noch Gewerkschaften?*, Steidl, 2004.
Negt, *Kant und Marx*, Steidl, 2003.
Negt, *Arbeit und menschliche Würde*, Steidl, 2001.
Negt, «Tendenzen der autoritären Leistungsgesellschaft», in: (ders.): *Keine Demokratie ohne Sozialismus*, Suhrkamp, 1976.
Negt, *Soziologische Phantasie und exemplarisches Lernen*, EVA, 1971.
Negt/Kluge, *Geschichte und Eigensinn*, Zweitausendundeins, (1981) 2001.
Negt/Kluge, *Öffentlichkeit und Erfahrung*, Suhrkamp, 1972.
Negt, *L'espace public oppositionnel*, Payot, 2007.
Neumann, *Conscience de casse. La sociologie de l'Ecole de Francfort*, ed; Variations, 2009.
Neumann, «Das Modernisierungsprojekt des Managements und die Frage der gewerkschaftlichen Gegenmacht», in: Friedberg/ Schönbauer (Dir.), *Strategien der Macht*, éd. AK, Vienne, 2002.
Neumann, «Noch 35 Stunden bis zur Freiheit?», in: Steffen Lehndorff (Dir.), *Wiederaneignung der Zeit*, éd. VSA, 4/2000.
Neumann, «L´expérience, le concept, l´imprévu», in: Multitudes, Nr. 39, 2009.
Neumann, «Espace public oppositionnel, subjectivité rebelle, travail vivant». in: Oskar Negt, *L'espace public oppositionnel*, Payot et Rivages, 2007.
Neumann, «La Ruhr ouvrière entre réveil et reprise. L´exemple des usines Opel à Bochum», *Mouvement,s* Nr. 38, La Découverte, 3/2005.
Neumann, «Les mains dans le travail, la tête ailleurs? Le salariat entre sphère privée, entreprise et espace public», *Les cahiers Georges Friedmann*, CNRS, 9/2003.
Neumann, «Le sort des 35 heures allemandes. Une critique de la flexibilité», in: Claude Durand (Dir.) *Temps de travail et temps libre*, De Boeck Université, 2001.

Neumann, *Les 35 heures flexibles; Le salariat entre sphère privée, entreprise et espace public*, Dissertation, Faculté de sociologie de la Sorbonne, 2005.
Oesterreich, Detlef, «Flight into Security: A new approach and measure of the Authoritarian Personality» in: *Political Psychology*, Vol. 26, éd. Blackwell, 2005.
Oesterreich, «Autoritäre Persönlichkeiten und Sozialisation im Elternhaus. Theoretische Überlegungen und theoretische Ergebnisse», in: Rippl/Kindervater (Hg.), *Autoritarismus*, Leske und Budrich, 2000.
Peters (Dir.), *Das VW-Modell*, Steidl, Göttingen,1994.
Pickshaus/Urban (Dir.), *Arbeiten ohne Ende. Neue Arbeitsverhältnisse und gewerkschaftliche Arbeitspolitik*, éd. VSA, 2001.
Pickshaus, «Arbeitsverhältnisse im flexiblen Kapitalismus», in: Pickshaus/Urban (Dir.), *Arbeiten ohne Ende.*, éd. VSA, 2001.
Piotet, François, *Georges Friedmann, un sociologue dans le siècle*, CNRS, 2008.
Poirier, Nicolas, *Castoriadis – L'imaginaire radical*, PUF, Paris.
Poupeau, Franck, Hg., Bourdieu: *Interventions politiques 1963–2000*, Agone, 2002.
Rancière, Jacques, *La parole ouvrière*, UGE, 1976/2004.
Reich, Wilhelm, *Massenpsychologie des Faschismus*, Fischer, 1932/2003.
Rigaudiat, Jacques, «Le marché du travail français», *Revue de Droit Social*, Nr. 5, 3/2005.
Rifkin, Jeremy, *La fin du travail*, La Découverte,1995.
Rolle, Pierre, *Bilan de la sociologie du travail*, Presses Universitaires de Grenoble, 1988.
Rolle, «Libération du travailleur et émancipation du salarié dans la sociologie du travail», *L'Homme et la Société*, N. 132, 1999.
Rozes, Stéphane (2006), «Le referendum européen», in: *Le Débat* N.136, Gallimard, Paris.
Sagradini, Lucia, «A Sud America! Les pratiques artistiques de rue en Argentine, un nouveau nexus politique» in: *Les Frontières de la politique*, Ed. Parangon, 2007.
Sainsaulieu, Renaud, *L›identité au travail*, PUF, 1985.
Salama / Tran Hai Hac: «*Introduction à l'économie de Marx*», La Découverte, 1992.
Sohn-Rethel, Alfred, *Warenform und Denkform*, 1971.
Soboul, Albert, *Les Sansculottes*, Le Seuil, 1979.
Schmidt, Angela, «Mich regiert blanke Angst», in: Pickshaus/Urban (Dir.*), Arbeiten ohne Ende*, VSA, 2001.
Schmidt, «Mit Haut und Haaren – Die Instrumentalisierung der Gefühle in der neuen Arbeitsorganisation», *Denkanstösse*, IGM, Düsseldorf, 5/2000.
Schönhoven, Klaus, *Die deutschen Gewerkschaften*, Suhrkamp, 1987.
Schudlich, Edwin, *Die Abkehr vom Normalarbeitstag*, Campus, 1987.
Schumann, Michael, *Metamorphosen von Industriearbeit und Arbeiterbewusstsein. Kritische Industriesoziologie zwischen Taylorismus und Mitgestaltung*, éd. VSA, 2003.

Schumann/Kern, Das Ende der Arbeitsteilung? Rationalisierung in der industriellen Produktion, Beck Verlag, 1984.
Schumann/Kern, *La fin de la division du travail?,* MSH, 1989.
Schwartz, Olivier, *Le monde privé des ouvriers*, PUF, 1990.
Segré, Monique, «Travail et hors travail chez George Friedmann», *Les cahiers George Friedmann*, CNRS, 9/2003.
Sennett, Richard, *Respect. De la dignité de l'Homme dans un monde d'inégalité*, Albin Michel, 2003.
Sennett, *Le travail sans qualités*, éd. 10/18, 1999.
Sennett, *Les tyrannies de l'intimité*, Seuil, 1979.
Soboul, Albert (1979), *Les sans-culottes parisiens en l'an II*, Seuil, Paris.
Spurk, *Soziologie der französischen Arbeiterbewegung*, Argument, 1987.
Spurk, «Proletarisches Lager und bürgerliche Intellektuelle», in: *Bastarde und Verräter. Jean-Paul Sartre und die französischen Intellektuellen*, Syndikat, 1998.
Streeck/Heinze, «Runderneuerung des deutschen Modells. Aufbruch für mehr Jobs», in: Arlt/Nehls (Dir.) *Bündnis für Arbeit,* Westdeutscher Verlag, 1999.
Supiot, Alain, *Au-delà de l'emploi. Transformations du travail et devenir du droit du travail en Europe,* Flammarion, 1999.
Thompson, Edward Peter, *Temps, discipline du travail et capitalisme industriel*, La Fabrique éditions, 1978/2004.
Thompson, *Die Entstehung der englischen Arbeiterklasse* (2 Bde.), Suhrkamp, 1988.
Touraine, *Sociologie de l'action*, Seuil, nouvelle préface de 1999.
Touraine, *La conscience ouvrière*, Seuil; 1966.
Touraine, *L'évolution du travail ouvrier aux usines Renault*, Seuil, 1956.
Touraine, Alain, *Un nouveau paradigme*, Fayard, 2005.
Touraine/Royal, *Si la gauche veut des idées*, Grasset, 2009.
Trotzki, Leo, *Porträt des Nationalsozialismus*, Arbeiterpresse Verlag, 1999.
Vadée, Michel, *Marx, penseur du possible*, Klincksieck, 1992.
Vakaloulis, Michel, *Le capitalisme postmoderne*, PUF, 2001.
Von Oertzen, Peter (Dir.), *Radikalumbau des Arbeitsmarktes. Die Folgen der Hartz-Reform*, éd. VSA, 2004.
Vincent, Jean-Marie, *Un autre Marx. Après les marxismes*, éd. Page 2, 2001.
Vincent, *Max Weber ou la démocratie inachevée*, éd du Félin, 1998.
Vincent, *Critique du travail. Le faire et l'agir*, PUF, 1987.
Vincent, *Fétichisme et société*, Anthropos, 1973.
Vincent, «Le mouvement ouvrier en Allemagne de l'ouest de 1945 à 1960. Essay de présentation et d'interprétation.», Doctorat de sciences politiques sous la direction d'Alfred Grosser, Fondation nationale des sciences politiques, 1962.
Vincent, «Entretien avec Pierre Naville sur l'automation et l'avenir du travail», *Critiques de l'économie politique*, 10/1977.
Voss/Pongratz (1998), «Der Arbeitskraftunternehmer. Eine neue Grundform der Ware Arbeitskraft?» in: *Kölner Zeitschrift für Soziologie und Sozialpsychologie*, Jg. 50.
Wagner, Helmut, «Versuch, das Endspiel zu verstehen», in: Honneth (Dir.), *Dialektik der Freiheit*, Suhrkamp, 2005.

Wallerstein, Immanuel, *Le capitalisme historique*, La Découverte, 1990.
Weber, Max, *Die protestantische Ethik und der Geist des Kapitalismus,* in: *Gesammelte Aufsätze zur Religionssoziologie I*, J.C.B. Mohr, 1988.
Weber, *Wirtschaft und Gesellschaft*, Zweitausendeins, 2005.
Weber, *Soziologie. Universalgeschichtliche Analysen*, Körner, 1973.
Weiss, Johannes (dir.), *Max Weber heute*, Suhrkamp, 1990.
Wellhöner, Volker, *Wirtschaftswunder, Weltmarkt, westdeutscher Fordismus; Der Fall Volkswagen*, Verlag Westfälisches Dampfboot, 1997.
Wieviorka, Michel, «Mouvements sociaux et anti-mouvements sociaux de demain», in: Cours-Salies/Vakaloulis, *Les mobilisations collectives*, PUF, 2003.
Zarifian, Philippe, *Temps et modernité. Le temps comme enjeu du monde moderne*, L'Harmattan, 2001.
Zeuner, Bodo et alii, *Gewerkschaften und Rechtsextremismus,* Westfälisches Dampfboot, 2007.
Zoll, Rainer, *Was ist Solidarität?,* Suhrkamp, 2001.
Zoll, *Nouvel individualisme et solidarité quotidienne,* Hg. J.M. Vincent, Kimé, 1992.
Zoll (Dir.), *Zerstörung und Wiederaneignung von Zeit*, Suhrkamp, 1988.
Zoll, *Arbeiterbewußtsein in der Wirtschaftskrise*, Bund Verlag, 1981.

Über den Autor

Dr. Alexander Neumann hat an der soziologischen Fakultät der Sorbonne promoviert und mit Theoretikern kooperiert, die in diesem Band diskutiert werden (Jean-Marie Vincent, Pierre Bourdieu, André Gorz, Toni Negri, Oskar Negt, Robert Castel). Von 1999 bis 2003 vertraglicher Forscher an den Zentren Pierre Naville (Paris16), Georges Friedmann (Paris 1) und GTM (CNRS). 2003 bis 2009 wissenschaftlicher Assistent an den Universitäten Vincennes-Paris 8 und Rouen. Seit 2009 Soziologe am Institut für Sozialforschung Saarbrücken. Herausgeber der Zeitschrift für Kritische Theorie *Variations* (Paris), Redaktionsmitglied von Multitudes (Paris). Autor von *Conscience de casse. Essai de Théorie critique*, Ed. Variations, Paris, 2010

«Alexander Neumann bedient sich sowohl literarischer und philosophischer Wissensbestände als auch der Soziologie und der ökonomiekritischen Zugangsweisen zum gegenwärtigen Gesellschaftssystem. Das ist nicht zuletzt deshalb so ertragreich, weil Neumann über ein profundes Wissen in beiden Wissenschaftskulturen, der deutschen und der französischen, verfügt.» Oskar Negt (Dissertationsgutachten, 2005).

theorie.org

ist eine Publikationsreihe, die sowohl dem Interesse an theoretischen Grundlagen linker Politik als auch dem Bedürfnis nach inhaltlicher Reflexion politischer Praxis der vergangenen Jahrzehnte Rechnung trägt.

theorie.org
arbeitet die zentralen Themen linker Debatten kritisch auf, fasst ihre Resultate zusammen und versucht, zentrale Gedanken für die Zukunft festzuhalten. Dabei nähern sich die Autorinnen und Autoren ihrem Gegenstand sachlich, nüchtern und ohne Nostalgie, aber mit stets emanzipatorischem Anspruch.

theorie.org
vermittelt verständlich aufbereitetes Überblickwissen, ohne oberflächlich zu sein. Die Reihe will Orientierungshilfe geben, Perspektiven aufzeigen und zur Erneuerung emanzipatorischer Praxis beitragen.

theorie.org
ist eine Basisbibliothek für alle kritischen Köpfe, die sich z.B. in Schule, Uni oder politischen Gruppen mit linker Theorie auseinandersetzen, dabei aber feststellen müssen, dass linke Traditionen abgebrochen sind und einstmals weitverbreitetes Wissen verlorengegangen oder nur noch schwer zugänglich ist.

theorie.org
setzt auf eine zweckmäßige Arbeitsteilung von klassischem Medium Buch und Internet:
Unter **www.theorie.org**
können zu jedem Band weitere Literaturhinweise und -verzeichnisse, kommentierte Links, Aktualisierungen und ergänzende Informationen online abgerufen werden. Dort entsteht ein Gesamtregister aller Bände der Reihe zum freien Downloaden.

theorie.org
ist eine Reihe ohne festen inhaltlichen und zeitlichen Editionsplan; der Verlag ist Vorschlägen gegenüber aufgeschlossen und freut sich über inhaltlich und formal passende Manuskriptangebote.

Andrea Trumann
Feministische Theorie.
Frauenbewegung und weibliche Subjektbildung im Spätkapitalismus
Kart., 204 Seiten, ISBN 3-89657-580-5
Diese kenntnisreiche und originelle Einführung vermittelt einen fundierten Überblick über die Geschichte der Neuen Frauenbewegung und die wichtigsten Themen, Debatten und Strömungen feministischer Theoriebildung der letzten drei Jahrzehnte. Von den Auseinandersetzungen im SDS über den Kampf gegen den § 218 bis zur Queer-Theorie. Dabei erweist sich die Geschichte der Neuen Frauenbewegung als Prozess der Verinnerlichung des staatlichen Zwangs zur Bevölkerungspolitik unter dem Banner der Selbstbestimmung.

Josef Moe Hierlmeier
Internationalismus.
Eine Einführung in die Ideengeschichte des Internationalismus
2., erw., Auflage, kart., 214 S., ISBN 3-89657-594-5
Ein kompakter Überblick zur Geschichte einer zentralen Bewegung der Linken und zugleich eine reflektierende Einführung in ihre wesentlichen Debatten sowie philosophischen und soziologischen Grundlagen. Ausgangspunkt ist dabei nicht die Situation in den Ländern des Trikont, sondern die Wahrnehmung der sogenannten Dritten Welt und ihre Projektion auf die gesellschaftlichen Verhältnisse hierzulande. Vom ausgeprägten ideengeschichtlichen Optimismus der 1960er und 1970er über die lebensphilosophischen Theoreme der 1980er bis hin zu den dialog- und konsensorientierten Ansätzen des vergangenen Jahrzehnts zeichnet der Autor die theoretischen Raster einer ebenso wichtigen wie widersprüchlichen Bewegung nach und fragt nach Perspektiven und neuen Denkansätzen.

Manuel Kellner
Kritik der Religion und der Esoterik –
Außer sich sein und zu sich kommen
Kart., 240 Seiten, ISBN 3-89657-587-2
Im europäischen Mittelalter, im 12. Jahrhundert, wagte der Verstand sein Recht zu fordern, weil er immerhin eine Gottesgabe

sei. Die Frühscholastiker dienten dem Dogma, doch keimte mit ihnen eine Saat, die im Zeitalter der Aufklärung aufblühte. Im 17. und 18. Jahrhundert schienen Glaube und Aberglaube widerlegt. Doch heute grassieren weltweit religiöser Wahn, Spritualismus und Esoterik. Der Siegeszug der Diesseitigkeit ist schon lange von gestern: Das Problem ist offenbar nicht erledigt.
Der Autor geht den verschiedenen Argumentationsmustern der Religionskritik nach und fragt nach ihrer Tauglichkeit.

Michael Heinrich
Kritik der politischen Ökonomie.
Eine Einführung
8. Auf., kart., 240 S., ISBN 3-89657-593-7
Umfassende Analysen des globalen Kapitalismus haben wieder Konjunktur, und mit ihnen kommt auch der zwischenzeitlich totgesagte Karl Marx wieder zu Ehren, wie die Bücher von Negri/ Hardt, Robert Kurz u.a. zeigen. Freilich scheint diese Auseinandersetzung durchweg recht oberflächlich, findet zumindest Michael Heinrich und plädiert deshalb für eine Neuaneignung der Marxschen Theorie jenseits des traditionellen, weltanschaulichen «Marxismus». Plastisch und verständlich skizziert Heinrich die historischen, ökonomischen und sozialen Rahmenbedingungen für die Entstehung der «Kritik der politischen Ökonomie», geht auf deren methodische Grundlagen ein und stellt die wichtigsten Begriffe und Konzepte aus allen drei Bänden des Marxschen Hauptwerkes «Das Kapital» vor. Was ist eigentlich Kapitalismus, und was hat es mit der ominösen Dialektik auf sich? Was ist «abstrakte Arbeit», und wie entsteht Mehrwert? Was ist Fetischismus? Wie kommt es zu Krisen? Wie verhält es sich mit Politik und Staat?

Michael Schwandt
Kritische Theorie.
Eine Einführung
Kart., 240 Seiten, ISBN 3-89657-595-3
Dieser Band gibt eine verständliche, weitgehend voraussetzungslose und eingängig geschriebene Einführung in die Kritische Theorie. Es wird erstmals der Versuch einer Bilanz der Kritischen Theorie zu Beginn des 21. Jahrhunderts unternommen – das Dilemma politischen Engagements in der Gegenwart

immer im Blick. Der Vergleich von Adorno und Marcuse, an dem sich die Darstellung orientiert, ist neu und verspricht auch erfahrenen Lesern einen Erkenntnisgewinn.

Michael Schwandt zeichnet zunächst die Geburt der Kritischen Theorie aus der Krise des Marxismus nach und skizziert die Geschichte des Frankfurter Instituts für Sozialforschung. Vor diesem Hintergrund wird die Spannweite möglicher Antworten der Kritischen Theorie auf das Praxisproblem herausgearbeitet: Wie soll, wie kann sich politisch verhalten, wer diese Welt aus tiefstem Herzen ändern will, aber mit klarem Verstand erkennen muss, dass die Chancen dazu verschwindend gering sind?

Gerald Abl
Kritische Psychologie.
Eine Einführung
Kart. 216 Seiten, ISBN 3-89657-591-0
Gerald Abls Buch ist ein historischer Streifzug durch wesentliche Leistungen früherer emanzipatorischer Psychologie bis hin zu Konzeption neuerer psychologischer Strömungen mit kritischem Selbstverständnis. Es vermittelt einen Überblick über Bezugspunkte, die vor allem aus den Bemühungen verschiedener psychologischer Schulen um eine marxistische Orientierung erarbeitet wurden und von offiziellen Institutionen oftmals gerne übergangen werden.

In dieser Nachzeichnung kritischer Ansätze in der Psychologie werden Problemstellungen verdeutlicht, Kontroversen nachvollziehbar gemacht und dabei auch wesentliche Elemente einer kritischen Methodik vorgestellt. Was kritische Psychologie sein kann, wird hier schließlich vor allem aus psychoanalytischen Ansätzen heraus entwickelt.

Thomas Schroedter
Antiautoritäre Pädagogik.
Zur Geschichte und Wierderaneignung eines verfemten Begriffes
Kart., 202 Seiten, ISBN 3-89657-598-8
Der Begriff «Antiautoritäre Erziehung» leidet heute v.a. in der Wissenschaft unter einer kenntnisarmen «Verteufelung». Daher besteht nachhaltiges Interesse an einer überschaubaren und zugleich fundierten Darstellung antiautoritärer Theorie und Praxis. Dem trägt dieser Band ausführlich Rechnung.

Vorgestellt werden die wesentlichen Merkmale antiautoritärer Pädagogik, ihre Theoretiker und die Institutionen, in denen Ansätze einer solchen Pädagogik verfolgt wurden und werden. Die Beispiele einer solchen Pädagogik und ihrer Geschichte, die sich aus dieser Darstellung ergeben, sollen die Aktualität antiautoritärer Pädagogik herleiten.

Thomas Schroedter / Christina Vetter
Polyamory.
Eine Erinnerung
Kart. 180 S., ISBN 3-89657-659-3
Der Begriff der Polyamory tauchte in den 1960er Jahren in den USA auf und wird seit etwa zehn Jahren auch hier breiter diskutiert. Er steht für ein Beziehungsgeflecht, in dem mehrere Liebesbeziehungen verantwortungsvoll, ehrlich, offen und verbindlich gleichzeitig entwickelt und gelebt werden. Als Vorläufer sind die «Free-love-Bewegung» in der Mitte des 19. Jahrhunderts, die v.a. eine sexuelle Emanzipation der Frauen im Zentrum ihrer Forderung hatte, sowie flüchtige Denk- und Diskusionsansätze nach der Russischen Revolution zu sehen.

Die Auseinandersetzungen um «vielfältige Lebensweisen» werden hier aufgenommen, Polyamory wird als Aspekt in der Dynamisierung der Triade Geschlecht-Sexualität-Lebensform betrachtet.

Biene Baumeister Zwi Negator
Situationistische Revolutionstheorie.
Eine Aneignung
Kart., 240 Seiten
Vol. I: Echiridion
Hauptband, ISBN 3-89657-650-x, 2., durchgesehene Auflage
Vol. II: Organon
Begleitband mit Glossar, Anmerkungen, Chronologie etc., ISBN 3-89657-589-9
Mitte der 1950er Jahre entstand die Situationistische Internationale (S.I.), die frühzeitig einiges von dem theoretisch vorwegnahm, was später praktisch die 1968er-Bewegung kennzeichnen sollte: Eine radikal-moderne Infragestellung der kapitalistischen Gesellschaft. In den drei Jahren vor ihrer Auflösung 1972 sollte die S.I. wiederum zur schärfsten Kritikerin der Kurzatmigkeit jener Bewegung werden.

Waren die SituationistInnen ursprünglich künstlerisch tätig, lösten sie sich von der Beschränkung auf diese Sphäre, weil sie eine «Verwirklichung der Kunst» nur im Umsturz der Gesamtheit der Verhältnisse für möglich hielten.

Hans Jürgen Degen / Jochen Knoblauch

Anarchismus.

Eine Einführung

2., durchgesehene Auflage, Kart, 216 S., ISBN 3-89657-590-2

Seit Mitte des 19. Jahrhunderts entwickelte sich in den Ländern des Frühkapitalismus im Nordwesten Europas als Gegenbewegung der Sozialismus. Und mit der Entwicklung der ArbeiterInnen-Bewegung begann auch ein großer Entwicklungsprozess für eine allgemeine Emanzipation. Rasch formten sich aus den Diskussionen und Flügelkämpfen zwei Hauptströmungen heraus, die sich auf der radikalen Seite der Bewegung an zwei Namen festmachen lassen: Karl Marx für den autoritären und Michael Bakunin für den anti-autoritären Flügel der Arbeiterbewegung.

Diese Einführung stellt nicht nur diese verschiedenen Richtungen des Anarchismus vor, sondern auch die Rolle von AnarchistInnen in den Revolutionen von der Pariser Kommune 1871 bis zur Studentenbewegung von 1968, sie beschreibt die wichtigsten TheoretikerInnen sowie anarchistische Politik in verschiedensten gesellschaftlichen Bereichen.

Gisela Notz

Theorien alternativen Wirtschaftens

Fenster in eine andere Welt

Kart.,10.00 EUR, ca. 200 S., ISBN 3-89657-660-7

Die Einführung liefert eine überschaubare und zugleich fundierte Darstellung exemplarischer Theorien alternativen Wirtschaftens und ihrer Umsetzung in die Praxis. Vorgestellt werden zunächst theoretische Modelle und ihre Protagonisten, von den Frühsozialisten über die Zeit der beginnenden und fortschreitenden Industrialisierung bis heute. Um eine Verständigungsbasis herzustellen, nimmt die Autorin Begriffserklärungen vor und erklärt Betriebe und Betriebsformen, die Ansätze eines solchen Wirtschaftens verfolgen. Es folgen aktuelle Beispiele aus der Genossenschaftsbewegung, aus der Alternativbewegung der

1970er Jahre, der Kommunebewegung, der Ökonomie des Gemeinwesens, der Tauschökonomie und Umsonstökonomie und der Kommunalen Gemeinschaftsgärten.

Am Ende steht die Frage, wie es angesichts des Siegeszugs der Globalisierung der warentauschenden Gesellschaft und der weltweiten Krise gelingen kann, Theorien für eine andere, herrschaftsfreie Welt in weitere Kreise zu tragen. Auch wenn utopisches Denken heute nicht gerade hoch im Kurs steht.

Henning Böke
Maoismus.
Eine Einführung
Kart., 215 Seiten, ISBN 3-89657-596-1
Mit seinem eigenständigen Sozialismus, der sich von der Sowjetunion scharf abgrenzte, bildete das China Mao Zedongs um 1970 einen bedeutenden Bezugspunkt für Befreiungsbewegungen in der 3. Welt wie für die progressive Intelligenz im Westen: Der Maoismus war damals eine maßgebliche linke Strömung, mit der große Hoffnungen auf ein Gesellschaftsmodell jenseits von Kapitalismus und bürokratischem Staatssozialismus verbunden waren.

Ist heute Maos Idee einer Gesellschaftsalternative in einem Entwicklungsland als unrealisierbarer Traum diskreditiert oder enthält sein politisches Denken Konzepte, die aktuell bleiben? Welche Rolle spielte der Maoismus für die westliche Linke? Gibt es in China heute eine Linke, und wie steht sie zu Mao? Hat Chinas Übergang von Autarkie und «Vorrang der Politik» zu Marktwirtschaft und Weltmarkt Ende der 1970er für den Siegeszug der Globalisierung nicht eine weit größere Rolle gespielt als etwa der Zusammenbruch der Sowjetunion?

Manuel Kellner
Trotzkismus.
Eine Einführung in seine Grundlagen – Fragen nach seiner Zukunft
Kart., 180 Seiten, 10.00 EUR., ISBN 3-89657-584-8
Ausgehend von Trotzkis historischer Rolle vor, während und nach der Oktoberrevolution entwickelt Manuel Kellner jene Positionen, die Trotzkisten aller Fraktionen zu allen Zeiten und in allen Ländern verbinden. Er erklärt die wichtigsten Diskussionen über strategische Grundsätze und hebt die internationa-

listische, globale Haltung als herausragenden Teil trotzkistischer Grundpositionen hervor.

Martin Birkner / Robert Foltin
(Post-)Operaismus.
Von der Arbeiterautonomie zur Multitude.
Geschichte und Gegenwart, Theorie und Praxis
2., erweiterte Auflage, 216 S., ISBN 3-89657-661-5
Diese Einführung zeichnet die theoriegeschichtliche Entwicklung des Operaismus in seiner Wechselwirkung mit den sozialen Bewegungen nach. Dabei beschränkt sich die Diskussion bewusst nicht auf Italien, sondern stellt die Auseinandersetzungen im globalen Rahmen dar. Die operaistisch beeinflussten Debatten der Gegenwart werden anhand «Multitude» und «Empire» von Hardt/Negri, Holloways «Die Welt verändern ohne die Macht zu übernehmen» und Paolo Virnos «Grammatik der Multitude» dargestellt.

Gernot Ernst
Komplexität.
Chaostheorie» und die Linke
Kart., 200 Seiten, ISBN 3-89657-652-6
Um die Möglichkeiten, aber auch Grenzen von Veränderungen, ob in evolutionärer oder revolutionärer Form, besser zu erkennen, ist es unverzichtbar, die Ergebnisse und Schlussfolgerungen der Komplexitätsforschung zu verstehen. Dass Systeme nicht statisch, sondern dynamisch, also in Bewegung sind, ist jedem Marxisten aus dessen Beschreibung der menschlichen Geschichte bekannt. Anarchisten haben schon lange über angenommene und beobachtete Selbstorganisationsphänomene nachgedacht. Linke sind im Grunde genommen Systemtheoretiker und Dynamiker der ersten Stunde.

In diesem Buch werden einige zentrale Ideen wie die der «Chaos-Theorie», der dynamischen Systeme oder Netzwerke entwickelt. Dabei werden, soweit wie möglich, Beispiele aus der Gesellschaftstheorie herangezogen. Ein eigenes Kapitel stellt einen Teil der bisherigen linken Diskussion dar, deren bisherigen Ergebnisse kritisch diskutiert werden.